*»Wir sind durchs
Rote Meer gekommen,
wir werden auch
durch die braune Scheiße
kommen«*

Birgit Lahann

»Wir sind durchs Rote Meer gekommen, wir werden auch durch die braune Scheiße kommen«

Schriftsteller in Zeiten des Faschismus

DIETZ

Bibliografische Information der Deutschen Nationalbibliothek

Die Deutsche Nationalbibliothek verzeichnet diese Publikation in der Deutschen Nationalbibliografie; detaillierte bibliografische Daten sind im Internet über http://dnb.dnb.de abrufbar.

ISBN 978-3-8012-0539-3

Verlag J.H.W. Dietz Nachf. GmbH
Dreizehnmorgenweg 24, 53175 Bonn
Lektorat: Alexander Behrens
Korrektorat: Sigrid Götze
Umschlag: Antje Haack, Lichten, Hamburg
Umschlagfoto: Bücherverbrennung auf dem Opernplatz in Berlin am 10. Mai 1933 | picture alliance/akg-images
Satz: just in print, Bonn
Druck und Verarbeitung: CPI books, Leck

Printed in Germany 2018

Besuchen Sie uns im Internet: *www.dietz-verlag.de*

Inhalt

Meinem Freund Michael Jürgs

»Verbrennt die Werke des deutschen Geistes! Er selber wird unauslöschlich sein wie eure Schmach!«

Auftakt zur Barbarei.

Jupiterscheinwerfer über dem Opernplatz in Berlin. Es regnet. Der nasse Boden glänzt im grellen Licht. Holzscheite werden aufgetürmt. Das Drama, das hier in der Nacht uraufgeführt wird, heißt Büchermord. Es ist der 10. Mai 1933.

Studenten in vollem Wichs und Nazis in Braunhemden mit festgezurrtem Sturmriemen unterm Kinn stehen stramm mit germanischem Blick neben Hakenkreuz und Fahne. Der gewaltige Holzstoß wird angezündet und von Auserwählten brüllend mit Büchern gefüttert.

Ich übergebe der Flamme:
Gegen *Klassenkampf und Materialismus* die Schriften von Marx und Kautsky
Gegen *literarischen Verrat am Soldaten des Weltkriegs* die Schriften von Erich Maria Remarque.
Gegen *dünkelhafte Verhunzung der deutschen Sprache* die Schriften von Alfred Kerr.
Gegen *seelenzerfasernde Überschätzung des Trieblebens* die Schriften von Sigmund Freud.
Gegen *volksfremden Journalismus* die Schriften von Theodor Wolff.
Gegen *Frechheit und Anmaßung* die Schriften von Tucholsky und Ossietzky.

Aber der Regen lässt die Flammen nicht so richtig schön lodern. Da müssen die anwesenden Feuerwehrleute den Holzstoß und die glimmenden Bücher immer wieder aus ihren Kanistern mit Benzin übergießen. *Ich stand vor der Universität, eingekeilt zwischen Studenten in SA-Uniform, den Blüten der Nation,* schreibt Erich Kästner und sieht seine Bücher auf der anderen Straßenseite in die Flammen fliegen. Der Rufer schrie: *Gegen Dekadenz und moralischen Zerfall! Für Zucht und Sitte in Familie und Staat! Ich übergebe der Flamme die Schriften von Heinrich Mann, Ernst Glaeser und Erich Kästner.* Da ruft eine schrille Frauenstimme: *Dort steht ja der Kästner!* Es sei eine junge Kabarettistin gewesen, schreibt Kästner, die sich mit einem Kollegen durch die Menge zwängte und ganz erschrocken war, als sie den Feuerspruch hört – und den Autor da plötzlich stehen sieht. *Mir wurde unbehaglich zumute,* schreibt er. *Doch es geschah nichts.*

Nachdem die Werke der bestgehassten Autoren verbrannt sind, schleppen die Studenten immer neues Material heran, das von einem Lastwagen heruntergeworfen und von einer Menschenkette bis zum Schafott durchgereicht wird. Jedes brennende Buch – eine brennende Hexe, jedes brennende Buch – ein brennender Ketzer. Kurz vor Mitternacht Geschrei und Heil-Rufe: Goebbels ist im Anmarsch. Alles ist vorbereitet, ein Rednerpult mit Hakenkreuzfahne, ein Glas mit frischem Wasser, »Der Herr Reichsminister Dr. Goebbels hat das Wort!« Doch das Wort scheppert, die Lautsprecheranlage funktioniert nicht richtig.

Nein, der kommende deutsche Mensch werde *nicht nur ein Mensch des Buches* sein, ruft der Propagandaminister in die Menge, sondern auch *ein Mensch des Charakters*. Die neue Jugend solle dem Leben *in die erbarmungslosen Augen* schauen und die *Furcht vor dem Tode* verlieren. Das sei die Aufgabe dieses neuen Geschlechts. *Und deshalb tut ihr gut daran, um diese mitternächtliche Stunde den Ungeist der Vergangenheit den Flammen anzuvertrauen.* Denn aus den Trümmern der *Novemberrepublik* werde sich *der Phönix eines neuen Geistes* erheben.

Erich Kästner steht noch immer in der Menge und hört sich die Tiraden des *kleinen abgefeimten Lügners* an. Und die Gesichter der braunen Studentengarde *blickten hinüber zu dem Flammenstoß und zu dem psalmodierenden, gestikulierenden Teufelchen*, schreibt er. Irgendwo in der Menge steht auch der Student Golo Mann. Ihm schien, der Propagandaminister sei *von der Sache nicht sehr begeistert* gewesen. Jedenfalls habe er nicht wie üblich rumgehetzt und aufgewiegelt. Ins Tagebuch schreibt er: *Eine schwache Rede von Goebbels und ein gemachtes, dürftiges Theater.*

Den Rest seiner Rede aber hatte Goebbels mit vertrautem Nazi-Vokabular durchwoben, mit *Unrat* und *Untermenschentum* und *Rassenhass* und Attacken auf *jüdischen Intellektualismus*. Dabei hatte er sich am Ende seiner Studienzeit darum bemüht, bei dem von ihm so verehrten jüdischen Dichter und Literaturwissenschaftler Friedrich Gundolf – dem engsten Freund Stefan Georges – seine Doktorarbeit schreiben zu dürfen. Doch Gundolf hatte ihn an seinen jüdischen Kollegen Max Freiherr von Waldberg verwiesen. Bei ihm wurde Goebbels 1922 zum Dr. phil. promoviert. So hatte er also bei jüdischen Intellektuellen gelernt und erhoffte sich wohl eine schriftstellerische Karriere. Doch seine journalistischen und literarischen Versuche wurden bei Zeitungen und Verlagen abgelehnt. Und da war sein hassenswertes Feindbild bald ausgemacht: *Das Judentum*. Nach seiner Rede, die etwa fünfzehn Minuten dauerte, verlässt Goebbels den Opernplatz. Und die Studenten grölen zum Abschluss das Horst-Wessel-Lied:

Die Fahne hoch!
Die Reihen fest geschlossen!
SA marschiert
Mit ruhig festem Schritt
Kamraden, die Rotfront und Reaktion erschossen,
Marschiern im Geist
In unsern Reihen mit ...

Goebbels notiert im Tagebuch: *Am späten Abend Rede Opernplatz. Vor dem Scheiterhaufen der von Studenten entbrannten Schmutz- und Schundbücher. Ich bin in bester Form.* Ob das sein Doktorvater auch so gesehen hätte? Dem wird 1935 die Lehrbefugnis entzogen.

Goebbels war nur der Hauptredner, nicht der Initiator des Autodafés. Die Veranstaltung war nicht von oben befohlen worden. Es war die Idee des nationalsozialistischen deutschen Studentenbunds. Und die Vorbereitungen dazu in Berlin und in allen deutschen Universitäten waren bombastisch. Das Dritte Reich ist erst drei Monate alt, da plündern Studenten mit brauner Überzeugung oder vorauseilendem Gehorsam die Universitätsbibliotheken und säubern auch ihre eigenen Bücherschränke von unerwünschten – meist jüdischen – Autoren. Und davon gab es viele: Walter Benjamin, Ernst Bloch, Bert Brecht, Kasimir Edschmid, Egon Friedell, Franz Kafka, Annette Kolb, Georg Kaiser, Klabund, Karl Kraus, die ganze schreibende Familie Mann, Erich Mühsam, Robert Neumann, Joseph Roth, Arthur Schnitzler, Nelly Sachs, Carl Sternheim, Anna Seghers, Ernst Toller, Friedrich Torberg, Franz Werfel, Carl Zuckmayer, Arnold Zweig und Stefan Zweig. Und dies ist nur eine kleine Auswahl jener Schriftsteller, deren Werke auf dem Schafott landeten.

Schon am 26. April 1933 war in der »Berliner Nachtausgabe« zu lesen, welche Bücher verbrannt werden sollen. Öffentliche und private Leihbüchereien wurden von dem gesäubert, was Goebbels *Unrat und Schmutz jüdischer Asphaltliteraten* nennt. Alles wurde auf Lastwagen in die Universität gebracht. »Zwölf Thesen wider den undeutschen Geist« wurden formuliert, publiziert und verteilt.

These 2:
Es klafft heute ein Widerstand zwischen Schrifttum und deutschem Volkstum. Dieser Zustand ist eine Schmach.

Ihn hatten die braunen Studenten vergessen. »Diese Unehre habe ich nicht verdient«, schreibt Oskar Maria Graf zwei Tage nach der Bücherverbrennung. Er habe ein Recht zu verlangen, dass seine Texte »der reinen Flamme des Scheiterhaufens überantwortet werden.«

These 4:
Unser gefährlichster Widersacher ist der Jude und der, der ihm hörig ist.

These 5:
Der Jude kann nur jüdisch denken. Schreibt er deutsch, dann lügt er. Der Deutsche, der Deutsch schreibt, aber undeutsch denkt, ist ein Verräter.

These 9:
Wir fordern vom deutschen Studenten den Willen und die Fähigkeit zur Reinhaltung der deutschen Sprache.

Aber einen hatten sie vergessen, ins Feuer zu werfen: Oskar Maria Graf. Der beschwert sich am 12. Mai in der »Wiener Arbeiter-Zeitung«. *Diese Unehre habe ich nicht verdient!* Er habe das Recht zu verlangen, dass seine Bücher *der reinen Flamme des Scheiterhaufens überantwortet werden*, um nicht in die blutigen Hände und die verdorbenen Hirne der braunen Mordbande zu gelangen. *Verbrennt die Werke des deutschen Geistes! Er selber wird unauslöschlich sein wie eure Schmach!* Ein Jahr später, so erzählt Graf, habe es eine Sonderverbrennung seiner Bücher auf dem Innenhof der Münchner Universität gegeben. Bert Brecht schrieb 1938 im Exil über den Protest ein Erzähl-Gedicht, das er 1944 Oskar Maria Graf zu seinem 50. Geburtstag schickte:

Als das Regime befahl, Bücher mit schädlichem Wissen
Öffentlich zu verbrennen, und allenthalben
Ochsen gezwungen wurden, Karren mit Büchern
Zu den Scheiterhaufen zu ziehen, entdeckte
Ein verjagter Dichter, einer der besten, die Liste der
Verbrannten studierend, entsetzt, daß seine
Bücher vergessen waren. Er eilte zum Schreibtisch
Zornbeflügelt, und schrieb einen Brief an die Machthaber.

Verbrennt mich! schrieb er mit fliegender Feder, verbrennt mich!
Tut mir das nicht an! Laßt mich nicht übrig! Habe ich nicht
Immer die Wahrheit berichtet in meinen Büchern? Und jetzt
Werd ich von euch wie ein Lügner behandelt? Ich befehle euch:
Verbrennt mich!

Nach der Bücherverbrennung lässt Goebbels die Reichskulturkammer einrichten, zu der auch die Reichsschrifttumskammer gehört. Wer in Zukunft Bücher publizieren will, darf nach erfolgreicher Prüfung eintreten. Wer sich nicht bewährt, wird wieder rausgeworfen und kann für die Schublade arbeiten. Autoren, die unerwünscht sind, wie Juden, werden gar nicht erst aufgenommen. Waldemar Bonsels wird sofort aufgenommen. Er ist weltberühmt, denn er hat 1912 die Abenteuer der »Biene Maja« geschrieben. Und der darf schreiben, was er will. Der jüdische Schriftsteller Robert Neumann, dessen Bücher gerade ins Feuer geflogen sind und der ein Jahr später ins Exil gehen wird, hat Bonsels Texte in seinem Parodien-Band »Mit fremden Federn« entlarvt:

... Da sahen wir einander in die Augen und es geschah uns das Leben, daß vor dem heißen Odem des Weltwillens der feuchtsilberne Schnee unter uns zugleich mit Vernunft und jedem Bedenken im Rausch verzückter Minuten dahinschmolz ...« Wer bist du?« fragte sie, und mit der triebhaften Unfehlbarkeit des erwachten Weibes fügte sie hinzu: »Du bist ein Dichter!« »Ich bin vielleicht nur ein Wanderer«, erwiderte ich in Gedanken, »ein Wanderer zwischen Staub und Sternen.« Ich erhob mich. »Ich bin vielleicht nur ein Lebendiger,« sagte ich sehr schlicht. »Also dennoch ein Dichter,« flüsterte sie ...

Und dieser Dichter ist auch ein zuverlässiger Antisemit. Sein Artikel über den *Einfluß jüdischen Wesens* und über seine Erkenntnis, *der Jude ist anders als wir*, weil Juden ein *penetrantes Element* sind, weil sie überall Einfluss nehmen, weil sie *Gift* verspritzen und deshalb für die *Bewegung* ein *tödlicher Feind* sind, dieser Artikel muss Goebbels gefallen haben. Sein Propagandaministerium verschickt ihn gleich nach jenem 10. Mai an alle Zeitungen, damit er unters Volk gebracht wird.

Die Bücherverbrennung war ein Fanal, ein Feuerzeichen, das es so noch nicht gegeben hat. Weit über zweihundert Schriftsteller verstummen und verlassen das Land. Es sind die besten, die berühmten und die weltberühmten. Sie waren die Elite des deutschen Geistes und kennen das Wort von Heinrich Heine: *Wo man Bücher verbrennt, verbrennt man am Ende auch Menschen.*

Kurt Tucholsky hatte früh begriffen und war schon seit 1929 nicht mehr in Deutschland. Er schrieb am 11. April 1933 an den Freund Walter Hasenclever: *Daß unsere Welt in Deutschland zu existieren aufgehört hat, brauche ich Ihnen nicht zu sagen. Und daher: Werde ich erst amal das Maul halten. Gegen einen Ozean pfeift man nicht an.* Sieben Tage nach dem Autodafé schreibt er ihm: *Unsere Bücher sind also verbrannt.* Und so viele sind bereits umgefallen und machen mit. Und der Rest? *Noch am Laternenpfahl zappelnd sind alle stinknational.*

Ernst Toller flieht schon 1932 in die Schweiz. Er gehörte mit seinen revolutionären Stücken »Masse Mensch«, »Die Maschinenstürmer« und »Hinkemann« zu den erfolgreichsten Expressionisten der Weimarer Republik. In seinem Drama »Hoppla, wir leben!« kommt ein junger Revolutionär, der wegen eines gescheiterten Aufstands acht Jahre in der Psychiatrie saß, in die reale Irrenanstalt zurück, die neugegründete Republik, in der Nationalismus, Rassenhass, Verrat und Korruption blühen. Es war das erste Stück, das Erwin Piscator am 3. September 1927 in seinem Avantgardetheater am Nollendorfplatz als furiose Revue uraufführte. Da hatte Toller, dieser liebenswerte Dichter-Denker, die Richtung, in die die Weimarer Republik marschierte, längst erkannt: *Wer Masse aufwühlt, wühlt die Hölle auf.* Und ein Sozialist, Pazifist und Jude wie er war dreifach gefährdet.

Als der Reichstag am 27. April 1933 in Flammen steht, weiß Toller, dass er nicht mehr nach Deutschland zurückkehren kann. Und als kurz darauf seine Bücher auf dem Schafott brennen, schreibt er einen offenen Brief an Goebbels. *Sie sprechen viel von der Feigheit ihrer Gegner. Wir versprechen Ihnen, daß Ihre Verfolgungen uns härter, Ihr Haß uns reifer, Ihr Kampf uns kämpferischer machen werden. Wir sind nicht schuldlos an unserem Schicksal, wir haben viele Fehler begangen, der größte war unsere Langmut. Wir werden dank der Lehre, die Sie uns gaben, unsere Fehler überwinden. Und das ist Ihr Verdienst.*

»Kein Zweifel«, schreibt Heinrich Mann, »ich war verhaßt«. Ohne Aktentasche, ohne Koffer, nur mit seinem Regenschirm besteigt der gefährdete Autor die Tram zum Bahnhof auf dem Weg ins französische Exil. »Der Rest meiner Habe lang schon glücklich im Gepäcknetz.«

Heinrich Mann war auch schon fort. Er ahnte, dass er ganz oben auf der schwarzen Liste der Nazis stand. Zwei Tage vor seiner Flucht war er in Berlin noch zu einem Fest geladen, auf dem vergnügt geplaudert wurde bei Wein und üppigem Buffet. Aber der Gastgeber saß bereits auf gepackten Koffern. Und der Französische Botschafter André François-Poncet sagte nur einen Satz zu Heinrich Mann: *Wenn Sie über den Pariser Platz kommen, mein Haus steht ihnen offen*. Das war ein Alarmzeichen. Denn das hieß, er bot ihm seine Botschaft als Zuflucht an. Und Heinrich Mann hatte ja längst gemerkt, dass er beobachtet wird. Nein, er ließ sich nicht gerne warnen, aber er musste raus aus dem Land. *Kein Zweifel, ich war verhaßt, populär machte mich gerade der Haß*. So verlässt er denn am 21.Februar 1933 seine Wohnung wie immer. Er hat kein Gepäck bei sich, keinen Koffer, keine Tasche, er will ja nicht auffallen, benutzt nur einen Regenschirm wie einen Spazierstock, geht zur nächsten Straßenbahnhaltestelle, und ... *Als ich am 21. Februar wirklich abreiste*, schreibt er in seinen Erinnerungen »Ein Zeitalter wird besichtigt«, *bestieg ich die Tram mit nichts als einem Regenschirm. Der Rest meiner Habe lag schon glücklich im Gepäcknetz. So sieht, will es scheinen, der Rubikon aus. Hinter dem verhängnisvollen Fluß, den ich wählte, liegt das Exil*. Sein Rubikon ist nicht so klein wie das Original südlich von Ravenna, den Caesar mit seinen Truppen überschritt, es ist der *verhängnisvolle* Rhein, der im Dritten Reich nicht mehr von Heinrich Heine besungen, sondern von arischen Nibelungenhelden beschlagnahmt ist. Heinrich Mann wird ihn bei Kehl zu Fuß überschreiten – nach Frankreich.

Hier, im französischen Exil, wird der große Frankophile seinen »Henri Quatre« schreiben, in dem all das lebt, was in Deutschland gerade stirbt, wo der Geist sprüht und die Liebe blüht und das Essen schmeckt und der Wein sowieso, und der frischvermählte Henri im Beisein des Königs seine Frau küsst, *der Hugenott aus dem Süden die Prinzessin von Valois*. Und die schönen Edelfräulein holen sich an jenem Abend Hugenotten, so viel sie wollen, und

Katholiken liegen in den Armen von Protestanten. *So war diese Nacht. Sie trug das Gesicht der Dame Venus.* Sein »Henri Quatre« ist Heinrich Manns Liebeserklärung an das Land, das ihn aufgenommen hat.

Alfred Kerr, der große Theatermann, der in seinen Kritiken die deutsche Sprache frisch und frech neu einkleidete, der an den Wörtern zupfte und zerrte, bis sie erschreckt aufwachten oder anfingen zu träumen, und dessen Bücher bald *gegen dünkelhafte Verhunzung der deutschen Sprache* ins Feuer fliegen werden, dieser Kerr bekommt im Februar 1933 einen Anruf. Ein Polizist, der seine Kritiken liest, warnt ihn. Er habe erfahren, dass sein Pass eingezogen werden soll. Er müsse so schnell wie möglich weg aus Deutschland. Kerr hatte Grippe und lag mit Fieber im Bett. Er stand trotzdem auf, suchte ein paar Dinge zusammen, wichtige Manuskripte, besprach alles mit seiner Frau, die später mit Sohn und Tochter nachkommen sollte, und fuhr noch an jenem 15. Februar in der Nacht mit dem Zug nach Prag.

Kurz darauf bekommt der junge Hans Sahl einen Anruf vom »Berliner Tageblatt«. Alfred Kerr sei geflohen, man suche einen Nachfolger. Ob er die Theaterkritiken übernehmen wolle? Für Sahl, der seit 1926 Film-, Theater- und Literaturkritiken schreibt, ist das ehrenvolle Angebot das Signal zur Flucht. Auch er stand doch auf der schwarzen Liste. *Ich schlief nicht mehr zu Hause,* schreibt er in seinen »Memoiren eines Moralisten«, *ich ging ins Kino, vier- oder fünfmal am Tag, ich wohnte im Kino, ich wohnte in Warenhäusern und Cafés.* Zwischendurch fährt er in seine Wohnung. Sie ist noch nicht geplündert. Er verbrennt Papiere. Wenn er glaubt, es habe geklingelt, läuft er über den Dachgarten aufs Nebenhaus. Noch einmal geht er ins »Romanische Café«, *wo die »Einhergewehten« saßen und sich wunderten, daß sie noch immer dasaßen und Zeitungen lasen und Schach spielten. Sie saßen dort wie Wesen, die in ihren Posen erstarrt waren und darauf warteten, weggeweht, weggeräumt zu werden.* Er bittet seine Mutter, ihm ein paar Sachen aus seiner Wohnung in die Reisetasche zu packen, nicht viel, Unterzeug, Seife, Zahnbürste und seinen Pass. *Sie stellte keine Fragen mehr, sie wußte Bescheid.*

Ein Freund, Hauptmann Frenzel aus der Richthofenstaffel, bringt ihn zum Anhalter Bahnhof in den Zug nach Prag. Der Mann stehe unter seinem persönlichen Schutz, sagt er den beiden SA-Leuten an der Sperre. Die salutieren. Uniformierte mit Gewehren schreiten den Zug ab, sehen in die Abteile. *Wir waren beide etwas angetrunken,* schreibt Sahl. Sie hatten den ganzen Nachmittag mit »Don Fernando«, einem spanischen Süßwein, Abschied gefeiert. Sahl steigt ein. Der Zug ist fast leer. Ein Geisterzug. Er geht in ein Abteil, in dem ein Mann mit Zeitung und tief ins Gesicht gezogenem Hut sitzt. Verzeihung, sagt er und geht wieder. *Ich hatte ihn sofort erkannt. Es war gut zu wissen, daß man mit Max Reinhardt ins Exil fuhr.* Er sucht sich ein leeres Abteil, geht ans Fenster, und da macht sein Freund ein Foto von ihm. *Es zeigt einen jungen Mann,* schreibt Sahl, *der zum Fenster hinaussieht. Er ist etwa dreißig Jahre alt und hat schwarze, nach hinten gekämmte Haare ... Er lächelt, wie so oft, wenn er ein wenig verlegen war, und er ist oft verlegen gewesen und auch ein bißchen ratlos.*

Auch Bert Brecht verlässt Berlin noch vor dem Autodafé.

Und er packte ein, was er so brauchte:
Wenig. Doch es wurde dies und das.
So die Pfeife, die er abends immer rauchte,
Und das Büchlein, das er immer las.
Weißbrot nach dem Augenmaß.

Denn am 27. Februar gegen 21 Uhr brannte der Reichstag. Das Feuer? Hatten natürlich die Kommunisten gelegt. Man brauchte ja einen Grund für Verhaftungen. Und Brecht war ein überzeugter Kommunist, auch wenn er nie in die KPD eingetreten ist. Hitler hatte noch während des Brands das Zeichen zum Angriff gegeben: *Es gibt jetzt kein Erbarmen mehr ... Jeder kommunistische Funktionär wird erschossen, wo er angetroffen wird.* Seine Manuskripte hatte Brecht in Kisten und Koffer gepackt, hatte sie zu Freunden geschafft, kehrte nicht in seine Wohnung zurück und ging am 28. Februar 1933 mit seiner jüdischen Frau Helene Weigel – die längst schon als marxistisches Element verhasst war – und seiner Tochter Barbara ins Exil.

Klaus Mann feiert weitab von der Reichshauptstadt am 28. Februar in München noch mit Freunden Fasching, und sie erzählen sich *zwischen einem Tango und einem Walzer* die *Schreckensnachrichten* aus Berlin. Man glaubt aber noch – ohne rechte Überzeugung – an einen *Spuk*, der nach ein paar Monaten vorbei sein wird. So fährt er mit seiner Schwester Erika für ein paar Tage in die Schweiz zu Freunden nach Lenzerheide. Sie arbeiten, schreiben Texte für Erikas Kabarett »Die Pfeffermühle«, fahren Ski, genießen die herrliche Luft, und wenn sie das Radio anmachen, wird ihnen flau. Zurück in München holt sie wie immer der Familien-Chauffeur Hans am Bahnhofplatz ab. Er ist blass, zittert, wirkt verstört und flüstert nur, dass sie vorsichtig sein sollten, *besonders Sie, Fräulein Erika*. Die Braunen seien hinter ihnen her. Sie sollten das Haus bitte nicht verlassen, nicht auf die Straße gehen und niemandem sagen, dass sie wieder in der Stadt seien. Wieso sagt er das? Weiß er was?

Zu Hause in der Poschinger Straße erfahren sie, warum ihr *treuer Hans* so nervös war. Er ist ein Spitzel. Arbeitet seit Jahren schon für die Nazis. Hat alles ausgeplaudert, was im Hause Mann so vor sich ging. Aber nun geht es offenbar um Verhaftung. Freunde von ihnen seien schon festgenommen worden, andere geflohen. Und da bekam er ein schlechtes Gewissen und warnte die beiden. Erika Mann lässt sich von ihm, nur mit einem Handkoffer, noch am Abend wieder zum Bahnhof fahren. Zurück in die Schweiz zu den Eltern. Thomas Mann hatte seine Vortragsreise über Richard Wagner beendet, hatte sich noch ein paar Tage erholt und wollte nach München zurückfahren. Das muss verhindert werden.

Ich fuhr vierundzwanzig Stunden später, nach Paris, schreibt Klaus Mann in seinem Lebensbericht »Der Wendepunkt«. *Vier-*

undzwanzig Stunden allein im leeren Haus, allein in der schon fremd, schon feindlich gewordenen Stadt.

Aber das Haus, in dem er mit all seinen Geschwistern groß geworden war, hat jetzt etwas Bedrückendes. *Was hatte ich hier noch zu suchen? Jeden Augenblick konnten die Häscher kommen.* Er packt ein paar Sachen ein, zwei Anzüge, Wäsche, ein paar Bücher und Manuskripte. Nicht mehr. Mehr würde auffallen. Und dann wandert er durch die Räume. So still hat er das Haus noch nie erlebt. *Bilder, Schränke, lange Bücherreihen, der blinde Homer* starren ihn an. Als die Angst und die Einsamkeit ihn überwältigten, ruft er nach dem Chauffeur. Und die beiden sitzen nun da, der reuige Spitzel und der hochbegabte Schriftsteller, und sie trinken *mehrere Gläser von Zauberers bestem französischen Cognac. Dergleichen war noch nie vorgekommen*, schreibt er, *aber sowohl Hans als auch ich fanden, daß es nicht mehr drauf ankam*. Also haben sie angestoßen, und der Chauffeur hat ihn am Abend zum Bahnhof gefahren, zum Zug begleitet, gewartet, bis er sein Schlafwagenabteil gefunden, und Klaus Mann fühlte keine Trauer mehr, weil einer da war, der bis zur Abfahrt mit ihm sprach und dem er die Hand schütteln konnte. *Ich verließ Deutschland am 13. März 1933.*

Im November 1932 hatte der Regisseur Robert Siodmak in der Umgebung von Berlin den Film »Brennendes Geheimnis« nach der Novelle von Stefan Zweig gedreht, die der 1911 geschrieben hat. Ein gelangweilter junger Baron interessiert sich im Urlaub für eine sehr attraktive, verheiratete Dame. Er freundet sich mit ihrem 12-jährigen Sohn an, um der Mutter zu gefallen. Als eine Liebelei zwischen dem Paar beginnt, verfolgt der Sohn, von Eifersucht geplagt, die beiden, sieht, wie sie sich umarmen, fürchtet um die Ehe seiner Eltern. Als der Adelige abreist, finden Mutter und Sohn wieder zueinander und hüten von nun an ein Geheimnis.

Am 2. März 1933 passiert der Film ohne Schwierigkeiten die Zensur. Am 20.März wird er im Berliner »Capitol« uraufgeführt. *Niemand nahm daran den geringsten Anstoß*, schreibt Stefan

Gleich nach dem brennenden Reichstag, den, wie Stefan Zweig schreibt, »vergeblich die Nationalsozialisten aus ihren Schuhen in die der Kommunisten zu schieben versuchten«, verbietet Goebbels den Film »Brennendes Geheimnis« nach dem Bestseller des Autors.

Zweig in seinen Erinnerungen »Die Welt von gestern«. Aber so kurz nach dem Reichstagsbrand, *den vergeblich die Nationalsozialisten aus ihren Schuhen in die der Kommunisten zu schieben suchten,* blieben die Leute lachend vor den Kinoüberschriften und den Plakaten stehen. *Und noch am selben Abend jagten auf Motorrädern Polizisten herum, die Vorstellungen wurden verboten, vom nächsten Tag an war der Titel meiner Novelle »Brennendes Geheimnis« aus allen Zeitungsankündigungen und von allen Plakatsäulen spurlos verschwunden.* Das Verbot kam von Goebbels, der ja nicht nur Propaganda-, sondern auch Reichsminister für Volksaufklärung ist. Und das Volk musste geschützt werden vor einer Interpretation des Reichstagsbrands, vor einem Autor, dessen Novelle inzwischen über zweihunderttausend Mal verkauft worden war, vor allem aber vor den zwei Juden Stefan Zweig und Robert Siodmak.

Nein, damals denkt der Österreicher Zweig noch nicht daran, Salzburg zu verlassen. Aber er überlegt, vielleicht schon aus Vorsicht, im Herbst für zwei Monate nach Frankreich zu gehen. *Ich liebte dieses schöne geistige Land als eine zweite Heimat und fühlte mich dort nicht als Ausländer,* schreibt er. Immer, wenn er mit dem Zug in die Gare du Nord einfuhr, hatte er das Gefühl, zurückzukommen. *Ich liebte das Volk, ich liebte das Land, ich liebte die Stadt Paris.* Und er kennt Valéry und Romain Rolland und Jules Romains und André Gide, spricht französisch, spricht englisch, kennt auch London gut, aber bisher war er immer wieder nach Österreich zurückgekommen.

Eines Nachmittags, am 17. Februar 1934, kommt er aus Wien wieder nach Salzburg in sein kleines Schlösschen am Kapuzinerberg, wo er seine »Sternstunden der Menschheit« geschrieben hat, die Erzählbände »Amok« und »Verwirrung der Gefühle«, die Biographie über den französischen Politiker Joseph Fouché und Marie Antoinettes Bildnis eines mittleren Charakters. Er schaut seine Briefe durch und korrigiert bis in die Nacht hinein Fahnenabzüge. *Am nächsten Morgen, ich lag noch im Bett, klopfte es an die Tür; unser braver alter Diener, der mich sonst nie weckte, wenn ich nicht ausdrücklich eine Stunde bestimmt hatte, erschien mit bestürztem Gesicht.* Der Herr Zweig möchte bitte herunterkommen, es seien Herren von der Polizei da und möchten ihn sprechen. *Ich war etwas verwundert, nahm den Schlafrock und ging in das untere Stockwerk.* Und da stehen vier Polizisten in Zivil, die erklärten, sie hätten den Auftrag, sein Haus zu durchsuchen. Er solle augenblicklich alle Waffen abliefern, die er vom Republikanischen Schutzbund versteckt hätte.

Waffen in seinem Haus? Jeder weiß, dass Zweig ein überzeugter Pazifist ist. Die Vorstellung, ein Waffenlager in seinem Schlösschen zu haben, das so einsehbar und überschaubar auf einem Berg liegt, ist geradezu absurd. Also sagt er kühl zu den Vieren: *Bitte, sehen Sie nach.* Und das tun sie, gehen durchs Haus, klopfen hier und da mal lässig an die Wand, öffnen diesen und jenen Kasten, und es ist so eindeutig, dass alles nur pro forma war. *Nach einer halben Stunde erklärten sie die Untersuchung für beendet und verschwanden.*

Die ganze Aktion musste Stefan Zweig beunruhigen. Denn Anfang 1934, schreibt er, seien Hausdurchsuchungen in Österreich noch ein ungeheurer Affront gewesen. Und das bei jemandem, der sich total aus der Politik fernhält, der seit Jahren schon, wie Zweig freimütig zugibt, nicht einmal von seinem Wahlrecht Gebrauch macht. *Mein Haus gefiel mir nicht mehr seit jenem amtlichen Besuch, und ein bestimmtes Gefühl sagte mir, daß solche Episoden nur schüchternes Vorspiel viel weiterreichender Eingriffe waren.* Noch am selben Abend packt er seine wichtigsten Papiere zusammen, denn Österreich, das war ihm klar geworden, Österreich ist verloren. Und er ist entschlossen, von nun an für immer im Ausland zu leben. Das bedeutet mehr als den Verlust seines Hauses und seines Landes, es war der Verlust seiner Familie, die blieb, weil sie die Heimat und das Land liebten. *Mir aber war persönliche Freiheit die wichtigste Sache auf Erden.* Am 20. Februar 1934, drei Tage nach dem Besuch der vier Polizisten, steigt Stefan Zweig in den Zug nach London – ins Exil.

Aber wie macht man das, was so lapidar klingt: ins Exil gehen? Wie geht man ins Exil? Als Schriftsteller in ein Land mit einer anderen Sprache? Ohne Gepäck, ohne seine Manuskripte, sein Arbeitszimmer, seine Bücher, nur mit der alten Sprache, die man vielleicht nicht mehr gebrauchen kann? Peter Weiss, der nach

Schweden emigriert war, erzählte, dass man ohne seine Sprache wieder zum Kind würde, das lallt und stammelt und durch *Fuchteln seiner Hände und Grimassieren seines Gesichts* versuchen müsse, seine Absichten zu verdeutlichen. Und jede Sprache habe Laute, die ungewohnt sind und mit Zunge, Zähnen und Lippen ertastet und nachgeformt werden müssten. Und was könnte man nach Wochen mit dem Erlernten anfangen? Nicht mehr, als das, was man für einen Gehilfen im Warenlager braucht. Manchmal, wenn er allein gewesen sei, habe er für sich in der alten Sprache gesprochen, nur um zu hören, ob sie noch da sei. Exil, das ist der völlige Zusammenbruch der privaten Welt.

Heinrich Mann sprach perfekt Französisch. Doch das war nicht die Norm. Thomas Manns Kinder waren jung, geübt, hatten Geld, sprachen Englisch und Französisch und kannten schon ein Stück der Welt. Aber ein Leben im Exil? Wie würde das aussehen. Und was würden die SA-Banditen in ihrem Haus in der Poschinger Straße mit den Bildern, Büchern, Briefen anrichten? Von Amsterdam aus wird Klaus Mann seiner Mutter Katia im Oktober 1933 schreiben: *Mama … Auch mein Kistchen voll von harmlosen, aber unersetzlichen Papierchen, bleibt wohl in Mörderhand.* In Berlin wird die Wohnung von Heinrich Mann, kaum, dass die Nazis begriffen haben, dass er entkommen ist, durchwühlt. Und seine Möbel, sein Bankguthaben, sein gesamtes Vermögen – alles wird konfisziert. Die Mutter von Peter Weiss hatte Angst, die Nazis würden ihr, die keine Jüdin war, Schwierigkeiten beim Umzug zur Familie nach Schweden machen. So zerhackte sie die auf Holz gemalten Öle ihres Sohnes mit den düsteren Themen und verbrannte sie im Ofen. Weiss wollte damals ja noch Maler werden und war verzweifelt, als er vom Autodafé erfuhr.

Wie er überlebt hat? Er weiß es nicht, sagt Hans Sahl. *Man lebte doch von einer Stunde zur anderen, man handelte nicht, man wurde gehandelt. Die Zeit dachte für uns. Sie nahm uns die Entscheidungen ab, wohin wir fliehen mußten.* Er war mit seiner Tasche und zehn Mark früh um sieben in Prag angekommen. Er kannte nur die Adresse von Max Brod. Er klingelt, und der spätere Retter aller Kafka-Romane empfängt ihn verschlafen im Nachthemd. Und dann? *Man borgte sich durch, man lebte auf Kredit*. In Prag, in Zürich, in Paris. *Man borgte sich von A fünf Franc, um sie B wiederzugeben, dem man sie schuldete.* Man hätte ja nicht viel gebraucht, um zu überleben, schreibt er, Zigaretten, eine heiße Suppe, viel Brot und viel Kaffee. Abends um sechs traf man sich im »Prager Tageblatt« mit Alfred Wolfenstein, Walter Mehring und Egon Erwin Kisch. Man wurde auch zum Essen eingeladen, aber Hunger hatte man immer. *Ich erinnere mich, daß ich in Paris mitunter tagelang im Bett blieb, um meine Kräfte zu sparen.* Doch er musste da sein, wo geschrieben wird, wo man hungert, *wo man die Wahrheit verbreitet, wo man den Kampf gegen Hitler formuliert.*

Und Brechts Elend war, dass seine Freunde in alle Winde verstreut waren. Er hatte immer im Kollektiv gearbeitet. Einer hatte die Idee, der nächste machte eine Szene draus, dann wurde formuliert, entworfen, verworfen, bis das Stück fertig war. Und was haben sie gelacht bei der Arbeit. Und alles fing doch schon in Brechts Wohnung mit bequemen Stühlen an. Verkrampftes Sitzen, sagte er immer, behindere das Denken. Und in diesem ehemaligen Gedankenpool, in Brechts Wintergartenwohnung, wühlten nun die Nazis in seinem Persönlichsten herum und beschlagnahmten auch sein schönes Steyr-Cabrio, das so bequem war, auch für die Liebe. Und so schreibt Brecht in seinen Hitler-Chorälen:

Nun danket alle Gott
Der uns Herrn Hitler sandte
Der aufräumt mit dem Schutt
Im ganzen deutschen Lande ...

Robert Jungk, der spätere Zukunftsforscher, war gleich nach dem Reichstagsbrand verhaftet worden, weil er – Student an der Friedrich-Wilhelm-Universität in Berlin – den »Völkischen Beobachter«, das Kampfblatt der NSDAP, vom Schwarzen Brett gerissen hatte. Nur durch die Beziehungen eines Freundes wurde er entlassen und floh aus Deutschland. In seinen Erinnerungen beschreibt er, wie er im Pariser Flüchtlingsfoyer am Parc du Luxembourg einen Schicksalsgenossen trifft, der ihm sagt: *Ahasver, jene mythische Figur des »ewigen Juden« sei nicht jene negative, bedauernswerte Erscheinung, wie er meist dargestellt werde, sondern ein durch Leiden Erfahrener, Berufener, den Unbekümmerten und Ahnungslosen die Augen zu öffnen.* Sie alle hier in diesem Raum, die gratis ein karges, aber gespendetes Mal der »aide aux réfugiés« bekämen, dieser Hilfsorganisation für Flüchtlinge, sie alle seien die Ururenkel des Ahasver. *Mich hat diese Erkenntnis damals wie ein Blitz getroffen*, schreibt Jungk, denn sie wertete auch sein Schicksal radikal um. *Wir waren nicht mehr Opfer eines sinnlosen Schicksals. Es war uns aufgegeben zu warnen, zu beunruhigen, lästig zu fallen. Denn nur der Verstörte wagt zu stören.*

Und doch bleiben und bedrücken die Erinnerungen bei denen, die überleben. Robert Neumann wird schreiben, dass er zu viel Trauriges in seinem Leben geschrieben habe, dass er sich nach Heiterkeit sehne, dass aber immer, wenn er wieder etwas notiere, die Melancholie bei ihm durchbreche. *Immer trieb mich eine Form von Not an den Schreibtisch. Geldsorgen im Exil – woher die Krämerrechnung zahlen am nächsten Ersten*, wenn man nichts verdiente. Und wie viele Tode gab es, *die man sicher zu sterben glaubte und dann doch nicht gestorben ist ... Man ist ein Trotzdem-immer-noch-Lebendiger.*

»Auch wem es nicht vergönnt ist, für die Ehre der Nation sein Blut zu verspritzen, kann dem Vaterland dienen.«

Abiturienten im Ersten Weltkrieg und der Vater eines Mörders.

Aber wie fing das alles an? Deutschland stand nach dem Sieg im Deutsch-Französischen Krieg von 1870/71 an der Spitze der Industrienationen. Es gab oktroyierte Reparationszahlungen von fünf Milliarden Franc in Gold, die Frankreich zahlen musste, es gab in zwei Jahren mehr als achthundert neugegründete Aktiengesellschaften, und die Welt war in den Gründerjahren schnell geworden. Man fuhr jetzt mit Zügen und Autos, man konnte telefonieren und Telegramme verschicken, es gab Straßenbahnen, die nicht mehr von Pferden gezogen, sondern mit Dampf betrieben wurden. Das waren Aufsatzthemen in der Schule: »Welchen Einfluss hat die Dampfmaschine auf unser Leben?« Nur der Dampf war nicht in den wilhelminischen Gymnasien angekommen. Da herrschte noch immer »Professor Unrat«, den Heinrich Mann 1905 zum legendären Anti-Helden seines Romans gemacht hat.

Darin beschreibt er den Zeitgeist und den Ungeist, der damals an Schulen herrscht. *Kein Bankier und kein Monarch war an der Macht stärker beteiligt, an der Erhaltung des Bestehenden mehr interessiert als Unrat.* Und da er sich von den Schülern *hinterrücks angefeindet, betrogen und gehaßt wußte, behandelt er sie seinerseits als Erbfeinde*, die einfach nicht begreifen wollten, dass in seinem Dunstkreis eigentlich nur Liebe herrschte: Liebe zur Moral und Pflichttreue, Liebe zu Drill und Waffendienst, zum *handfesten Säbel, strickten Gehorsam und starren Sitten*. Und weil sich die Schüler unter Liebe eher Fräulein Rosa Fröhlich vorstellten, die Barfußtänzerin aus dem »Blauen Engel«, waren sie für Unrat gefallene Wesen und heimtückische Monster, die schon von ihm mit Karzer bestraft wurden, wenn sie nur lachten, weil Lachen Aufruhr war, Widerstand gegen die Staatsgewalt, und wenn sie Knallerbsen zertraten, war das bereits der Beginn einer Revolution. Kaum erwischte Unrat wieder ein paar Aufrührer, ging's ab ins *Kabuff*, und dabei kam sich der Gymnasiallehrer Unrat, der im wahren Leben Raat hieß, vor wie einer, der *einen Haufen Umstürzler in die Strafkolonie* geschickt hatte.

Es gab auch Komödien wie »Die Hose« aus Carl Sternheims bürgerlichem Heldenleben. Vorhang auf, und die Katastrophe ist schon passiert: Frau Maske hat ihre Hose verloren. Auf offener Straße. Vor den Augen des Königs. Also beinahe. Aber sicher war er schon ganz in der Nähe. Und da fühlt sich der Gatte Theobald, als einfacher Beamter, gedemütigt, ja, geschändet. Die Hose seiner Frau! Rutscht auf offener Straße – runter. Vor den Nachbarn und dem ganzen Viertel. Es seien doch Knöpfe und Bänder an dem Wäschestück, faucht er die Gattin an. Aber ja, sagt die, sie habe doch auch eine feste Doppelschleife gemacht! Eine feste Doppel-

Carl Sternheim demaskiert in seinen Komödien »Die Hose« und »Der Snob« die verkrustete wilhelminische Gesellschaft. »So muss ich dankbar sein, dass mir in Kinderjahren die klare Gestalt eines jungen Weibes Anlass war, an allerlei zu glauben und dann zu verzweifeln.«

schleife? brüllt Herr Maske, und gibt ihr eine feste Doppelohrfeige. Das Publikum hat gejubelt, und der Polizeipräsident lässt das Stück wegen Unsittlichkeit verbieten. Das war 1911.

Aber es kommt ja Nachschub. Nach der »Hose« kommen »Der Snob« und »1913«. Der herrlich hochbegabte Demaskierer Sternheim zerpflückt die bourgeoise Gesellschaft. Sein Snob plant den Aufstieg, lässt sich Manieren beibringen, verleugnet die Eltern, heiratet die Tochter eines bankrotten Grafen, dichtet der verstorbenen Mutter eine Liaison an, war da nicht dieser Pariser Vicomte? Aber ja, und schon springt er hoch in die nächste Klasse. Der Zyklus seines geadelten Helden Christian Maske geht »1913« weiter. Und das Publikum applaudiert und bejubelt ihre wilhelminische Gesellschaft, diese verkrustete Mischpoche, die lüstern, gewissenlos, intrigant, gierig und größenwahnsinnig den Teppich schon ausrollt, über den bald nach dem Krieg die neuen Helden, eine Invasion von Barbaren, mit Stiefeln und Mordgesängen in die nächste Katastrophe marschiert. *Nach uns Zusammenbruch! Wir sind reif!*, wird im Stück gerufen, das erst 1919 mit Heinrich George als Maske uraufgeführt wird.

1914 beendet Walter Hasenclever, die nächste aufsteigende Begabung am Theaterhimmel, das damals aufregendste expressionistische Drama. Es heißt »Der Sohn«, und darin geht es um die Auseinandersetzung zwischen Vätern und Söhnen. Und die Söhne sind die gebrochenen Seelen, die gegen die erdrückende Macht autoritärer Väter nicht ankommen, die zu gehorchen haben und in ihrem Drang nach Freiheit nur noch fester in Pflicht, Zucht und Ordnung gezwängt werden, bis sie in die Schützengräben flüchten oder die Angst sie zu Rebellen macht.

Hasenclevers Bühnen-Sohn hat das Abitur nicht bestanden und will sich das Leben nehmen. Doch zwischen aufkeimender Lust auf seine junge Gouvernante und der Hoffnung, ein Freund werde seine Flucht vorbereiten, kommt es zum Gespräch mit dem Vater. *Ich bin ein Mensch, Papa, ein Geschöpf, ich bin nicht eisern, bin kein ewig glatter Kieselstein. Könnt ich dich erreichen auf der*

Erde! Könnt ich näher zu dir! Weshalb diese schmerzliche Feindschaft, dieser in Haß verwundete Blick? In einer leidenschaftlichen Rede bittet der Sohn, vom Gymnasium abgehen zu dürfen, weg vom Regiment der Lehrer. Und raus möchte er aus der tödlichen Umklammerung seines Vaters, die ihm seit Jahren schon die Luft abschnürt. Er sehne sich nach seiner Freundschaft. Wie bitte? Freundschaft zwischen Vater und Sohn? Da setzt es eine demütigende Ohrfeige. Also Flucht durchs Fenster, Revolver vom Freund, der sein Verführer wird, Aufruf des Erwachenden zur Revolte gegen die Väter vor begeisterten Jugendlichen in einem Geheimklub. Und da entschließt er sich, den Vater zu töten. Polizisten überraschen die Aufrührer, führen den Sohn ab, der muss zurück nach Hause – nun zum letzten Gespräch mit seinem Vater. Doch dieses Mal mit scharfen Waffen. Die Rollen haben sich gedreht. Selbstbewusst erzählt der Sohn, wo er gewesen, wie er geredet und was er nun will: keine Freundschaft mehr, nein, jetzt will er den Bruch. Und seine Freiheit. Freiheit? In eine Anstalt werde der Vater ihn bringen. Da zieht der Sohn den Revolver. Das ist der Umsturz, das Ende der alten Welt. Vom Schlag getroffen stürzt der Vater zu Boden und stirbt.

Das Stück ist ein Tabubruch, wird ein Skandal. So hatte zu der Zeit noch niemand über Väter geschrieben, die zum Schicksal ihrer Söhne werden. *Wenn Sie jemals einen Sohn haben, setzen Sie ihn aus oder sterben Sie vor ihm. Der Tag kommt, wo Sie Feinde sind. Sie und ihr Sohn. Dann gnade Gott dem, der unterliegt.* Und wer hatte sich getraut, mitten im Gemetzel von Combrai, und bald an der Somme und in Verdun, auf offener Bühne zum Vatermord aufzurufen? Das war ja fast wie ein Schuss auf den Kaiser. Er habe auf dem Papier manchmal so gezittert, dass er buchstäblich nicht mehr weiterarbeiten konnte, schreibt Hasenclever an seinen Verleger Kurt Wolff. Und das hatte einen Grund. Auch Hasenclevers Vater regierte autoritär ins Leben seines Sohnes, ein Preuße, auch Arzt, wie der Theater-Vater. Das Stück sei ganz schön revolutionär, schreibt er weiter an Wolff, aber spannend. Wenn es aufgeführt wird, müsse er sicher *mit tollen Lärmereien des Publikums* rechnen und wohl auch mit Zensur. Die Uraufführung wird 1916 in einer Matinée vor geladenen Gästen in Prag stattfinden. Und der Theater-Sohn wird vom jungen Ernst Deutsch gespielt, dem schönen Verführer, der berühmt wird mit dieser Rolle und den Hasenclever in seinem letzten Buch »Irrtum und Leidenschaft« wie ein von Frauen umschwirrtes, sattes Raubtier beschreibt.

Willy Haas, Drehbuchautor und Publizist, saß in Prag mit Franz Werfel in derselben Klasse. Nein, sie konnten ihre Lehrer nicht ernst nehmen. Das waren Gymnasialprofessoren, aber eigentlich *skurrile Narren oder arme Geistesgestörte oder pathologische Sadisten oder alles zusammen*. Ein paar Klassen über ihnen ist Max Brod. Dem erzählt Haas, dass er einen Freund habe, der ein wildes Genie sei, Franz Werfel, der Gedichte schriebe. Da sagt Brod, er habe auch einen Freund, der heiße auch Franz, der sei aber ein richtiges Genie. Ah, den habe Haas schon auf dem Schulhof gesehen, diesen schlanken, *sehr dunklen, fast olivenfarbigen* – Franz Kafka. Sie treffen sich gelegentlich im Prager »Café Arco«. Aber die Knaben machen erstmal Abitur.

Danach gehen die zwei oft in Nachtbars oder Nachtlokale. Und kaum haben sie das »Eldorado«, »Maxim« oder »Gogo« betreten, ruft man schon *Caruso, Caruso!* Das galt Werfel. Schon griff der Klavierspieler in die Tasten und Werfel schmetterte »La donna è mobile« oder »Questa quella«. Er konnte sie alle, die großen Arien von Verdi, er brüllte sie mit seiner herrlichen, ungeschulten Stimme durch die Nacht und wurde bejubelt. Und Haas hängt sein Jurastudium an den Nagel, weil sein Freund ihn mit nach Leipzig zum Verleger Kurt Wolff nimmt, Werfel als Lektor, Haas als Volontär. Und Hasenclever, der auch dort arbeitete, schrieb gerade an seinem »Sohn«. Haas bewunderte ihn: Er sei ein liebenswerter Bursche gewesen, *schlank, edel, wie ein feines Tier*, verführerisch, und immer brannte er vor Begeisterung und echtem Pathos. *Ich liebte ihn vom ersten Tag an und dachte, keine Frau könnte diesem verkörperten Charme widerstehen*. Dabei war er schüchtern, aber immer liebte er nach nächtlichem Schwof *irgendeine Olly oder Otti, und sein Herz war gebrochen, wenn sie ihm untreu wurde*. Dann lief Haas stundenlang mit ihm, der kaum zu trösten war, durch die Stadt. Sie hausten damals ja alle dicht beieinander in der Haydnstraße. Tags lasen sie Manuskripte im Verlag, abends gingen sie in eine Bar. Ernst Deutsch auch immer dabei, den kannte Haas schon aus Prag, der diskutierte nicht mit, der besiegte die Frauen. Und Hasenclever beendete sein Stück, Franz Werfel schrieb Oden und Gedichte, und Haas wird bald das Drehbuch für den Stummfilm »Die Freudlose Gasse« schreiben, mit Werner Krauß, Greta Garbo und Asta Nielsen.

Ja, die Intellektuellen explodierten nur so. Auch Gottfried Benn, Arzt und Lyriker, den sie einen Höllen-Breughel nennen, als er ein Poem über die Obduktion einer Mädchenleiche schreibt, die zu lange im Schilf gelegen hatte. Unter ihrem Zwerchfell fand man ein Nest von jungen Ratten, ein Schwesterchen war schon tot.

Die andern lebten von Leber und Niere,
tranken das kalte Blut und hatten
hier eine schöne Jugend verlebt.

Bis man sie ins kalte Wasser warf.
Ach, wie die kleinen Schnauzen quietschen!

Voller Lust und Leben hatte Heinrich Mann ein paar Jahre zuvor »Die Göttinnen oder Die drei Romane der Herzogin von Assy« geschrieben. Und darin bot er deutschen Primanern alles, was sie lesen wollten: Freiheit, Exotik, Erotik, Schändung einer jungen Witwe im Palast, ungleiche Paare auf einem herrlichen Anwesen in Venedig, lüsterne Unholde, leidende Liebende, bühnenreife Morde. Heinrich Mann hatte seinem Verleger Albert Langen seine drei Göttinnen – Diana in Rom, Minerva in Venedig und Venus in Neapel – so angepriesen: *Es sind die Abenteuer einer großen Dame aus Dalmatien. Im ersten Theile glüht sie vor Freiheitssehnen, im zweiten vor Kunstempfinden, im dritten vor Brunst.* Sie sei bemerkenswerterweise ein Mensch, der ernstgenommen würde. Die übrigen Figuren seien lustige *Tiere wie im Schlaraffenland.* So wurden die drei Bände zum Lesevergnügen einer ganzen Generation. Über diese Geschichten und Gedichte konnten sie die Lehrer und die Schule und die Väter vergessen.

Was ich wurde, wurde ich gegen die Lehrer, hat der Schriftsteller Hermann Kesten knapp und lakonisch geschrieben. Lehrer verhielten sich wie Gottes Autorität, schlimmer noch, wie irdische Tyrannen. Man musste nicht wie sie denken, sagte er, aber sprechen sollte man wie sie. Gegen seine Überzeugung. Wer das tat, kam durch. Wer dachte, was der Lehrer nicht dachte, fiel durch. *Die Wahrheit war anstößig. Der Konformismus war das tägliche Brot.*

Kurt Tucholsky dachte auch immer anders. Und wenn er an die Schule zurückdachte, fand er nur: *Schade um all die verlorenen Jahre.* Aber er sei nicht geprügelt worden, und es habe sich in seiner Klasse auch niemand das Leben genommen, der durch die Prüfung gefallen war, es gab keinen Zögling Törleß und kein Frühlings-Erwachen, *das erwachte eben bei jedem sachte vor sich hin und wurde so oder so wieder zur Ruhe gebettet.* Aber nichts gelernt, nicht richtig denken, nicht richtig reden, nicht richtig sehen, nichts. Nur *lächerliches Zerpflücken der Klassiker, törichte Aufsätze, schludrig und unverständig korrigiert, mittelhochdeutsche Gedichte wurden auswendig gelernt, niemand hatte einen Schimmer von ihrer Schönheit.* 1919 wird er mit der Wilhelminischen Zeit abrechnen: *Wir Deutschen,* schreibt er, *zerfallen in drei Klassen:* die Untertanen hätten bisher geherrscht, die Geistigen hätten sich beherrschen lassen und die Indifferenten hätten gar nichts getan und seien an allem Elend schuld.

Als am 28. Juni 1914 der Thronfolger Österreich-Ungarns, Erzherzog Franz Ferdinand, in Sarajevo erschossen wird und der Erste Weltkrieg ausbricht, sind die klassischen Autoren nur noch Stichwortgeber für deutschnationale Aufsatz-Themen. Schiller wird am heftigsten geplündert: »Mars regiert die Stunde«, Wallenstein, »Es kann der Frömmste nicht in Frieden leben, wenn es dem bösen Nachbarn nicht gefällt«, Wilhelm Tell. Dann wieder Wallenstein: »Der Krieg ist schrecklich wie des Himmels Plagen, doch ist er gut, ist ein Geschenk wie sie«. Friedrich Rückert ist natürlich auch geeignet: »Der Mann ist wacker, der, sein Pfund benutzend, zum Dienst des Vaterlands kehrt seine Kräfte.« Und Cicero steht hoch im Kurs: »Si vis pacem para bellum« – wenn du den Frieden willst, bereite den Krieg vor. Und die alten Freiheitskämpfer Ernst Moritz Arndt und Theodor Körner leben wieder auf. So viel Stoff, mit dem sich so schön Krieg spielen lässt. Der eine Primaner findet, dass der Krieger Nerven aus Stahl haben muss, der andere ist sicher, dass alle Sozialdemokraten jetzt national denken. Und die Wörter Mut und Nibelungentreue, Heldentum und Heldentod, Ehre und Tapferkeit purzeln nur so aus der Kriegsschublade.

Einer aber fällt aus der Rolle. Eugen Bertolt Brecht. Vor Jahren schon hatte er die Lehrer zur Weißglut gebracht. Da hieß das Thema noch: »Was zieht uns in die Berge?« Brecht ist in einer Minute fertig. Hat nur geschrieben: »Die Seilbahn«. Und als ein Thema hieß: »Warum lieben wir unser Vaterland?«, schreibt er, weil das Vaterland das Land unserer Muttersprache ist. Aber man könne natürlich auch andere Länder lieben und gut in ihnen leben, weil es dort auch große Geister gäbe. Italien zum Beispiel sei so ein Land, auch weil da die Sonne viel wärmer scheine als in Deutschland.

Solche Sätze sind in Zeiten, in denen Deutschland sich von Erbfeinden umzingelt sieht, schon sehr auffällig. Aber dann muss Brecht mitten im Ersten Weltkrieg über »Dulce et decorum est pro patria mori« schreiben. Nein, das kann er nicht unterschreiben. *Der Ausspruch, daß es süß und ehrenvoll sei, für das Vaterland zu sterben, kann nur als Zweckpropaganda gewertet werden,* schreibt er. Der Abschied vom Leben fiele immer schwer, im Bett, wie auf dem Schlachtfeld, und das wohl am meisten bei jungen Menschen, die in der Blüte ihrer Jugend stünden. Nur Hohlköpfe könnten die Eitelkeit so weit treiben, von einem leichten Sprung durch das dunkle Tor zu reden. *Tritt der Knochenmann aber an sie selbst heran, dann nehmen sie den Schild auf den Rücken und entwetzen, wie des Imperators feister Hofnarr bei Philippi, der diesen Spruch ersann.* Und das ist immerhin der Dichter Horaz.

Da stockt den Herren Unrat, von denen es ja noch reichlich gibt, der Atem. Das Kollegium wird zusammengetrommelt, man überlegt, den renitenten Burschen von der Schule zu werfen. Aber am Ende lassen sie Gnade vor Zorn ergehen, weil sie finden, dass es sich bei diesem Text nur um die kranken Gedanken eines durch den Krieg verwirrten Schülerhirns handeln kann. Ein Sonderfall. Denn in allen deutschen Städten haben sich doch die jungen Leute und die Primaner, die nun mit einem nachgeworfenen Abitur davonkommen, jubelnd und freiwillig an die Front gemeldet.

Der Krieg hatte auch Ernst Jünger gepackt. Weg von der Schulbank will er, weg von zu Hause, her mit dem Notabitur, hin in die Schlacht. *Der Atem des Kampfes wehte herüber und ließ uns seltsam erschauern*, schreibt er »In Stahlgewittern«. *In einem Regen von Blumen waren wir hinausgezogen, in einer trunkenen Stimmung von Rosen und Blut.* Jünger ist der große Verherrlicher des Krieges, der Poet der Tornister, Gewehre, Patronen und Schrapnells, *wenn der tausendköpfige Bienenschwarm dieser Geschosse* herannaht. Und wohlerzogen ist er, sei immer bestrebt gewesen, *den Gegner ohne Haß zu betrachten und ihn als Mann seinem Mute entsprechend zu schätzen.* So habe er sich bemüht, *ihn im Kampf aufzusuchen, um ihn zu töten.* Und diese Haltung erwartet er auch vom Gegner. Er wird verletzt werden, wird seinen Bruder aus der Schlacht retten, im Graben Nietzsche und Schopenhauer lesen und auch mal fragen: *Wann hat dieser Scheißkrieg ein Ende?* Das darf ein, wie er schreibt, *einst so kriegslustiger* in vier Jahren schon mal niederschreiben. Und wenn sich *ein tieffliegender Engländer heranschraubte und uns gleich einem Aasvogel umkreiste*, dann flohen sie in ihre Löcher und kauerten dort angespannt, weil sie erspäht worden waren und die dumpfen Sirenentöne des Gegners hörten. *Sie glichen den Rufen eines Fabelwesens, das unbarmherzig über einer Wüste schwebt.*

Jünger wird den Krieg von Anfang bis zum Ende erleben und beschreiben – wortgewaltig, angstfrei und romantisch. Am Ende, als der Resttrupp sich durchschlägt, erwischt es ihn dann doch noch heftig. Er ist mitten im Sprung über einen Graben, da *riß mich ein durchdringender Stoß vor die Brust wie ein Flugwild aus der Luft*. Mit einem lauten Schrei wirbelt er um die eigene Achse und klirrt zu Boden. Er hatte schon einmal die *Hand des Todes* gespürt, und fühlt nun wieder, *wie das Geschoß ins Leben schnitt*. Und seltsamerweise, schreibt er, *gehört dieser Augenblick zu den ganz wenigen, von denen ich sagen kann, daß sie wirklich glücklich gewesen sind*. Im Lazarett steigt die Fieberkurve in bedenkliche Höhen, *ich lag, während die Schwestern für mich kämpften, in jenen Fieberträumen, die oft sehr heiter sind*. Und dann bekommt Jünger, Chef der 7. Kompanie, der bereits mit dem Eisernen Kreuz Erster Klasse und dem Ritterkreuz ausgezeichnet worden ist, ein Telegramm von seinem General: Seine Majestät der Kaiser habe ihm den Orden »Pour le mérite« verliehen.

Der kollektive Rausch hatte auch Carl Zuckmayer und seine Schulkameraden erfasst. Der Autor des »Hauptmann von Köpenick« und »Des Teufels General« wird später in seinen Erinnerungen »Als wär's ein Stück von mir« schreiben, dass in ihnen eine *trancehafte Lust* aufgestiegen sei, *fast Wollust des Miterlebens, Mit-Dabeiseins*. Am Abend vor der Mobilmachung habe er noch gemeinsam mit den Freunden Ludwig Uhlands Lied vom guten Kameraden gesungen:

Ich hatt' einen Kameraden,
einen bessern findst du nit ...
Ihn hat es weggerissen,
er liegt mir vor den Füßen,
als wär's ein Stück von mir.

Und sie wissen nicht, was sie da singen. Alle acht Primaner, die an jenem Abend mit Zuckmayer gefeiert und gejubelt haben, werden den Krieg nicht überleben. Und einer, der überlebt, ist verzweifelt, weil er nicht mitkämpfen darf, weil er 1914 in einem der Musterungslokale schroff abgewiesen wird. Mit einem Klumpfuß in den Krieg ziehen? Das geht gar nicht. Joseph Goebbels muss zurück aufs Gymnasium. Zwei Tage hat er sich zu Hause eingeschlossen, hat nur geheult und nichts gegessen und dann einen Aufsatz schreiben dürfen über das Thema: »Wie kann auch ein Nichtkämpfer in diesen Tagen dem Vaterlande dienen?«. Da flog ihm die Feder mit winzig kleiner, gestochen scharfer Schrift nur so übers Papier:

Auch diejenigen, denen es nicht vergönnt ist, für die Ehre ihrer Nation ihr Blut zu verspritzen, können in anderer, wenn auch nicht so ehrenvoller Weise, dem Vaterland ihre Dienste darbieten. Und da sei es die vornehmste Pflicht, verwundete Kämpfer zu pflegen, die für die deutsche Ehre hinausgezogen seien *und vor dem Feind ihre ehrenvollen Wunden empfangen haben.* So führe denn nicht nur *ein tapferes Heer* zum Sieg, sondern auch der Nichtkämpfer, der den Befehlen des Generalkommandos nachkommt. Und da alle Bürger ihr Goldgeld der Reichsbank auszuliefern haben, müsse jeder *seine Augen auf der Straße aufhalten, um jeden Verdächtigen zu beobachten, und wenn der Verdacht sich als begründet herausstellt, die Verfolgung zu veranlassen.* Da steckt dann schon viel später Goebbels im Gymnasiasten.

Von seinen Aufsätzen ist er selbst so begeistert, dass er glaubt, ein Schriftsteller werden zu müssen. Als er über »Das Lied im Kriege« fabuliert, sprudelt es wieder vor Soldatenliebe und Heimatgefühl, vor *Freundestreue* und *Herrentreue* und *Kampfeslust*, vor *Heldenmut* und Stolz und Ehre und *Gottergebenheit* – bis in den Tod. Ja, er glaubt, dass der Krieger mit einem Lied auf den Lippen zu den *Barbaren* in die Schlacht ziehen muss, mit dem »Gott, der Eisen wachsen ließ«, mit der »Wacht am Rhein«, dem »guten Kameraden«, dem »treuen Schwert« und Lützows wilder Jagd oder auch dem mörderischen Wetterbericht:

Wenn es Russenköpfe regnet
und Franzosenköpfe schneit,
dann bitten wir den lieben Gott,
daß das Wetter noch so bleibt.

Also mit einem Lied auf dem Weg in die Schlacht werden *Müdigkeit und Strapazen vergessen,* und der Soldat weiß, dass der *Tod schön und ehrenvoll ist.* Als Ernst Jünger nach der Schlacht an der Somme einen toten englischen Offizier betrachtet, schreibt er: *Er war sehr gut angezogen, und sein im Tode verkrampftes Gesicht war intelligent und energisch geschnitten.* Darauf hätte Ernst Toller nie geachtet. Er wusste, wie Tote aussahen, wusste, wie mörderisch der Krieg die Sterbenden und die Lebendigen zugerichtet hatte. Er schreibt: »Leichen im Priesterwald«:

Ein Düngerhaufen faulender Menschenleiber:
Verglaste Augen, blutgeronnen,
Zerspellte Hirne, ausgespiene Eingeweide,
Die Luft verpestet vom Kadaverstank,
Ein einzig grauenvoller Wahnsinnschrei! ...

Ich sehe, sehe, bleibe stumm.
Bin ich ein Tier, ein Metzgerhund?
Geschändete ...
Gemordete ...

Und wofür starben sie? Für einen Sieg? Was passiert wäre, wenn man den Krieg gewonnen hätte, das wusste Erich Kästner, als er über »Die andere Möglichkeit« neun Verse schrieb. Der letzte heißt: Wenn wir den Krieg gewonnen hätten ...

Dann läge die Vernunft in Ketten.
Und stünde stündlich vor Gericht.
Und Kriege gäb's wie Operetten.
Wenn wir den Krieg gewonnen hätten –
zum Glück gewannen wir ihn nicht!

Wenige Jahre nach dem verlorenen Krieg, 1924, schreibt Goebbels seinen ersten und einzigen Roman: »Michael«. Es sind die Aufzeichnungen eines Soldaten aus dem Ersten Weltkrieg. Der studiert, um seine Fronterlebnisse zu vergessen. Goethes »Faust«, Teil Eins, trägt er mit sich herum, für den zweiten Teil sei er *zu dumm*. Trotzdem stellt er, der nun in einem Bergwerk arbeitet, auf seiner Gottessuche die wildesten Überlegungen zu Goethe und Nietzsche an, hasst die Juden, mag das Völkische, wütet gegen *angefaulte Intelligenz* und *laute Weiber, die sich in alles und jedes hineinmischen, ohne etwas davon zu verstehen*, findet Bubiköpfe, wie man sie in allen Filmen sieht, schrecklich, und am Ende stirbt sein Held Untertage. Und Übertage findet sich kein Verleger. Veröffentlicht wird das Machwerk erst 1933. Da hat Goebbels noch einmal ordentlich am Text herumkorrigiert. Da ist Jesus dann kein Jude mehr, und das müsse er nicht wissenschaftlich beweisen, das sei so. Und ganz am Ende taucht noch eine Erlöserfigur auf, ein Heils-Bringer, der die Züge Adolf Hitlers trägt.

Diesen *kleinen abgefeimten Lügner* Goebbels wird Erich Kästner ja am 10. Mai 1933 auf dem Opernplatz erleben, als auch seine Bücher *gegen Dekadenz und moralischen Zerfall* ins Feuer fliegen. 1917 war Kästner noch eingezogen worden, und die Brutalität während der Ausbildung in einer Kompanie schwerer Artillerie machte ihn zum Kriegsfeind, zum Pazifisten. Und weil er aus einem sozialdemokratischem Elternhaus stammte – *ich komme aus ganz kleinen Verhältnissen, mein Vater war ein Facharbeiter und auch Sozialdemokrat natürlich* – und weil er begriff, dass die Jugendlichen von der Schulbank weg als Kanonenfutter verheizt wurden, und weil er später linke Freunde hatte, Kommunisten und Juden, und weil er für die »Weltbühne« schrieb, wo auch Kurt Tucholsky, Carl von Ossietzky, Erich Mühsam, Alfred Polgar, Lion Feuchtwanger und Arnold Zweig publizierten, alle miteinander radikaldemokratische Leuchtfeuer, und weil er schließlich auch noch mit seinen Büchern die Jugend mit Klugheit, Witz und Charme aufklärte, um sie zu kritischen Bürgern zu machen, die vielleicht auch noch seine bitteren Verse zum »Primaner in Uniform« lasen, war er ein Linker, ein Unzuverlässiger, ein Gegner.

Der Rektor trat, zum Abendbrot,
bekümmert in den Saal.
Der Klassenbruder Kern ist tot.
Das war das erste Mal …

Dann lasen wir wieder Daudet und Vergil
und wurden zu Ostern versetzt.
Dann sagte man uns, daß Heimbold fiel.
Und Rochlitz sei schwer verletzt …

Der Rochlitz starb im Lazarett.
Und wir begruben ihn dann.
Im Klassenzimmer hing ein Brett
mit den Namen der Toten daran …

Wir hatten Angst. Und hofften gar,
es spräche einer Halt!
Wir waren damals achtzehn Jahr,
und das ist nicht sehr alt.

So beschreibt Kästner die Primaner in Uniform. *Wenn man 17-jährig eingezogen wird, und die halbe Klasse ist schon tot*, dann ist sie da, *die Wut aufs Militär, auf die Rüstung, auf die Schwerindustrie*. Das ist die Haltung gegen den Strich. Und als 1931 sein »Fabian« in der »Geschichte eines Moralisten« auch noch auf den Sieg der Anständigkeit hofft, ist er für ein Drittes Reich nicht geeignet, muss beobachtet werden, auch verhört, und seine Bücher fliegen selbstverständlich ins Feuer.

Ernst Toller meldet sich im August 1914 freiwillig bei der Artillerie. Der Arzt untersucht den Studenten, schüttelt den Kopf, denn Toller ist ein zarter junger Mann. Er hat Angst, nicht genommen zu werden. *Ich sage, der Augenschein trügt, ich bin stark und gesund*, schreibt er in seinen wunderbaren, sehr poetischen Erinnerungen »Eine Jugend in Deutschland«, *ich muss angenommen werden, ich will in den Krieg. Der Arzt lächelt gutmütig, ich bin angenommen.* Alte Unteroffiziere und junge Kadetten bringen ihnen Stillstehen und Stechschritt bei. Wer den Stechschritt nicht beherrscht, wird kein Held. Blumengeschmückt werden sie von Frauen und Kindern zum Bahnhof begleitet. Auf dem Nebengleis ein Lazarettzug. Toller sieht seinen ersten Verwundeten mit blutverschmierten Kleidern auf Krücken mit nur einem Bein. Das lehmgelbe Gesicht eingefallen, die Augen blicklos, *ich habe Angst, ich will keine Angst haben, ich will nicht weich werden, was liegt an uns, ich denke an Deutschland.*

Er erlebt das ganze Elend in der Knochenmühle von Verdun. An vorderster Linie. An ihrem Brot nagen die Ratten, *an unserem Schlaf der Krieg und die Heimat.* Und keine Zeit, die Toten zu begraben. Sie lehnen die Erschossenen an die Grabenwände der Stollen und wissen oft nicht, ob sie an einem Toten oder einem Lebenden vorbeikriechen. Alle haben diese graugelben Gesichter. Toller kann an keinem Toten mehr vorbeigehen, ohne ihm ins Gesicht zu sehen. *Und ich fragte, wer warst du? Wo warst du zu Hause? Wer trauert jetzt um dich?* Er kann das Leid nicht fassen, das der Mensch dem Menschen zufügt. Was er sieht, ist aus dem Kopf nicht mehr zu entfernen. Stinkende Leiber, rausquellende Gedärme, abgerissene Arme und Beine, modernde Menschenhaufen. Nachts halten sie sich die Ohren zu, und hören doch die Schreie und das Wimmern der Sterbenden. Und in den Schulheften steht: Es ist süß und ehrenvoll, fürs Vaterland zu sterben.

Nach dreizehn Monaten kommt Toller aus der Hölle, krank am Herzen und an der Seele. In Straßburg liegt er wochenlang im Lazarett. *In dieser Stunde weiß ich, daß ich blind war*, schreibt er, *in dieser Stunde weiß ich endlich, daß alle diese Toten, Franzosen und Deutsche, Brüder waren, und daß ich ihr Bruder bin.* Er wird als Kriegsuntauglicher entlassen.

Es gibt nach Goebbels noch einen künftigen Groß-Nazi, der im Ersten Weltkrieg zwar keinen Feind zu sehen bekommt, aber reimend auf ihn eindrischt – Heinrich Himmler, der spätere Massenmörder und Reichsführer SS:

Franzosen, Franzosen, o gebt nur drecht Acht
Für euch wird kein Pardon gemacht,
Uns're Kugeln pfeifen und sausen
Und verbreiten euch Schrecken und Grauen
wenn wir da so unheimlich hausen.

Noch verbreitet er den Schrecken nur auf Papier. Noch haust er nur unheimlich mit Wort und Stift. Er hat noch kein Abitur, paukt Griechisch und Latein, liest zwölf Bände Jules Verne und ein bisschen Thomas Mann, den er unmöglich und langweilig findet. In seinem Aufsatz »Die Bauerhofschule« erkennt man bereits das, was einmal im Dritten Reich schaurige Blüten treiben wird. Sein Hof soll eine *Pflanzstätte edelsten Menschentums* sein *mit heldischem Sinn und mütterlichem Sinn.* Alle sollen vor der Ehe keusch und züchtig leben, den Volkstanz lieben und die heimatliche Scholle. *Seichte Musik wird nicht geduldet*, und aus jungen Mädchen müssen *lebensfreudige, sittenreine Frauen werden, frei von den Krankheiten der heutigen entarteten Frauen der Städte, stark und doch holdselig im täglichen Leben, das letzte Wort gerne den Männern überlassend.*

Zwei Monate vor dem Abitur meldet Himmler sich im April 1919 zusammen mit seinem Freund freiwillig beim Freicorps Landshut. Sie hatten die Werbeplakate gelesen: *Schützt eure Heimat!* und *Kamerad! Hilf mir! Gegen Bolschewismus, Polengefahr und Hungersnot.* Freicorps waren harte Kampforganisationen, die schon der künftigen SA und SS ähnelten. Da wollten sie mitmachen. Wollten in München gegen die Räterepublik kämpfen. Oberprimaner Himmler aus der Kriegs-Sonderklasse A hatte noch Militärdienst geleistet, war Fahnenjunker und am Maschinengewehr ausgebildet worden. So wurde er als Unteroffizier verpflichtet. Doch trotz *soldatischem Eifer* hielt er sich nicht an die strengen Pflichten und wurde ziemlich bald *wegen Unzuverlässigkeit* unehrenhaft entlassen. Das hieß, Heinrich musste mit verletzter Ehre zurück ins Wittelsbacher Gymnasium, in die Klasse, die von seinem Vater geführt wurde.

Bei diesem Vater – *Oberstudiendirektor, Großbürger, Katholik, Humanist, Altphilologe und erfahrener Pädagoge* – wird der spätere Schriftsteller Alfred Andersch eine Griechisch-Stunde erleben, die für ihn zum Albtraum wird. Sie endet nach völligem Versagen mit dem Abgang vom Wittelsbacher Gymnasium. Gleich nach der Untertertia. Auch unehrenhaft. Wie Himmlers Sohn Heinrich, von dem der alte Himmler fast schwärmerisch sagte, er sei sehr früh schon ein Hitler-Anhänger gewesen, sei aber auch zu den Ludendorff-Leuten gekommen und den Kameraden der »Reichskriegsflagge«. Da musste Andersch an seinen Vater denken, der auch ein Ludendorff-Anhänger war, auch ein Antisemit und ein gläubiger Lutheraner. Doch in Wahrheit, so hatte er gehört, sei Himmlers Sohn, der künftige Mörder, dem Vater davongelaufen, weil er dauernd Krach mit ihm hatte und es nicht mehr ertragen konnte, vom Alten immer nur solche Sprüche anhören zu müssen, wie den vom Sokrates – *daß eine Schallplatte mit der Stimme vom Sokrates das Größte wäre, was sich denken läßt.*

Andersch schreibt seine Schulgeschichte »Der Vater eines Mörders« in der dritten Person. Franz Kien heißt der Schüler, der sie erlebt. Warum, zum Teufel, fragt Andersch im Nachwort, halte er sich eine Maske vors Gesicht, diesen Kien? *Ich bin es doch gewesen, ich und niemand anderer, der von dem alten Himmler in Griechisch geprüft*, und nach dem verheerenden Ergebnis aus dem humanistischen Gymnasium *eskamotiert* worden ist. Er weiß darauf keine richtige Antwort. Nur diese: Kien sei sein anderes Ich. Und die dritte Person mache das Erzählen leichter, helfe, Hemmungen zu überwinden, von dem das Ich sich kaum befreien kann, auch Peinlichkeiten zuzugeben, die man ungeschützt und ohne Maske ungern zugeben würde.

Als Untertertianer wurde der Schriftsteller Alfred Andersch vom Rektor, diesem Jäger, »der ein Knacken im Unterholz gehört hat«, in Griechisch geprüft. Als er versagt, wird er vom »Rex«, dem Vater des Massenmörders Heinrich Himmler, vom Gymnasium geworfen, »eskamotiert«.

Also der Unterricht hat gerade begonnen, da öffnet sich die Tür noch einmal – und der *Rex* steht im Klassenzimmer. Grauer Anzug, glänzend blaue Krawatte, Jackett offen, Bauch gewölbt. Hat sich reingeschoben wie ein Automat. *So, wie auf dem Rathausturm am Marienplatz die Figuren herauskommen, dachte Franz Kien.* Sofort legt sich über dreißig Untertertianer Bestürzung, Betroffenheit, Panik. Auch über den Studienrat, ihren Klassenlehrer. Aufstehen! ruft der ein bisschen zu spät, dann: Setzen! Sie hatten es ja immer wieder aus anderen Klassen gehört: *Macht euch auf den Rex gefaßt!* Der überrumpelt gern. Und der wohlbeleibte Himmler schaut wohlwollend über die Schüler hinweg und sagt: *So, so, das ist also meine Untertertia B! Ich freue mich, euch zu sehen.* In allen Münchner Gymnasien wurden die Oberstudiendirektoren Rex genannt, *aber Franz glaubte nicht, daß die meisten von ihnen wie Könige aussahen. Der da schon.* Und war es nur Franz aufgefallen, dass der Rex sie anredete, als gehörten sie ihm? Aber dann dachte Kien wieder an seinen Vater, der Reserveoffizier war im letzten Krieg. Der hatte auch immer von *seinen Männern* gesprochen.

Es dauert nicht lange, da ist es mit der Leutseligkeit vorbei. Jetzt stand Himmler oben hinter dem Pult wie auf einem Hochsitz, jetzt war er *ein Jäger auf der Pirsch*, dick und ungemütlich. Und er hat auch gleich den jungen Baron am Wickel, diesen arroganten Schüler, der mit Freiherr angeredet zu werden wünscht. Nun hatte der gerade zum Klassenlehrer nur Herr Doktor gesagt und nicht, wie es sich gehört, Herr Professor. Und schon ist Himmler mitten im Versailler Vertrag, der den Deutschen nach dem verlorenen Krieg von den Siegermächten Frankreich, dem Vereinigten Königreich, Italien und den USA aufgezwungen worden war. All die Reparationsforderungen, die Gebietsverluste, und es sei ja *ein Jammer, sagte der Rex, daß wir in Deutschland kein Militär mehr haben dürfen, da würdest du lernen, daß es kein ›ja‹ gibt, sondern nur ein ›jawoll, Herr Leutnant‹. Also beim Militär würde man ihm schon beibringen, was Disziplin heißt.*

Das fand Kien ziemlich unlogisch. Denn wenn sie ein richtiges Militär hätten und nicht nur die hunderttausend Mann Reichswehr, die ihnen gestattet waren, würden sie doch erst nach dem Ende der Schulzeit lernen, dass man seinem Leutnant nicht mit ›ja‹, sondern ›jawoll‹ antwortet. Aber dann sagt der Rex noch, dass selbstverständlich auch er nie mit *Sie*, sondern immer nur mit *Herr Oberstudiendirektor* angeredet werden dürfe. Und als sei das für den Adelsknaben nicht demütigend genug, kam noch ein kühles: *Quod licet Iovi, non licet bovi* hinzu, also was Jupiter erlaubt ist, ist dem Ochsen nicht gestattet. Und da passierte dann das, was alle von ihrem adeligen Mitschüler erwartet haben. *Ich gehöre nicht zum Rindvieh*, rief er empört. *Und Sie sind nicht Jupiter. Für mich nicht! Ich bin ein Freiherr von Greiff, und Sie sind für mich überhaupt nichts weiter als ein Herr Himmler*! Nein, der Herr Himmler schrie ihn nicht an, er bleibt ganz ruhig, sagt am Ende nur kalt, dass er Greiffs Vater einen Brief schreiben werde. Das war dann auch schon das Ende des Freiherrn Existenz im Wittelsbacher Gymnasium.

Und nun? Kien stockt der Atem. Der Rex steht neben ihm. Wie ein Jäger, *der ein Knacken im Unterholz gehört hat*. Doch Hugo ist dran, der sich aus vergoldetem Blech ein Hakenkreuz zurechtgeschnitten hat. Er soll das sofort abnehmen. In der Schule werden keine politischen Abzeichen getragen. Dabei waren die meisten Eltern der Gymnasiasten deutschnational eingestellt. Und *Hakenkreuzler* gab es mehr als genug in der Schule. Aber der alte Himmler hatte ein schlagendes Argument für sein Verbot. Er müsste ja sonst auch Sowjetsterne am Revers gestatten. Das saß.

Und plötzlich liegt dann die Hand des Rex auf Kiens Schulter. *Nun, Kien, wie sieht es denn mit deinem Griechisch aus*? Kien erstarrt. Er denkt, so müsse es wohl sein, wenn man von einem Auto überfahren wird. Wie sehr hatte er gehofft, dass der Direktor auf seinem Pirschgang durch die Reihen nicht bei ihm stehenbleiben würde. Aber nun ist das Unglück da. Und es legt sich wie ein Schleier über seine Augen. Er hat das Gefühl, nicht mehr richtig sehen zu können. Und schon kommt der zweite Schlag. *Hoffentlich hast du dir im Griechischen etwas mehr Mühe gegeben als im Latein.* Da habe er sich ja nicht gerade mit Ruhm bekleckert. Der Mann ist vorbereitet, denkt Kien, hat sich erkundigt, kennt seine Schwächen, weiß seine Noten. Er soll mal an die Tafel gehen und folgenden Satz schreiben: *Es ist verdienstvoll, Kranz Kien zu loben.* Auf Griechisch natürlich.

Wie vergiftete Pfeile schießen die Wörter des Rex in sein Hirn, als er völlig konfus an der Tafel steht: Infinitiv! Adverbiale! Konsekutiver Relativsatz! Kien schafft es gerade, ein Stück Kreide in die Hand zu nehmen. Und die *scharfen, blauen, von dünnem Gold eingefaßten Augen richten sich auf Franz.* Der versucht, sich zu erinnern, ja, so einen ähnlichen Satz hatten sie tatsächlich durchgenommen, aber wie hieß der auf Griechisch? Und wie wurde der noch geschrieben? Er kann sich nicht erinnern. Hatte ja auch nicht gelernt. War bei dem schönen Wetter doch draußen geblieben, und abends hatte er Karl May gelesen. Und nun wiederholt der Rex den Satz und erweitert ihn auf ein peinliches Ende: *Es ist verdienstvoll, Franz Kien zu loben, weil er ein begabter und fleißiger Schüler ist.* Nein, faul war er gewesen, nicht fleißig. Hatte keine Lust gehabt. Er schweigt. Und dann kommen Sätze wie Hiebe. Er solle sich mal beeilen. Solle den Betrieb nicht aufhalten. Wieder Schweigen. Quälend lang. Das griechische Alphabet, das konnte er, hatte ihm sogar Spaß gemacht. Aber danach war nicht gefragt worden.

Und dann ist die Geduld des Rex am Ende. Es habe wohl keinen Sinn, weiter zu warten. Es sei wohl klar, er weiß es nicht, hat nichts gelernt *Aber wir machen noch ein bisschen weiter, Kien, es interessiert mich denn doch, das Ausmaß deiner Faulheit und Unwissenheit festzustellen.* Also los. Oxytonon! Ein Akut auf der letzten Silbe eines Wortes heißt Oxytonon, sagte Kien und kritzelte ein paar Wörter richtig an die Tafel. Dafür gab's ein erstauntes *Bravo.* Aber das reicht natürlich nicht. Und am Ende sagt der Rex etwas, das Kien schamrot werden lässt. Er sagt es zum Klassenlehrer. Sagt, dass Nachhilfestunden zu teuer seien. Die könne Kiens Vater nicht bezahlen. Er hätte auch das Schulgeld nicht aufbringen können. *Wir haben Kien auf Bitten seines Vaters Schulgeldbefreiung gewährt.* Das sagt er laut vor der ganzen Klasse. Sagt, dass Kiens Bruder auch so einer sei. Er habe sich die Hefte von ihm mal angesehen. Voller Fehler. Keine Ahnung, wie der in die Untersekunda geraten sei. Na ja, er werde dafür sorgen, dass er das Einjährige nicht schaffe. Kien ist fassungslos. Er gefeuert, der Bruder gefeuert. Beide relegiert ohne noch eine Chance zu bekommen. Und es war doch immer die Hoffnung seines Vaters, dass die Söhne einmal studieren würden. Und dann fragt der Himmler auch noch: *Wie geht es eigentlich deinem Vater*? Schlecht, sagt Kien. Er sei krank. Schon lange. Oh, das tue ihm leid, sagte der Rex am Ende der Stunde. Da werde der Vater sich aber nicht freuen, dass seine Söhne für die höhere Schule ungeeignet sind.

Diese bittere Geschichte über einen Humanisten, dessen Sohn zum Massenmörder wird, passiert 1928 in München. Sie zeigt einen der Wege auf, die zum Dritten Reich geführt haben und einen von ihm weg. Alfred Andersch, der wenige Jahre nach seiner Relegation in die DKP eintritt und einer der großen deutschen Erzähler wird, schrieb dieses Buch, das posthum erschien, kurz bevor er starb, also gut fünfzig Jahre nach dem Ereignis. So liest sich »Der Vater eines Mörders« wie ein politisches Testament.

»Aber der Jude hatte das Unglück ins Haus gebracht.«

Adel, Menschenzüchtung und die Lehre vom Judenhass.

Etwa zur gleichen Zeit, als Andersch und sein Klassenkamerad Freiherr von Greiff ihr Waterloo beim Rex Himmler erleben, schreibt Börries Albrecht Conon August Heinrich Freiherr von Münchhausen: *Die Frage der Reinrassigkeit des Adels ist als die allerwichtigste Frage unseres ganzen Volkes anzusehen.* Münchhausen, der 1874 – drei Jahre nach dem Sieg von Sedan – auf die Welt kam, wurde in einer Zeit groß, als der deutsche Michel sich gewaltig aufblies. Der Erbfeind Frankreich war 1871 geschlagen. Dass er noch zusätzlich gedemütigt wurde, dafür sorgte ein ebenfalls adeliger Herr: Fürst von Bismarck. Er brachte Wilhelm I. nach Versailles – die einstige Hauptresidenz der französischen Könige – und krönte dort im Spiegelsaal den Deutschen zum Kaiser des großen neuen Reiches. Auf diesen verheerenden politischen Faux Pas werden die Franzosen gemeinsam mit den Siegern des Ersten Weltkriegs mit dem Versailler Vertrag antworten. Das ist die Zeit, als der Freiherr von Münchhausen zum deutschnationalen Politiker und Rassisten wird.

Er hatte Jura studiert, auch Philosophie und Literaturwissenschaft belegt, wurde promoviert und berühmt als Balladendichter. Er besang die germanischen Helden und die alte Ritterschar. In der Schule kannte ihn jedes Kind, die mussten seinen »Bauernaufstand« auswendig lernen oder den »Hunnenzug«:

Finsterer Himmel, pfeifender Wind,
wildöde Heide, der Regen rinnt,
von fern ein Schein wie ein brennendes Dorf,
mattdüsterer Glanz auf den Lachen im Torf.

Da plötzlich ein stampfendes, dumpfes Geroll
wie drohenden Wetters steigender Groll
und lauter und lauter erdröhnt die Erde
vom stürmischen Nahn einer wilden Herde.

Ein Hunnenschwarm mit laut jauchzendem Ruf!
Dumpf donnert und poltert der Rosse Huf,
es erbebt die Heide, der Schlamm spritzt auf
an den dolchbehangenen Sattelknauf ...

Ja, Münchhausen war mit seinen Balladen so berühmt geworden, dass auch er – der bald nur noch von Menschenzüchtung und arischer Rasse predigen wird – in die Walhalla des genialen Parodisten Robert Neumann aufgenommen wurde. Der parodiert ihn, der im Ersten Weltkrieg im Reiter-Regiment war, in einer Ballade als Baron von Trawerz, der hoch zu Ross mit seiner Husarenschwadron gegen die Franzosen anrennt, bis er plötzlich merkt, dass die Fahne schwankt ...

... Die Fahne! Die deutsche Fahne! Der Franzmann erspäht sie und lacht:
»Allons, wir erobern die Fahne! Dann ist gewonnen die Slacht!«
Zwölftausend Franzosendragoner klirren heran wie Erz.
Die deutsche Fahne verloren! Noch atmet Baron Trawerz!
»Und kann ich die Fahne nicht retten – ihr werdet sie nicht entweih'n:
In einem deutschen Magen soll sie begraben sein!«
Schon löst er die alte Seide, schon schiebt er sie in den Mund -
Zwölftausend Franzosen schwingen die Säbel drohend im Rund.
Schon schluckt er die Fahnenbänder – das letzte schaut noch hervor -
Zwölftausend Wutschreie gellen ihm in das brechende Ohr.
Nur die Stange noch! Und er knabbert. Verschlingt die Hälfte mit Lust -

Robert Neumann hat eine Ballade auf Börries von Münchhausen in die Walhalla seiner Parodien »Mit fremden Federn« aufgenommen: Da rettet der Baron auf dem Felde der Ehre die Fahne, die der »Franzmann« rauben will. Er verspeist sie: »In einem deutschen Magen soll sie begraben sein!«

Zwölftausend Franzosensäbel fahren in seine Brust.
Saß mancher reicher zu Rosse als Baron Horst von Trawerz.
Trug keiner am rechteren Flecke das deutsche, pochende Herz.

Börries von Münchhausen ist der Urgroßonkel von Jutta Ditfurth. Die Journalistin, Sozialwissenschaftlerin, Antirassistin und Feministin, strich ihre *Namensverzierung* »von« einfach weg und lehnte es ab, in den Adelsverband aufgenommen zu werden. Das elitäre Denken und Gehabe ihrer Klasse stieß sie ab. Sie wäre für den Herrn Baron von Münchhausen ein dunkelrotes Tuch gewesen. Denn er hatte 1924 geschrieben: *Wenn Adel einen Sinn und Wert haben soll, der über die äußerliche Namensverzierung hinausgeht, so kann es nur dies sein: Menschenzüchtung.* Und das ist bereits die Rassenideologie der Nazis.

Jutta Ditfurth hat ein entlarvendes Buch über den »Baron, die Juden und die Nazis« geschrieben, über den Antisemitismus der adeligen Gesellschaft. Der Adel war arisch. Punkt. Und adelige Eltern, schreibt sie, hatten dafür zu sorgen, *dass die Kinder »reines Blut« heirateten, keine »Neger«, niemals Juden, keine Muslime und möglichst auch keine Bürgerlichen.* Als Student hatte Börries von Münchhausen noch jüdische Freunde, arbeitete mit ihnen, ging auch oft freitags mit ihnen in die Synagoge, verteidigte sie, wenn sie angepöbelt wurden. War ihr Freund. Das ändert sich nach dem verlorenen Krieg in der Weimarer Republik. Da verfasst er im »Deutschen Adelsblatt« jenen Grundsatztext über die Reinrassigkeit des Adels, die Menschenzüchtung, die nun im Mittelpunkt seines Denkens steht. Ein schwedischer Bauer und ein brandenburgischer Bauer, glaubt er, stünden *rassisch weit höher als ein Edelmann, dessen Mutter jüdischen, italienischen oder sonstwie ungermanischen Blutes ist.* Das sei ganz so, schreibt er, wie wenn ein Mops sich mit einem Dackel kreuzte. *Ergibt immer nur ein Mistvieh.* Das gleiche gilt für eine Ehe zwischen Ariern und Juden. *Ergibt immer einen Bastard.* Alles Rassische werde durcheinandergebracht, das Äußere, Innere, Sprache, Geist, Seele, Sittlichkeit und Denken. *Der reine jüdische Stamm ist durch die Mischehe ebenso auf Geschlechter hinaus vernichtet, wie der reine blaublonde Stamm.*

Es gibt einen Roman, den Jutta Ditfurths Urgroßmutter Elisabeth – sie war Münchhausens Schwester – ihren Verwandten wärmstens zur Abschreckung empfahl: »Die Sünde wider das

Berühmt geworden war Börries Freiherr von Münchhausen mit wilden Balladen über Hunnen, Helden und die Ritterschar. Berüchtigt wurde er durch seine Rassentheorie des reinen Blutes. »Wenn Adel einen Sinn haben soll«, schreibt er, »so kann es nur dies sein: Menschenzüchtung.«

Blut« von Artur Dinter. Dieser Roman liest sich wie die Vorgeschichte zu Münchhausens Züchtungsgedanken und seinen Vergleich mit Mops und Dackel. Dinter hatte Naturwissenschaften und Philosophie studiert und wurde mit »summa cum laude« promoviert. Nach Verwundung und überstandener Cholera im Ersten Weltkrieg wurde er mit dem Eisernen Kreuz 2. Klasse aus dem Militärdienst entlassen, war nun freier völkischer Schriftsteller in Weimar und auf dem geraden Weg, ein wüster Antisemit zu werden. Mit Hitler war er schon während dessen Haft in Landsberg befreundet. Für seine Treue zur NSDAP bekam er die niedrige Parteinummer 5. In seiner religiösen Phase lehnte er das Alte Testament als zu jüdisch ab, und Jesus war natürlich – wie schon beim jungen Goebbels – ein *entjudeter* arischer Held. Seinen sexistisch-antisemitischen Roman hatte er 1917 geschrieben. Und der beginnt so:

Aber der Jude hatte das Unglück ins Haus gebracht. Nun will er die Hypothekenzinsen eintreiben. Der Vater hat das Geld nicht. Die Mutter sinkt zu Boden, fleht Herrn Levisohn auf Knien an. Vergeblich. Da würgt der Vater den *Wucherjuden* bis er tot ist, kommt ins Gefängnis, die Mutter stirbt aus Gram, der Vater erhängt sich in seiner Zelle, die Tochter wird verführt und geht ins Wasser. Nur der Sohn Hermann, ein blonder Siegfried, neunzehn Jahre jung, wandert durch fast vierhundert Romanseiten.

Als er sich bei tollkühner Abfahrt im Schnee den Fuß verrenkt, hält ein in Pelz gehüllter Herr in vornehmem Schlitten an und nimmt ihn mit. Der Mann ist Hermann nicht geheuer. Sein Gesicht diabolisch, die Haare schwarz, die Nase krumm, der Mund wulstig, der Schnurrbart zottelig: Ein Jude aus Galizien. In dessen Villa sieht Hermann die Bilder der Gattin und deren Tochter Elisabeth – beide arisch, blond und schön. *Elisabeth! Das war also ihr Name! Wie ein kostbarer Edelstein, der in einen tiefen Brunnen gefallen war, ruhte dieser Name nun in Hermanns Herz.*

Viele Kapitel später sieht er mit jener schönen Blonden, die nun seine Ehefrau ist, *Vaterfreuden* entgegen. Es konnte nichts schiefgehen. Inzwischen weiß er ja, dass auch ihre Vorfahren *blonde Nordgermanen* sind. Aber dann die Katastrophe: *Sie gebar ein Kind mit schwarzem Kraushaar, dunkler Haut und dunklen Augen, ein echtes Judenkind.*

Hermann brüllte auf wie ein zu Tode getroffener Stier, als er seiner ansichtig wurde.

Dirne! schrie er seiner Frau entgegen. Und nun forderte er herrisch Rechenschaft von ihrer Vergangenheit. Ja, sie sei vor Jahren von einem jüdischen Offizier, der ihr die Heirat versprochen, verführt und dann sitzen gelassen worden. Ihr Kind starb nach der Geburt. *Aber warum dieses, Hermanns Kind, auch aussehe wie ihr erstes Kind, sei ihr unmöglich zu begreifen.*

Hermann geht dem Rätsel auf den Grund. Er erfährt, dass es *bei der Tierzucht* – also wie bei Münchhausens Mops und Dackel – *ein Rassegesetz gibt: Wenn ein edelrassiges Weibchen zur edlen Nachzucht für immer untauglich wird, wenn es nur ein einziges Mal von einem Männchen minderwertiger Rasse befruchtet wird.* So sei es natürlich auch beim Menschen. Nach dieser tollkühnen Erkenntnis schreibt Artur Dinter gleich seinen Kommentar dazu, der die Quintessenz seines Romans ist: *Nun ermesse man den Schaden, der jahrein der deutschen Rasse durch die Judenjünglinge zugefügt wird, die alljährlich t a u s e n d e und abertausende d e u t s c h e r Mädchen verführen!*

Hermann verlangt nun von seiner Frau den Namen des Verführers, packt seine *Selbstladepistole* ein, erschießt den *Schurken*, findet, kaum wieder zu Hause, die Leiche seiner Frau und des Kindes vor, die Morphiumspritze *stak noch in der Gegend ihres Herzens.* Dann stellt er sich der Polizei. Als der Prozess beginnt, ist der Schwurgerichtssaal überfüllt. *Die jüdische Presse schrie seit Monaten ihr »Kreuzige ihn«!* Der Staatsanwalt klagt Hermann des Mordes an. Da murrt man im Saal. Und der Staatsanwalt fragt: Wenn es, wie die *Rassesachverständigen* glaubten, in der Tierzucht diese Gesetze geben sollte, *was beweist das für den Menschen*? Er halte die ganze Rassenfrage für absurd. Da tobt man im Saal. Diesen Satz konnte nur ein Jude sagen! Und die Geschworenen sprechen Hermann frei. Der stirbt am Ende im Krieg – getroffen durch eine Kugel mitten ins Herz – *fürs heilige Vaterland.*

Es ist der Beginn einer wahren Judenhysterie. Der Roman wurde ein Bestseller, war das ideale Konfirmations-, Geburtstags- und Weihnachtsgeschenk angstvoller Eltern, die fürchteten, ihre Töchter könnten von einem Juden verführt und schwanger werden. Bis ins Dritte Reich hinein erreicht diese im Stil eines Lore-

Romans geschriebene Verherrlichung des Antisemitismus eine Gesamtauflage von einer viertel Million Exemplare.

Es gibt eine Komödie von Arthur Schnitzler, die, wie Heinrich Mann schreibt, eine Empörung ist: »Professor Bernhardi«. Sie war schon 1912 geschrieben, durfte aber erst 1918, also nach dem Zerfall der Donaumonarchie, am Volkstheater in Wien aufgeführt werden. Es geht um Judenhass und Antisemitismus, der sich damals weit in die österreichische Gesellschaft hineingefressen hatte. *In Wien hatte ich einen sehr geliebten Freund*, schreibt Heinrich Mann in seinen Erinnerungen, *Arthur Schnitzler, einen Dichter des Todes, man hätte es ihm nicht angesehen, 1907, als wir zusammenkamen und uns angenehm waren*. Schnitzler vertrat seine Kaiserstadt nämlich sehr heiter, sagte noch kurz vor Kriegsende, dass die Lage verzweifelt, aber nicht ernst sei. *Er liebte den Ruhm*, schreibt sein Freund. *Wenn er sich einen »sehr bekannten Autor« nannte, empfing seine Stirn einen Strahl der Unsterblichkeit*. Bei ihm ging es immer um Liebe und Tod. Und sein Publikum liebte ihn dafür, dass er die schönsten Gedanken für sie erdachte – und sie dann doch ins bittere Ende einlaufen ließ. Heiter und voller Schwermut.

Nun also sein »Bernhardi«. Die Geschichte spielt um 1900 in einer Privatklinik. Der jüdische Professor Bernhardi ist der Klinikleiter, ein liberaler Intellektueller. Seine Patientin, ein junges Mädchen, hat eine Abtreibung machen lassen und ist in einem sehr kritischen Zustand. Aber gerade der scheint Philomena in eine euphorische Stimmung versetzt zu haben. Schnitzler, der 1885 zum Dr. med. promoviert wurde, kennt sich in medizinischen Fragen aus, vor allem aber in psychologischen und therapeutischen. Und nicht ohne Bedacht hat er der Moribunden den Namen der Schutzpatronin der Säuglinge und werdenden Mütter gegeben, der Heiligen Philomena, die aber auch die Heilige der Gefolterten ist. Und weil die Todgeweihte glaubt, die Krise überwunden zu haben, möchte der Arzt ihr einen freundlichen Tod gönnen, denn ein Priester wäre für sie jetzt ein Todesengel. Doch der Priester ist schon da, möchte zur Patientin gelassen werden, um ihr die letzte Ölung zu geben. Während Arzt und Priester sich in ein unauflösliches Gespräch verknoten, stirbt Philomena in panischer Angst, weil die Krankenschwester ihr den Geistlichen angekündigt hat.

Die christlichen, also nichtjüdischen Kollegen distanzieren sich von ihrem Chef, grenzen ihn aus, wählen auch für eine vakante Stelle nun lieber einen durchschnittlichen als den qualifizierteren jüdischen Mediziner. Der Unterrichtsminister schaltet sich ein, es kommt zu einem Verfahren wegen Religionsstörung, die Krankenschwester macht eine Falschaussage, behauptet, Bernhardi habe den Gottesmann tätlich angegriffen, der schweigt zu dieser Lüge, und so endet der Prozess mit zwei Monaten Kerker für den Angeklagten, und seinen Beruf wird er in Zukunft nicht mehr ausüben dürfen. *Sein Professor Bernhardi,* schreibt Heinrich Mann, *wollte den Antisemitismus nicht vernichten, er zeigt ihn in seinem düsteren Nichts.* Also kein sendungsbewusstes Drama. Für Schnitzler ist »Professor Bernhardi« eine »Komödie in fünf Akten«.

1919, als Artur Dinters Antisemiten-Roman seinen Siegeszug antritt, macht der aus Galizien stammende jüdische Hermann Kesten im Humanistischen Alten Gymnasium in Nürnberg Abitur. Sein Deutschthema, so kurz nach dem verlorenen Krieg, heißt »Wie kann der Dichter seinem Volke in Zeiten der Drangsal und Erniedrigung nützen?« Da schlägt der heitere Skeptiker mit voller Intelligenz zu. Er glaube, dass jeder wahre Dichter über diese Fragestellung, wenn er denn Lust hätte, darüber nachzudenken, erstaunt und vielleicht auch unwillig wäre, denn er sähe sich wieder einmal in seinem innersten Wesen missverstanden. *Aber*, schreibt er weiter, *mit dem großen Lächeln, mit dem große Dichter derlei abtun, würde er vielleicht antworten: Wie er kann? Wie jeder andere Mensch, nämlich mit seinem ganzen Selbst, mit seiner vollen Persönlichkeit ... mit Leib und Seele.* Da schreibt sein Deutschlehrer Dr. Keller gleich mit rot an den Rand: *Widerlich anmaßender Ton.*

Ein Dichter, schreibt Kesten weiter, sei ja kein reimender Journalist und auch kein Parteiführer, er schreibe auch nicht, um zu nützen, *aber vielleicht alles, was er schreibt, nützt*. Ach, dieses Thema sei wieder so richtig typisch. Erst im Unglück suche man den Ratgeber. Den Tadler aber, der gewarnt hatte, dem habe man doch vorher gar nicht zugehört. Und fragt, ob nicht Goethe, der keine Schwert- und Leier-Lieder wie Theodor Körner, sondern *übernationale* geschrieben habe, ob der denn nicht genützt hätte, *weil er sich auf den ganzen Patriotenrummel 1813 eins gepfiffen hat*.

Der Lehrer ist entsetzt, schreibt an den Rand, dass es Selbstüberwindung koste, diesem höhnischen, undeutschen Gerede Kraft und Zeit zu widmen. Im Übrigen, merkt er an, sei Goethe dem Volk nie das gewesen, was ihm Schiller ist. Schiller sei kerndeutsch gewesen, während Goethe diesen Irrweg über Hellas genommen habe. Aber Dr. Keller muss auch noch lesen, was der junge Kesten weiter über Körner schreibt, diesen Nationalhelden, der 1813 im Lützowschen Freikorps gefallen war und für die Deutschen sein »Schwertlied« geschrieben hat:

Du Schwert an meiner Linken,
was soll dein heit'res Blinken?
Schaust mich so freundlich an,
hab meine Freude dran.
Hurrah! Hurrah! Hurrah!

Aber ja, schreibt Kesten, auch Körner, dieser deutsche Heldenjüngling, habe seinem Volk in Zeiten der Drangsal genützt, durch eine Tat, er sei fürs Vaterland gestorben, Körner, *der ein guter Patriot und ein schlechter Dichter war*. Und er zählt seitenlang weiter auf, wann und womit welcher Dichter nützen konnte, schreibt über das junge Deutschland von 1848, über Ferdinand Freiligrath und Georg Herwegh, Heinrich Laube und Karl Gutzkow. *Sie wurden alle Kämpfer für die gute Sache*, auch Heinrich Heine und Ludwig Börne. Doch *sie mußten beide dafür ins Exil wandern. Beide so glühende Patrioten mußten das bittere Brot der Fremde essen. Aber, wer hieß sie auch die Wahrheit sprechen?*

Nach dem Ersten Weltkrieg, als der Nationalismus aufblüht, schreibt Hermann Kesten in seinem Abituraufsatz, dass der Patriot Theodor Körner ein schlechter Dichter, Goethe dagegen ein Vorbild war, »weil er sich auf den ganzen Patriotenrummel 1813 eins gepfiffen hat.«

Nein, Dr. Keller passt die ganze Richtung, die ganze politische Haltung dieses Schülers nicht. Aber der ist nun mal an Klugheit, Witz und Können allen anderen Abiturienten überlegen, und belesen ist er, wie niemand in der Klasse. So gibt dieser Deutschlehrer ihm denn wie immer die Note Eins. Und wie am Ende seines Aufsatzes zwei der größten jüdischen Autoren ihrer Zeit – Heine und Börne – nach Paris emigrierten, so wird vierzehn Jahre später, 1933, auch der jüdische Schriftsteller Hermann Kesten vor einem entarteten Patriotismus ins französische Exil gehen müssen. Und was hatte Heine hundert Jahre zuvor über den Patriotismus des Franzosen geschrieben? Dass der sein Herz erwärmt und es so ausdehnt, bis es nicht nur die nächsten Angehörigen, sondern ganz Frankreich, das ganze Land der Zivilisation mit seiner Liebe umfasst. *Der Patriotismus des Deutschen dagegen*, schreibt er weiter, *besteht darin daß sein Herz enger wird, daß es sich zusammenzieht wie Leder in der Kälte, daß er das Fremdländische haßt, daß er nicht mehr Weltbürger, nicht mehr Europäer, sondern nur ein enger Deutscher sein will.*

»Man las seine Reden und spürte einen unüberhörbaren Ton: einen Prophetenton.«

Ein Großtalent betritt die politische Bühne: Walther Rathenau.

Der 20. Februar 1919 ist der erste warme Frühlingstag in Berlin, *in dessen Weichheit schon der Sommer spürbar ist.* Harry Graf Kessler besucht Walther Rathenau im Palais von dessen Mutter vis à vis der Italienischen Botschaft. *Ich hatte ihn seit der Revolution nicht gesehen,* schreibt Kessler, wollte ihn aber jetzt wegen der politischen Lage sprechen. Sie sitzen im Renaissanceraum mit den Deckenfresken und dem kunstvollen Parkett in Löwensesseln, und Rathenau erzählt, dass er in der letzten Zeit viel Besuch von Engländern und Amerikanern bekommen habe, die alle Mitleid mit ihm hatten. Mitleid, diesem Volk anzugehören. Sie betrachteten die Deutschen mit einer Mischung aus Abscheu und Verachtung. Und ausgerechnet diese üblen Deutschen schauten mitleidsvoll auf *einzelne hervorragende Juden,* die nur geduldet würden. Er kenne diese Blicke und verächtlichen Reden nur allzu gut, sagte Rathenau. Er habe sie ja sein ganzes Leben als Jude schon ertragen müssen.

Er sei übrigens der Meinung, dass die Welt in hundert Jahren dem Bolschewismus gehöre. Das sei ein großartiges System. Aber was die Russen da trieben, gliche eher einem Theaterstück, *das auf einer Schmiere von Schmierenschauspielern gespielt werde.* Und er sei sicher, wenn der Kommunismus nach Deutschland käme, würde er genauso im Schmierenstil aufgeführt werden. Den Deutschen fehlten einfach die richtigen Männer *für ein so überaus kompliziertes System.* Die Engländer oder Amerikaner könnten es vielleicht schaffen. Die Deutschen, sagt Rathenau, würden es nur *à la Feldwebel* probieren.

Harry Graf Kessler, Kosmopolit, Mäzen, Diplomat und Schriftsteller, hat ein Tagebuch geschrieben, das die Kultur und die Politik der Weimarer Republik wiederspiegelt. 1922 begleitet er Außenminister Walther Rathenau auf die internationale Wirtschaftskonferenz nach Genua.

Ansonsten bewege sich hier in der Politik alles in den alten Geleisen, *für die wir so ein großes Talent bewiesen haben!* Und einer sehe aus wie der andere: Scheidemann, Naumann, Kühlmann. Alle austauschbar. Niemand würde es merken. In Deutschland käme nur der *Bierbankpolitiker* voran, der sich durch die Kneipen wälze. Und überall sieht man die Leute von gestern, im Parlament und in der Regierung. Die Revolution, sagt er, habe nur einen neuen, guten Mann hervorgebracht, den SPD-Politiker Gustav Noske. Aber sonst? *Die Offiziere, die Beamten, die Schutzleute auf der Straße, die Spießer auf der Bierbank,* alles noch beim Alten. Also keine Rede davon, dass das deutsche Volk sich etwa erneuert habe.

Mit dieser Selbstsicherheit hat Harry Graf Kessler am Ende des Gesprächs seine Probleme. Er empfindet Walther Rathenau, den ehemaligen AEG-Industriellen, den Schriftsteller, der mit Gerhart Hauptmann befreundet ist, im S. Fischer Verlag zeitkritische Bücher geschrieben hatte und jetzt als liberaler Politiker der DDP, der Deutschen Demokratischen Partei, die er mitbegründet hatte, angehörte, also Kessler empfindet ihn *als Kommunist im Damastsessel, als Patriot aus Herablassung, als Neutöner auf einer alten Leier.* Aber ein Virtuose, ja, das sei er.

Ein Jahr später, im März 1920, gibt es einen Staatsstreich gegen die Weimarer Republik – den Kapp-Putsch. Er richtet sich gegen die SPD, das Zentrum sowie die DDP – und zielt gegen den Versailler Vertrag, der am 10. Januar in Kraft getreten war. Da die Reichswehr auf 100.000 Mann reduziert werden musste, bedeutete es für die vielen nationalistischen Freicorps, die sich gebildet hatten, die Entlassung. Sebastian Haffner, einer der großen politischen Publizisten, ist damals Schüler im Königstädtischen Gymnasium am Berliner Alexanderplatz. In seinen Erinnerungen »Geschichte eines Deutschen« beschreibt er, wie er die Situation damals erlebt hat.

Nach den wilden Schießereien von 1919 wirkte der März 1920 unheimlich still. Nichts passierte. Im Bäckerladen hört er, dass der Kaiser wiederkäme. Und weil viele Schulen wegen Kohlenknappheit geschlossen waren, fiel der Unterricht häufig aus. Bei schönem Wetter, schreibt Haffner, spielten sie auf dem Schulhof »Rote und Nationale«, *wobei die Schwierigkeit darin bestand, daß keiner Roter sein wollte.*

Und dann war alles ganz plötzlich gekommen, aber Einzelheiten erfuhr man nicht, *denn bereits am Abend gab es keine Zeitungen* und *auch kein Licht. Am nächsten Morgen gab es, zum ersten Mal, auch kein Wasser. Auch die Post bestellte nicht. Es fuhren auch keine Verkehrsmittel. Und die Läden waren geschlossen. Es gab, mit einem Wort, überhaupt nichts.* Keine Schießereien, keine Demonstrationen. Nur an den Brunnen, die nicht ans Wasserwerk angeschlossen waren, standen zu Hunderten Leute mit Kannen und Eimern. *Sonst, wie gesagt, geschah nichts.* Nur der Turnlehrer, der noch nationaler eingestellt war als die nationalen Lehrer, sagte: *Man merkt doch gleich, daß eine ganz andere Hand am Steuer ist.* Aber das, meint Haffner, sagte er wohl nur, weil auch er nichts merkte. Es war nämlich Generalstreik.

Die *trübe Geschichte*, die geschehen war, beschreibt er dann so: *Als die Brigade Ehrhardt eines Sonnabends morgen durch das Brandenburger Tor marschierte, entwich die Regierung und brachte sich in Sicherheit, nachdem sie noch schnell die Arbeiter zum Generalstreik aufgerufen hatte. Kapp, der Führer des Putschs, rief die nationale Republik unter der schwarzweißroten Fahne aus, ... die Armee blieb »regierungstreu«, die neue Administration kam nicht in Gang, und fünf Tage später dankte Kapp wieder ab.* Danach sei alles wie immer gewesen, es gab Wasser und Briefe und Zeitungen und Unterricht, und als man hier und da auch noch Schüsse hörte, *merkte man schon, die gute alte Regierung war wieder da.*

Danach ist für Haffner das Interesse an Politik erstmal erloschen. Er spielt wieder Klavier, liest Bücher und geht ins Theater. Nur ein paar aus seiner Klasse reden noch immer lauthals über Politik. Aber das, schreibt er, waren *komischerweise mehr die Dummen, Rohen und Unsympathischen*, die Schlagringe, Gummiknüppel und »Totschläger« mit in die Schule brachten. Und da sieht er, wie einer seltsame Figuren in sein Heft kritzelt – ein symmetrisches, kästchenartiges Ornament. Was ist das? fragt Haffner flüsternd rüber. Antisemiten-Abzeichen, flüstert der andere zurück. Das hätten die Ehrhardt-Truppen am Stahlhelm getragen. Und was bedeute das? Weißt du nicht? Muss man aber wissen. Heißt: Juden raus! *Das*, schreibt Haffner, *war meine erste Bekanntschaft mit dem Hakenkreuz.*

Erst zwei Jahre später sei Politik für ihn wieder interessant geworden. Das war, als Walther Rathenau Außenminister wurde. Damals gab es ja noch kein politisches Starwesen, schreibt er, aber Rathenau sei ein Star gewesen, eine aufschießende Legende, ein Magnet in einem Haufen von Eisenspänen. *Wenn er auf eine internationale Konferenz reiste, hatte man zum ersten Mal wieder das Gefühl, daß Deutschland vertreten war.* Aber es sei nicht allein seine Verhandlungsweise gewesen, seine Politik, es war sein Gesicht in den Zeitungen und Illustrierten, das einen geradezu verfolgte, das einen ansah: *mit dunklen Augen voller Klugheit und Trauer. Man las seine Reden und man spürte, jenseits des Inhalts, einen unüberhörbaren Ton, in dem Anklage, Forderung und Verheißung war: einen Prophetenton.*

In Rapallo hatte er mit seinem sowjetrussischen Amtskollegen Georgi Tschitscherin den Freundschaftsvertrag geschlossen. Haffner erinnert sich, dass man den Vertrag in Lebensmittelläden und vor Zeitungskiosken diskutierte. *Und wir Sekundaner*, schreibt er, *boten uns Ohrfeigen an, weil die einen die Verträge »genial« nannten, während die andern von »jüdischem Volksverrat« sprachen.* Ja, Rathenau sei geliebt und gehasst worden. Und der Hass sei ein wilder, irrationaler, zu keiner Diskussion bereiter Ur-Hass gewesen. *»Das Schwein muss gekillt werden« – das war die Sprache der Gegner Rathenaus.*

Als Harry Graf Kessler Rathenau am 20. März 1922 wieder in Berlin besucht, ist der seit zwei Monaten Außenminister im Kabinett des Reichskanzlers Joseph Wirth. Er klagt. Sagt, dass er völlig überarbeitet sei. Länger als ein halbes Jahr, glaubt der Minister,

Walther Rathenau, hochbegabter Politiker, Manager, Bestsellerautor und Sozialreformer, bekam täglich Morddrohungen von Antisemiten. Er lehnte Polizeischutz ab, hatte nur einen Browning bei sich. Nach dem Mord an ihm begann Deutschlands Weg in den Abgrund.

könne man das Amt nicht aushalten. Jeden Tag ein Eisen ins Feuer schieben. Mindestens. Und wie soll man eine vernünftige Außenpolitik machen, wenn sie auch noch der Volksstimmung behagen müsse? Aber noch schlimmer sei die bösartige Haltung der Deutschen ihm gegenüber. Jeden Tag liegen frische Drohbriefe auf dem Schreibtisch. Von Antisemiten. Und dauernd gibt es irgendwelche Polizeianzeigen. *In den Jugendjahren eines jeden deutschen Juden*, hatte Rathenau 1918 in »Staat und Judentum« geschrieben, *gibt es einen schmerzlichen Augenblick, an den er sich zeitlebens erinnert: wenn ihm zum ersten Male voll bewußt wird, daß er als Bürger zweiter Klasse in die Welt getreten ist und keine Tüchtigkeit und kein Verdienst ihn aus dieser Lage befreien kann*. Er zieht einen Browning aus der Tasche und zeigt ihn Kessler. Soweit sei es schon gekommen, sagt er, dass er nur noch mit diesem kleinen Instrument ausgehen könne. Aber Begleitschutz habe er abgelehnt. Am besten verstehe er sich übrigens mit den Engländern, dann kämen die Franzosen, danach die Italiener und die Japaner – also den Wortführern der Siegermächte – und am schlechtesten stehe er leider mit den Deutschen.

Nein, es war ihm nicht leichtgefallen, das Außenamt anzunehmen. Er wusste, seine Gegner würden ihm das Leben schwermachen. Selbst seine eigenen Leute aus der DDP unterstützten ihn doch nur halbherzig. Außerdem hatte er seiner Mutter versprechen müssen, nach dem Aufbauministerium kein neues Amt mehr anzunehmen. Sie hatte den brutalen Mord an Matthias Erzberger, dem Publizisten und Zentrumspolitiker, in bitterer Erinnerung. Es war erst ein halbes Jahr her, dass Rechtsterroristen der Organisation Consul ihn auf einem Spaziergang mit acht Schüssen regelrecht hingerichtet hatten. Nun erfuhr sie aus der Zeitung, dass ihr Sohn Außenminister geworden war. Er hatte sich nicht getraut, es ihr zu sagen und erklärte nun, er habe annehmen müssen, man habe keinen anderen für das Amt gefunden.

Und dann war Albert Einstein noch im Auftrag der Zionisten zu Rathenau in die Grunewaldvilla gekommen, um ihn zu bitten, lieber wieder zurückzutreten, weil es für die Juden besser wäre. Jeder Fehler unter Rathenaus Ägide würde doch ihnen, den Juden, angelastet. Und für die Rechtsextremisten war dieser Außenminister das ideale Hasssubjekt: Kapitalist, Industrieller, Intellektueller, Bestsellerautor und Schöngeist, der malte und von Edvard Munch portraitiert worden war. Doch Rathenau ist schon als Aufbauminister erfolgreich gewesen, hatte sogar mit Frankreich, dem heftigsten Gegner, erfolgreiche Gespräche über weniger Druck bei den Reparationszahlungen geführt. Er konnte ja mit den Franzosen, war selbstbewusst, auch ehrgeizig und ein wirklicher Diplomat. Nun hoffte Reichskanzler Joseph Wirth, auf der Weltwirtschaftskonferenz in Genua mit diesem Außenminister Eindruck zu machen.

Und da fragt Harry Graf Kessler, ob Rathenau einverstanden wäre, wenn er im April mit nach Genua käme, also in der deutschen Delegation, um an der Konferenz teilzunehmen. Aber ja, das sei ihm sehr recht, sagt Rathenau. Sicher könne Kessler ihm mit seinen guten Kontakten und Beziehungen nach Frankreich, Italien und England sogar hilfreich sein. Und so geht es am 6. April von Berlin nach Lugano und von dort nach Genua, wo die Konferenz am alten Hafen im prachtvollen Palazzo San Giogio eröffnet wird. Am 13. April speist Kessler dann mit Rathenau und Reichskanzler Joseph Wirth, den er hier zum ersten Mal trifft. Ein *typischer Boche*, schreibt der Graf, der mit »Boche«, einer Art Quadratschädel, den Ausdruck der Franzosen für die verhassten Deutschen benutzt, *blond, fett, schlagflüssig, ein weichlicher Fleischkoloß ohne innere Haltung, launisch, formlos, Trinker, ja, sichtbar alkoholgetränkt*. Also kurz: *der Hausknecht als Reichskanzler*. Aber Rathenau, schreibt er, bemuttere ihn wie ein alter Kammerherr seinen Serenissimus.

Und die beiden – Kanzler und Minister – sind bereits mitten in der Konferenz, die ja über einen Monat dauert, erfolgreich. Auf Initiative von Rathenau kommt es am 16. April, dem verregneten Ostersonntag, im knapp dreißig Kilometer von Genua entfernten Rapallo zur Unterzeichnung des völkerrechtlichen Vertrags zwischen dem Deutschen Reich und der Russischen Sozialistischen Föderativen Sowjetrepublik. Das heißt: Man einigt sich auf die gegenseitige völkerrechtliche Anerkennung beider Staaten und Verzicht auf Reparationszahlungen. Damit hatte Rathenau durch sein diplomatisches Geschick ein Stück Souveränität für sein Land zurückerobert. Aber zum Feiern ist ihm nicht zumute. Er ahnt, dass dieser Vertrag von Rapallo für die völkische und antisemitische deutsche Rechte ein neuer Beweis für eine *Judenrepublik* sein würde. Am 17. Mai 1922 endet die Mammutkonferenz. Am Nachmittag geht Harry Graf Kessler noch auf einen Kaffee zum Kanzler und dem Außenminister. *Mein letztes Zusammensein mit Rathenau,* schreibt er ins Tagebuch. *Ich sah ihn erst ermordet wieder.*

»Auf einem schmutzigen Stück Papier standen kreuz und quer Namen.«

Ernst von Salomon beschreibt, wie seine Nazi-Freunde und er den Mord an Walther Rathenau vorbereitet haben.

Der Mord geschah am Vormittag des 24. Juni 1922. Rathenau hatte am Abend zuvor noch bis in die Nacht hinein mit dem amerikanischen Botschafter über Reparationsfragen diskutiert. Nun, am Samstag, war er um 10 Uhr 45 auf dem Weg von seiner Villa im Grunewald, Königsallee 65, in die Wilhelmstraße zum Außenministerium. Trotz neuer Attentatswarnungen fuhr er ohne Polizeischutz, nur mit seinem Chauffeur im offenen NAG-Kabriolett, dem Vorkriegsklassiker. Dass sie von einem offenen Mercedes-Tourenwagen verfolgt wurden, merkten sie nicht. Am Steuer dort saß der Student Werner Techow, im Fond der Jurastudent Erwin Kern und der Maschinenbauingenieur Hermann Fischer. Alle gehörten – wie schon die Mörder von Matthias Erzberger – der rechtsextremen Organisation Consul an. Auf der Höhe der Wallotstraße überholten sie Rathenaus Wagen, und während des Überholens schoss Kern mit seiner Maschinenpistole auf Rathenau, und Fischer warf eine Handgranate in den Wagen. Der Außenminister ist schwer getroffen und stirbt, der Chauffeur überlebt, die Attentäter entkommen – zunächst.

Um halb zwölf, kurz nach dem Mord, ruft der Journalist Carl von Ossietzky bei Harry Graf Kessler an und erzählt, was passiert ist. *Ich war wie vom Schlag gerührt*, schreibt er. Jetzt müsse mit den Mördern der Rechten abgerechnet werden. Um drei Uhr geht er in den Reichstag und sieht von der Tribüne aus, wie die Rechten sich mit den linken Abgeordneten unterhalb der Regierungsbank anbrüllen und prügeln. Nach zwanzig Minuten *stand Wirth am Regierungstisch auf, neben dem leeren, umflorten Stuhl von Rathenau, vor dem auf dem Tisch ein Strauß weißer Rosen lag.*

Der Reichskanzler hält, vier Stunden nach dem Mord an seinem Außenminister, eine emotionale Rede mit scharfen Angriffen gegen die Mörderbande und ihre Unterstützer, die ja mitten unter ihnen sitzen. Seine Rede wird immer wieder von den Linken mit tosendem Beifall, der im Protokoll vermerkt wird, unterbrochen. Und Wirth erzählt den Abgeordneten, wie Rathenau noch vor wenigen Wochen im Palast San Giorgio auf der Schlusssitzung der Konferenz vor den Vertretern aller Nationen eine Rede *von größter humanitärer Gesinnung* gehalten habe. Und in seiner *edlen, vornehmen Ruhe* habe er auch die Herzen gewonnen, *die uns bis dahin vielleicht stark abgeneigt gegenüberstanden.* Nach dieser Rede habe es *rauschenden Beifall aller Anwesenden* gegeben ... *Nun liegt er tot vor uns.*

Aber wehe denen, die sein Werk, die Nationen zu versöhnen, durch diesen Mord gestört haben. Und dann zeigt er am Ende auf die rechte Seite und sagt: *Da steht der Feind, der sein Gift in die Wunden eines Volkes träufelt. Da steht der Feind, und darüber ist kein Zweifel: dieser Feind steht rechts!*

Aber Kurt Tucholsky weiß, wie schnell die Liberalen und demokratischen Politiker ihre heftigen Worte wieder vergessen, wie nachsichtig sie immer wieder mit der mörderischen Meute umgehen. Er schreibt nach dem Mord in der »Weltbühne« das Gedicht: »Rathenau«. Er schreibt es als Appell an die Verantwortlichen.

Steh einmal auf! Schlag mit der Faust darein!
Schlaf nicht nach vierzehn Tagen wieder ein!
Heraus mit deinem Monarchistenrichter,
mit Offizieren – und mit dem Gelichter,
das von dir lebt und das dich sabotiert
an deine Häuser Hakenkreuze schmiert ...

Vier Jahre Mord – das sind, weiß Gott, genug
Du stehst jetzt vor dem letzten Atemzug.
Zeig, was du bist. Halt mit dir selbst Gericht.
Stirb oder kämpfe. Drittes gibt es nicht.

Fünf Tage nach dem Mord wird Techow verhaftet. Am Morgen des 17. Juli wird Kern im Versteck eines Rechtsextremisten von einem Kriminalbeamten erschossen. Fischer, der das Ende seines Mordgenossen miterlebt, erschießt sich daraufhin, bevor es ein anderer tut. Aber es gibt noch jemanden, der an der Vorbereitung der Tat beteiligt war: Ernst von Salomon, der spätere Schriftsteller. 1920 war er in Frankfurt Mitglied der rechtsterroristischen und antisemitischen Organisation Consul geworden. Da war er achtzehn und lernte bald Techow, Kern und Fischer kennen.

In seinem Bestseller »Der Fragebogen«, der dreißig Jahre später erscheinen wird, beschreibt er, wie sie da zusammengehockt haben und eine »nationale Revolution« planten. Wie in Frankreich, Französische Revolution. Und da, glaubt er, sei es Kern gewesen, der Planer, der in einer heißen Diskussion sagte, dass man dann eben auch alle Erfüllungspolitiker beseitigen müsse. *›Beseitigt‹, das hieß natürlich schlichtweg: getötet. Was standen denn für andere Mittel zur Verfügung? Keiner, der vor dieser Konsequenz zurückschreckte, konnte eines nennen.* Aber im Gegensatz zu den russischen Sozialrevolutionären, schreibt Salomon, die ja eine Ideologie durchsetzen wollten, hätten sie nur so ein allgemeines Gefühl gehabt.

Und dann tauchten plötzlich Listen auf, *und auf einer dieser Listen stand bei uns, neben vielen anderen, auch der Name Rathenau.* Aber was heißt Liste. *Die ganze Liste bestand aus einem kleinen, schmutzigen Stück Papier, auf welchem mit Bleistift kreuz und quer Namen standen, manche durchgestrichen, manche wieder hinzugefügt.* Und die meisten Namen, schreibt Salomon, waren ihm überhaupt kein Begriff. Einer war der Herausgeber einer Zeitschrift »Die Glocke«. Nie gehört. Einen strich er einfach von der

Liste weg, der hieß Wassermann. Er dachte, das sei Jakob Wassermann, deutsch-jüdischer Schriftsteller. Was hatte der mit Politik zu tun. Gemeint war aber Oskar Wassermann, jüdischer Bankdirektor. Wusste er nicht. Kannte er nicht. Also weg.

Theodor Wolff war übrigens auch dabei, schreibt er. Wolff, einer der bedeutendsten Journalisten damals, Chefredakteur des »Berliner Tageblatts«. Aufgefallen sei ihm schon, dass ziemlich viele Juden auf der Liste standen. Die Liste habe er aber noch nicht in Frankfurt, sondern erst in Berlin gesehen, *mitten in den Vorbereitungen zum Rathenau-Attentat*. Kern habe sie in der Pension am Schiffbauerdamm, wo sie wohnten, einfach auf dem Tisch liegengelassen. Und dass er überhaupt an dem Rathenau-Mord beteiligt war, sei ganz mechanisch gewesen, *weil ich mich so sehr an Kern attachiert hatte*.

Eigentlich, schreibt er, sei er in die Sache reingegangen *wie Karl Moor in die Böhmischen Wälder. »O Menschen, Menschen, heuchlerische Krokodilenbrut!«*. Sie waren ja alle jung, er mit neunzehn der Jüngste, spätpubertäre Knaben seien sie gewesen, auch die beiden anderen Mitplaner, Tillesen und Plaas. Aber alle aus guter Familie, *das war damals noch ein fester Begriff. Seeoffiziere, Söhne fundierten Bürgertums – und die saßen da und besprachen kalten Blutes einen Mord, was sage ich, ganze Mordserien, es ist doch ein unheimlicher Vorgang*. Sie lesen auch in den Schriften von Rathenau, diskutieren über seine Theorie von »Mut- und Furchtmenschen«, *und je länger wir davon sprachen, desto mehr waren wir davon angetan. Kern sagte schließlich: Laßt das, das macht uns nur weich*. Und da habe einer gesagt: Rathenau ist ein Faschist. Nein, sagte ein anderer: Er ist ein Jude. Aber Antisemitismus, sagt Salomon, sei für ihn kein Grund zum Morden. Doch, sagt einer, sie seien Antisemiten. Und die meisten waren ja auch völkische Studenten, Judenhasser, die das Rathenau-Lied sangen, das dann so brutal umgesetzt worden war:

Auch Rathenau, der Walther,
Erreicht kein hohes Alter,
Knallt ab den Walther Rathenau,
Die gottverdammte Judensau!

Also, Techow war festgenommen worden. Er hatte sich bei seinem Onkel in der Nähe von Frankfurt versteckt. Als die Polizei den Fahndungsaufruf mit Namen rausgegeben hatte, hielt der seinen Neffen solange fest, bis er abgeholt wurde. Da Kern und Fischer tot waren, war Techow der einzige, der wegen Mordes angeklagt wurde. Dass ihm die Todesstrafe erspart blieb, verdankte er wohl seinem Tränenausbruch und der Aussage, Kern hätte ihn mit dem Tode bedroht, wenn er den Wagen nicht gefahren hätte. So kam er mit fünfzehn Jahren davon. Ernst von Salomon konnte man nachweisen, dass er in Hamburg gewesen war und einen Chauffeur für das Mordauto besorgt hatte. Der wurde wegen Beihilfe verurteilt und starb im Gefängnis. Gefahren hatte den Wagen aber nicht er, sondern Techow, dem Kern mehr vertraute.

Dass Salomon mit fünf Jahren Zuchthaus härter als die anderen Mitmacher bestraft wurde und die auch absaß, lag daran, dass er während der Verhandlung frech und ungehörig war. Wie die Gassenbuben, schreibt er, seien sie alle in den Gerichtssaal gegangen und wurden, *da wir ja plötzlich mitreden konnten, großmäulig und anmaßend.* Aber er sei wohl am zügellosesten gewesen, habe dauernd dazwischengeredet und sich beklagt, dass *der alte Fehrenbach, Reichskanzler a. D., der unter den politischen Richtern saß, während der staubtrocknen Verhandlung öfters ein Nickerchen machte.* Der habe übrigens auch auf der Liste gestanden, schreibt Salomon, und nichts davon geahnt.

Aber dann kam ein Augenblick, der ihn doch stumm machte. Das war, *als die Krankenschwester vernommen wurde, die gleich, nachdem die Schüsse gefallen waren, in den Wagen stieg, in welchem Rathenau getroffen lag.* Sie hatte zufällig in der Nähe gestanden, hatte keinen Blick auf den davonrasenden Wagen ge-

Ernst von Salomon, der das Rathenau-Attentat mit vorbereitet hat, schreibt, er sei in die »Sache« reingegangen wie Schillers Karl Moor in die Böhmischen Wälder: »O Menschen, Menschen, heuchlerische Krokodilenbrut.« In seinem Roman »Der Fragebogen« wird er alles erzählen.

worfen, war also als Zeugin für die Anklage nutzlos. *Sie hatte nur begriffen, daß da ein Mensch in Not war. Sie sagte mit einer leisen, ganz unbewegten Stimme aus. Sie sagte nur: ›Der Sterbende hat nicht mehr sprechen können – er hat mich nur noch einmal angeblickt‹.*

Und ein Brief wurde vorgelesen. Den hatte die Mutter von Rathenau an die Mutter von Techow geschrieben. Die beiden kannten sich über Techows Onkel, den Bruder der Mutter, der Architekt war und Rathenaus AEG-Hallen und das Verwaltungsgebäude am Lehrter Bahnhof gebaut hatte. Mitten in der Verhandlung, schreibt Salomon, las der Vorsitzende Richter diesen Brief vor. *Der fing an: »Sie Ärmste aller Mütter« – und lautete dann etwa dem Sinne nach: »Hätte ihr Sohn meinen Sohn gekannt, er hätte eher die Waffe gegen sich selbst gerichtet als gegen ihn, den edelsten aller Söhne ...«* Und tröstend habe sie dann hinzugefügt: *»Möge ihr Sohn vor dem irdischen Richter bekennen und vor dem göttlichen bereuen«*. Dieser Brief, schreibt Salomon weiter, hätten sie als *die allertiefste Beschämung* empfunden.

Georg Kreisler, der jüdische Komponist, Dichter, Sänger und Kabarettist, der 1938, nach Hitlers umjubeltem Einmarsch in Österreich, mit seinen Eltern ins amerikanische Exil flieht, wird nach seiner Rückkehr ein Lied auf einen General singen, das in der ersten Strophe auch auf die mörderischen jungen Männer passt:

Der Vater is Vertreter und a ehrenwerter Mann,
die Mutter eine Dame, wie man selten finden kann.
Der Sohn hätt' drum, nach Wissen und Gewissen,
a anständiges Jingel werden müssen.
Doch Gottes Wege sind nun mal verworren und diskret.
Obwohl der Sohn studierte auf der Universität,
hat er, wer hätte das gedacht,
den Eltern nix wie Schimpf und Schande eingebracht.
Sie schleichen durch die Stadt und schauen niemand ins Gesicht.
Der missgerat'ne Sohn ist nämlich – wissen Sie noch nicht? ...

»Diese Schmach, dieses Land, diese Mörder, diese Justiz.«

Kurt Tucholskys Gerichts-Report über Mordbuben, Richter und das Attentat auf Maximilian Harden.

In der aufgeheizten antisemitischen Stimmung wird am 3. Juli 1922, nur neun Tage nach dem Mord an Walther Rathenau, ein Attentat auf den deutsch-jüdischen Felix Ernst Witkowski – alias Maximilian Harden – verübt. Harden, Schauspieler, Publizist, Kritiker, Journalist und Herausgeber der von ihm gegründeten Wochenschrift »Die Zukunft«, war berühmt und berüchtigt als intellektuelle *Kampfnatur*. Er arbeitete gemeinsam mit Max Reinhardt am Deutschen Theater, hatte viele Pseudonyme, war befreundet mit Walther Rathenau und schrieb auch für den großen Chefredakteur Theodor Wolff in dessen liberalem »Berliner Tageblatt«. Die beiden hatten sich schon sehr jung 1888 kennengelernt, trafen sich damals regelmäßig im »Café Schiller« am Gendarmenmarkt, diskutierten dort die letzten Uraufführungen und die Weltlage.

Harden, der überzeugte Europäer, erkannte nach 1918 die deutsche Kriegsschuld an und damit den Versailler Vertrag. Das machte diesen Kämpfer gegen Nationalismus und Militarismus für die Rechten und die Antisemiten zum bestgehassten Autor der Weimarer Republik. Und so wird der einundsechzigjährige Publizist am 3.Juli 1922 auf offener Straße von hinten angegriffen. Er bekommt mit einem eisernen Gegenstand acht heftige Schläge auf den Kopf. Der Schläger entkommt zunächst, der Komplize, der Schmiere gestanden hat, wird verhaftet. Der zusammengeschlagene Maximilian Harden liegt blutüberströmt auf der Straße, schwebt tagelang in Lebensgefahr. Am 12. Juli besucht Harry Graf Kessler den schwer Verwundeten in der Klinik. *Vermummelt.*

Erzählt von der unglaublichen Rohheit des Mörders, der ihn am Boden liegend immer wieder mit der Eisenstange schlug. »Ich kann doch in diesem Lande nicht mehr leben!?«

Kurt Tucholsky ist ein knappes halbes Jahr später im Prozess gegen die Mordbuben dabei. *Das muß man gesehen haben.* So beginnt er. *Da muß man hineingetreten sein. Diese Schmach muß man drei Tage an sich haben vorüberziehen lassen: dieses Land, diese Mörder, diese Justiz.* In fünf Monaten hatte das Gericht lediglich festgestellt, dass ein völkischer Mann in Oldenburg die Täter zum Mord angestiftet hatte. Dann die Täter. Der eine *ein sexuell verbogener Wandervogel mit Schillerkragen*, der sein *kaschubisch-slawisch-friesisch-wendisch-germanisches Blut rein erhalten* wollte. Der andere, *ein Hütejunge für eine Kuhherde mittleren Grades*, hatte in Hardens Wochenschrift »Die Zukunft« gelesen und sei mit dem Gelesenen gar nicht zufrieden gewesen.

Diese angeheuerten Mörder Ankermann und Weichhardt fahren also nach Berlin, wohnen in einer Absteige *und verjuchheien den Vorschuß auf die Seligkeit ihres Opfers.* Außer mit weiblichen Personen haben sie mit niemandem verkehrt. Aber davon möchten sie mehr. Also gut, neue Huren werden besorgt. Die werden auch bezahlt. Von wem? Keine Ahnung. *Einige deutsch-blütige Herren haben sich zu dieser Aufgabe zusammengefunden und sind bereit, Opfer zu bringen.* Aber dann sollen die zwei Auserwählten sich doch bitte mal freundlichst an den Mord machen. Trotzdem müssen nochmal ein paar Huren her. *Zwischendurch bummeln die beiden durch Berlin* und saufen an der Bar. Und der eine weiß gar nicht, um was es hier überhaupt geht. Um einen Mordplan? Keine Ahnung. *So steht es wahrscheinlich in den ›Richtlinien für deutschnationale Mörder und solche, die es werden wollen‹.*

Schließlich beobachten sie Hardens Haus, seine Spaziergänge, laufen in den Grunewald und wieder zurück. *Beide gehen schließlich am dritten Juli in die offene Feldschlacht (von hinten). Beide mit Totschläger und Messer.* Ankermann schlägt achtmal zu. *Besinnt sich dann auf die Kriegsartikel (›Mut in allen Dienstobliegen-*

»Ich kann doch in diesem Land nicht mehr leben!« Der deutsch-jüdische Publizist und Kritiker Maximilian Harden wird auf offener Straße beinahe totgeschlagen. Die Faschisten hassten den intellektuellen Europäer, der 1918 die deutsche Kriegsschuld anerkannt hatte.

heiten‹) und kneift aus. Weichhardt wird aufgegriffen. Er plaudert alles aus. *»Sind das die Früchte seiner tadellosen Erziehung?«, fragt der Verteidiger? Sie sind es*. Der Junge hatte ja erst im März zwei Jahre Gefängnis wegen fahrlässiger Tötung bekommen. Da hatte er mit seinem Revolver rumgespielt und ein Kind getötet. Das wollte er wieder gut machen und hat die Beerdigungskosten bezahlt. Dafür gab's Bewährung. Und dann glaubt Tucholsky, nicht richtig gehört zu haben, aber der Verteidiger bestätigte es in seinem Plädoyer: *Weichhardt wollte sich mit der Mordtat bei seiner Familie rehabilitieren! Er wollte seinem lieben Vater eine Freude machen!! »Hier, Papi, bringe ich dir zu Weihnachten den toten Maximilian Harden! Na, wie bin ich?« – »Brav, mein Sohn, brav!«*

Solch eine Verhandlung wie diese vom 12. bis zum 14. Dezember 1922 vor dem Schwurgericht III zu Berlin, schreibt Tucholsky, habe die Welt noch nicht gesehen. Die Atmosphäre im Saal sei freundlich gewesen wie beim Fünf-Uhr-Tee. Die Angeklagten wurden nie bedrängt, es fiel kein böses Wort, man plauderte freundlich mit ihnen, fragte auch schon mal, *ob nicht Herr Harden ein Schädling des deutschen Volkes sei*. Von Mord war eigentlich nicht die Rede. Stattdessen wurde eine Bardame nach der Zeche der Mordbuben gefragt. Aber das wissen Sie sicherlich nicht mehr? Nein, das wisse sie nicht mehr.

In diesem juristischen Wahnsinn stand am dritten Tage der Nebenkläger Maximilian Harden auf, der für die meisten im Saal ja leider nicht *mit dem Kopf unterm Arm ankam*. Und hier, schreibt Tucholsky, hielt Harden *die stärkste Rede, die wohl jemals in Moabit gehalten worden ist. Es sprach unser letzter Europäer von Ruf. Es sprach ein Mann, mit dem noch einmal eine verklungene Welt aufstand, der Repräsentant einer fast verschollenen Epoche, einer, der noch an Recht, an fair play, an Sitte und Anstand auch im Kampf der Meinungen glaubte*. Er habe den Kaiser immer bekämpft, sagte er, vom ersten Tage an, aber getötet wurde doch unter seiner Regierung nicht. Er wuchs in seiner Rede weit über sich hinaus, schreibt Tucholsky. *Über die Köpfe dieser Kleinbürger hin-*

weg, die da um ihn herumsaßen, sprach einer, der die Sprache der Welt, nicht die Sprache dieses Deutschlands redete. Und er habe die Geschworenen aufgefordert, doch offen für Freispruch zu plädieren, wenn sie der Meinung seien, dass man unbequeme Geistige und besonders Juden totschlagen dürfe. Er prangerte die Mordhetze in den nationalen Zeitungen an, und er sprach vom Unglück, das der abgedankte Kaiser, der *Parvenu in Doorn* angerichtet hatte. *Er redete aus einem heißen Herzen,* schreibt Tucholsky, *und aus einem kalten Verstand.*

Aber an den Geschworenen sei das alles abgeprallt. Was bedeutete diesen verbohrten Nationalisten schon Historie, Europa, Klugheit und Verstand. Und was heißt hier Mordversuch? *Der Kerl lebt doch noch.* Und Weichardt habe doch in seinem Schlusswort erklärt, er hätte gar nicht gewusst, wer dieser Harden überhaupt ist, hat gesagt: *Ich nehme die Tat mit dem Ausdruck des Bedauerns zurück!* Na bitte. Dafür gibt es mildernde Umstände. Und der andere wird eben ein bisschen länger wegen gefährlicher Körperverletzung sitzen müssen. Dabei hatten beide in ihren schriftlichen Geständnissen deutlich von ›Erledigen‹, ›Beseitigen‹ und auch von ›Töten‹ geschrieben. Nein, schreibt Tucholsky, das sei keine Justiz mehr. Und der Urteilsspruch sei klar: *Er bedeutet: »Weitermachen!«*

Und das will er nicht mehr mitmachen. Ach, Tucholsky, der jüdische Seismograph seiner Zeit. All die Ermordeten, Rosa Luxemburg, Karl Liebknecht, Kurt Eisner, Matthias Erzberger, Walther Rathenau und beinahe Maximilian Harden. Er sieht doch längst, wo die Zukunft endet: *Ja, sie waren einfach eines Nachts da. Woher sie kamen und wie und warum, und wer das vor allem war, der da die Straßen füllte und eine Menge Leute aus den Betten holte – »Sofort öffnen! Oder wir schlagen die Tür ein!« – das wußte man alles gar nicht.* Und dann seien wieder Listen da, und die Leichen der Erschossenen würden gefleddert und die Wohnungen der Opfer verwüstet und ausgeraubt. *Vom Bürgertum wurde keine gewaltsame Gegenwehr versucht.* Und die rechte Presse werde jubeln,

Drei Tage dauert der Prozess gegen die Harden-Attentäter. Kurt Tucholsky wird ihn in einer furiosen Reportage verewigen. Ein Mordbube »wollte seinem lieben Vater eine Freude machen! Hier, Papi, bringe ich dir zu Weihnachten den toten Maximilian Harden! Na, wie bin ich?«

weil endlich alle Juden und Bolschewiken aus den Redaktionen verschwinden. Das schreibt Tucholsky im Jahr 1922. Und er schreibt: *Dies soll hier nur stehen, um in acht Jahren einmal zitiert zu werden. Und auf dass ihr dann sagt: Ja – das konnte eben keiner voraussehen!* Damals flieht er nach Paris und 1929 nach Göteborg in Schweden, und 1935 nimmt er sich – angeekelt von dem, was in Deutschland ist und nicht wissend, was mit dem Holocaust noch kommen wird – das Leben.

Ein paar Wochen nach dem Rathenau-Mord und dem Attentat auf Maximilian Harden hatte Harry Graf Kessler Friedrich Nietzsches Schwester in Weimar besucht. Er hatte dem Philosophen, den er verehrte, im August 1900 die Totenmaske abgenommen, und seine Schwester hatte sich danach mit Fälschungen am Werk ihres Bruders vergriffen. Jetzt erklärt die Antisemitin und Deutschnationale Kessler, dass sie Angst um des Grafen Leben habe. Warum das? Nun, er sei doch mit ihm befreundet gewesen und sie denke da an die Bolschewiki, die ja auch Rathenau ermorden ließen. Wie bitte? Als Kessler sie über diesen Unsinn aufklären will, sagt sie scharf zu ihm: *Meuchelmord sei keine deutsche Sache!* Er sagt, seit der Revolution habe es in Deutschland fast fünfhundert Morde von Rechtsradikalen an Linken gegeben! Ausgeschlossen, zetert Frau Förster-Nietzsche, und besteht auf der Reinheit der deutschnationalen Seele. Man schäme sich, schreibt Kessler, solche Absurditäten widerlegen zu müssen. Aber *die gute alte Dame spricht von den Rechtsradikalen nur als ›Wir‹!* Und so wird denn, glaubt er, *diese abgeschmackte Lüge jetzt bei alten deutschnationalen Damen propagandistisch verbreitet.*

Mit Schaum vorm Mund verteufelt Joseph Goebbels 1924 Harden im Tagebuch, diesen Geist, dem er nicht gewachsen ist: *Maximilian Harden, so ein verlogener polnischer Judenlümmel … Diese auf die Nerven fallende Rabulistik.* Er kann sich eine ganze Seite lang kaum beruhigen. *Sie sind ein Lümmel, ein Lump und der größte Schwindler des 20. Jahrhunderts. Das haben Sie nach dem Kriege auch dem Dümmsten bewiesen durch Ihre Schmähartikel …*

Da durften Sie die Maske von Ihrer jüdischen Fratze reißen. Wenn er, Goebbels, in Deutschland zu sagen hätte, *dann würden Sie heute noch im Verein mit Herrn Warburg, Herrn Louis Hagen, Herrn Nathan und etlichen anderen gelben Lümmeln im Viehwagen über irgendeine Grenze geschoben.* Neun Jahre später hat er in Deutschland zu sagen.

Maximilian Harden verlässt Deutschland. Er zieht in die Schweiz, wo er am 30. Oktober 1927 stirbt. Harry Graf Kessler ist in Leipzig, als er vom Tod seines Freundes erfährt. Und er erinnerte sich, wie er ihn das letzte Mal erlebte. Da hatten sie bei ihm in Berlin soupiert. Max Reinhardt war dabei, der Archäologe und Dramatiker Karl Gustav Vollmoeller und sein Privatsekretär Max Goertz – der ja Kesslers Lebensgefährte war. Harden sei an diesem Abend, an dem er mit dem Dirigenten Oskar Fried über Antisemitismus diskutierte, ganz besonders witzig und amüsant gewesen. Und später hat dann Josephine Baker noch getanzt.

Kurt Tucholsky schreibt in seinem Nachruf in der »Weltbühne«, wie Harden eine Unterhaltung führte: *wie eine Florettklinge.* Und seine Pointen liefen stets *haardünn aus, oben blitzte das Licht und ein Tröpfchen Gift, wenn er wollte. Es kitzelte, tat kaum weh – erst zu Hause merkten die Opfer, daß sie tödlich getroffen waren.* Er sei mitten im Nationalismus ein wirklicher Europäer gewesen, hatte Verbindungen in alle Länder des Kontinents und bewegte sich mühelos unter Intellektuellen. Er sei *ein Gleichberechtigter unter Gleichen* gewesen, *ein Gulliver unter Pygmäen.*

Die Pygmäen der Gauzeitung der NSDAP, »Der Angriff«, schrieben: *Maximilian Harden ist durch eine Lungenentzündung hingerichtet worden. Wir bedauern am Tod dieses Mannes nur, daß er uns die Möglichkeit genommen hat, auf unsere Weise mit Isidor Witkowski abzurechnen.*

»Ich saß mit Goebbels in seinen Logen und trank an seinen Tischen.«

Bertolt Brechts Freund Arnolt Bronnen mutiert vom linken Wutbürger zum wüsten Nazi.

Er sitzt in einem kleinen Raum im Theater und wartet auf einen Termin beim Dramaturgen. Und da sitzt noch einer, der seine feuchte, billige Zigarre abgelegt hat und zur Klampfe so vor sich hin krächzt:

... *Und jene Frau hat jetzt vielleicht das siebte Kind*
Doch jene Wolke blühte nur Minuten,
Und als ich aufsah, schwand sie schon im Wind.

Arnolt Bronnen ist hingerissen von diesem jungen, dürren Menschen mit dieser knarzenden Stimme, *mit stechenden Punktaugen, darüber kurzgeschnittenes, dunkles, struppiges Haar.* Die runde Stahlbrille hängt ihm halb über der spitzen Nase, und *seltsam zart war der Mund, der das träumte, was sonst die Augen träumen.* Es ist Bert Brecht. Der war 1922 nach Berlin gekommen, ins deutsche Chicago, wo der Eiswind weht. Und der fast vier Jahre ältere Bronnen, der gerade sein Theaterstück »Vatermord« geschrieben hat, mit dem er berühmt werden wird, ist entzückt von diesem Menschen, in dem, wie er glaubt, *das Herz dieser Zeit* schlägt. Er schreibt in seinen Erinnerungen an die »Tage mit Bertolt Brecht«: *Liebe, große Liebe in der Welt, gib mir den als Freund.*

Sie werden eine Zeitlang Freunde sein, duzen sich gleich und fangen an, wild miteinander zu arbeiten. Und sie wollen eine Firma gründen. Dafür schreibt Brecht ab sofort Bertold am Ende mit einem t. Das hatte Arnold Bronner schon vor Jahren mit seinem Vor- und Nachnamen erledigt. Also Bertolt & Arnolt. Und Arnolt ist noch der schüchterne Expressionist, bevor er fünf Jahre später der *faschistische Piccolo* wird.

Bronnen ist ein Zukurzgekommener. Vom Vater, schreibt er, ewig durchgeprügelt, von der Mutter liebevoll umhegt, wofür auch sie geschlagen wird. 1916 ist er am Monte Pasubio als österreichischer Soldat durch den Hals geschossen und von Italienern festgenommen worden. Er wird später Friedrich Georg Jünger – dem Bruder von Ernst Jünger – erzählen, dass er blutend am Boden gelegen und das scharfe Krachen der Schüsse gehört habe, mit denen die Verwundeten um ihn herum erledigt wurden. Ein Italiener habe auch ihm die Waffe an den Kopf gehalten, er habe die Augen geschlossen, nein, Angst habe er nicht mehr gehabt, er war bereit, zu sterben, aber dann kam kein Todesschuss. Der Schuss im Kehlkopf heilte im Lazarett aus und veränderte seine Stimme zur Heiserkeit. Bis 1919 war er in italienischer Kriegsgefangenschaft. Dort hatte er schon begonnen, seinen »Vatermord« zu entwerfen. Nun, in Berlin, arbeitete er im Kaufhaus des Westens und bei Wertheim als Packer, um finanziell über die Runden zu kommen. Abends hatte er sein Stück zu Ende geschrieben.

»Vatermord« ist ein Drama zwischen Enge und Ödipus. Es geht darin um einen autoritären, tyrannischen Vater, der die Zukunft seines homosexuellen Sohns bestimmt und ihn damit in Wahnvorstellungen treibt. Die Mutter begehrt ihren Sohn, verführt ihn, wird dabei von ihrem Mann erwischt. Der Sohn erschlägt ihn und erlebt den Vatermord als Orgasmus.

Mit diesem Stück hat Bronnen sich wohl auch von seinen eigenen homoerotischen Gefühlswirren befreien wollen, von denen er seinem blonden Cousin, einem verwegenen Kämpfer im Freicorps, erzählt hatte. Bronnen war ja auch nicht sicher, ob Dr. Bronner nun sein Vater oder sein Stiefvater war. Wohl deshalb hat er seinen Namen »arisiert«, um nicht in Zeiten des beginnenden Rassenhasses in die Verlegenheit zu geraten, ein Jude zu sein. In Wien, wo er geboren wurde, hatte er gehört, dass Juden ihre

»Liebe, große Liebe in der Welt, gib mir den als Freund«, schreibt der Dramatiker Arnolt Bronnen. Da ist er noch ein linker Revoluzzer und meint Bert Brecht. Kurze Zeit sind sie Freunde und arbeiten zusammen, bis Bronnen ein Faschist wird und sich Goebbels andient.

Namen ändern. *Diese Namens-Künste*, gibt Bronnen später zu Protokoll, *ließen mich über meinen eigenen Namen nachdenken. Er gefiel mir nicht, so wenig wie mein Gesicht.* Also ändert er seinen Namen. Erst Arnold in Arne, dann in Arnolt. Und als er zum ersten Mal Bronnen niederschreibt, *wußte ich, daß dies mein Name war.* Er sei ein Renegat gewesen, schreibt der Theaterkritiker Jürgen Rühle, *immer Konvertit. Er wurde vom Juden zum Arier, vom Arier zum Juden. Vom Roten zum Nazi, vom Nazi zum Roten. Vom Österreicher zum Deutschen, vom Deutschen zum Österreicher und vom Österreicher wieder zum Deutschen.*

Aber nun gehen Brecht und Bronnen 1922 erstmal gemeinsam in die verschiedenen Theater, schnorren sich von Probe zu Probe durch, studieren die Arbeit der Regisseure, damit sie lernen, wie man es nicht macht. Manchmal sind sie von mittags bis Mitternacht zusammen, essen mit einer Gabel Sardinen aus der Büchse, *pro Kiefer einen halben Fisch*, denken, reden, schreiben, und als Brecht mit einer Nierengeschichte ins Krankenhaus muss, in die Charité, besucht Bronnen ihn. Die Luft im großen Zimmer sei zum Ersticken gewesen, schreibt er, *die Leichtkranken seufzten, die Schwerkranken schnarchten*, und dauernd kommen Besucher und Freunde und Neugierige und irgendwelche Mädchen zu Brecht, und wenn der mit Bronnen arbeiten will, soll der Freund sich doch einfach zu ihm ins Bett legen. Eine Krankheit, sagt er, würde sich schon finden lassen. Bronnen bleibt dann mit Erlaubnis des Arztes bis in die Nacht hinein vor dem Bett hocken. Sie korrigieren am »Vatermord« herum, schreiben Regieanweisungen, und dieses Schauspiel soll nun Brechts und Bronnens erstes Firmen-Produkt werden.

Tatsächlich darf Brecht die Regie übernehmen. Er bekommt sogar zwei der ganz großen Schauspieler, Heinrich George für den Vater und Agnes Straub für die Mutter. *Ich saß neben Brecht im dunklen, leeren Zuschauer-Raum*, schreibt Bronnen, *und erschauerte, wenn da oben der gerade den höchsten Ruhmes-Gipfeln zujagende George stand und meine Worte sprach.* Aber das will

Der junge Bertolt Brecht will 1922 mit Bronnen dessen Stück »Vatermord« mit Heinrich George inszenieren. Bronnen erschauert vor Glück, doch Brecht will keine Schau-Spieler sondern Schau-Denker. George wirft ihm seine Rolle an den Kopf und geht, Brecht löst das Licht und geht.

Brecht alles ganz anders haben. Er brüllt. Macht vor. Tagelang. Die Straub bricht mit Weinkrämpfen zusammen, und das blasierte 24-jährige Genie in der 15.Reihe ruft: Die sollen da oben auf der Bühne nicht spielen, die sollen denken! Wie bitte? Nicht spielen? Das hat noch kein Regisseur zu George gesagt. Es reicht. Er sei Schau-Spieler, kein Schau-Denker! Brecht unterbricht ihn, da schreit George: Lassen Sie mich ausreden, Sie Herr da unten! Was dann passiert, beschreibt Bronnen: *Er zog die Rolle aus der weiten Tasche seines teutonischen Lodenmantels, schwang sie ein paarmal wie ein Tomahawk um den Kopf und wirbelte sie dann von der Rampe hinaus über die düster-leeren Bankreihen bis zum Sitz 337 in die fünfzehnte Reihe, wo der betretene Autor sie auflas.*

Es ist vorbei. Das Theater am Zoo war für die Uraufführung am 2. April 1922 gerade gemietet, die Plakate hingen schon überall, aber Brecht macht das Licht aus und sagt zum entsetzten Bronnen: *Ich gratuliere dir. Mit denen wäre es nie was geworden.* Das Stück wird sechs Wochen später in Frankfurt uraufgeführt, und endet – wie in Hamburg, München, Berlin, Bremen und Ulm – in gewaltigem Tumult. *Zuletzt erschien ein Polizei-Leutnant mit zwölf Mann und räumte das Theater*, schreibt Bronnen. *Ich wurde mit hinausgeräumt.* Und da steht er nun draußen auf der Straße, geblendet von der Sonne, als ein großer Mann auf ihn zugekommen sei, wuchtig, mit spärlichem Blondhaar und rosigem Gesicht, der habe die Arme ausgebreitet und gefragt: *Wollen Sie mein Autor werden, mit allem, was Sie schreiben?* Ernst Rowohlt habe den nickenden Bronnen umarmt und ihm einen Jahresvertrag von 50.000 Mark zugesagt. Dass die in der Inflation bald nur noch ein Straßenbahnticket wert sein würden, spielt am 14. Mai 1922 noch keine Rolle, denn an diesem Abend ist aus dem Packer von Wertheim ein freier Schriftsteller geworden.

In seiner dubiosen Autobiographie »Arnolt Bronnen gibt zu Protokoll«, die er in den 1950-er Jahren schreibt, wird er in einer Art Selbstverhör die einzelnen Kapitel mit kurzen Schuld- und Sühne-Texten beginnen. Im ersten stellt er sich darin als der Angeklagte vor, der 1895 in Wien geboren wurde, 1,80 Meter groß sei, graue Augen in wechselnden Farbtönen habe, und dessen Gesicht mehr Maske als Ausdruck sei. *Sie, hoher und richtender Leser, dem es aufgegeben ist, hinter diese Maske zu blicken, stellen daher dem Angeklagten die Frage nach dessen Werdegang.* Es sind scheinbare Demutstexte eines Autors, der exhibitionistisch ist, anlehnungsbedürftig, sich eigentlich aber vor Menschen ekelt. Ernst Jüngers Bruder Friedrich Georg Jünger hat Bronnen in seinen Erinnerungen »Spiegel der Jahre« unter dem Pseudonym Brack beschrieben: *Ekel ergriff ihn etwa, wenn er sich in einer Versammlung befand und daran dachte, wie viele Krebskranke, Schwindsüchtige und Syphilitiker in ihr sein mochten.* In diesem Ekel habe für Jünger etwas Totes gelegen, und er habe begriffen, warum Bronnen von allem Mechanischen und allen Maschinen so angezogen wurde. Es sei das Tote gewesen, was ihn daran anzog, die Unfruchtbarkeit, *das Fehlen des Leidens.*

Nach dem Kapitel mit dem grandiosen Vatermord-Erfolg, wird also – scheinbar vom Beichtvater oder vom Richter – Folgendes festgestellt: Das Stück habe er nicht erst in der Gefangenschaft, sondern bereits 1913 angefangen. Also neun Jahre früher. Für die damalige Zeit sei es tatsächlich revolutionär gewesen. Doch nun, 1922? *Sie wissen selber, daß es keinen Zufall gibt, und daß alle Geschehnisse aufs engste verknüpft sind. So führt auch ein direkter Weg von Ihrem »Vatermord« fünf Wochen später zum Rathenau-Mord.* Und seine Sympathie für Ernst von Salomon, die habe doch da schon bestanden, also lange bevor er ihn kennengelernt habe. Und die wirklich kämpferischen Kritiker, die hätten bereits begriffen, dass in seinem Stück Kräfte freigeworden seien, die *teils anarchische, teils faschistische Kräfte* waren. Der Erfolg seines Talents zeige doch eindeutig den Misserfolg seines Charakters auf. Im anschließenden Text geht Bronnen nicht auf Rathenau ein, nicht auf den Mord, nur auf seine Schwierigkeiten mit der Sexualität: *Orgasmus war mir gleich Tod, und der Tod ein Orgasmus.* Wie im »Vatermord«.

Sein Erfolg geht weiter. Er ist bienenfleißig, schreibt gleich eine Novelle für seinen Verleger Rowohlt, und im nächsten Stück, »Anarchie in Sillian«, bricht bei Bronnen nun die Taktik durch, die Guerilla-Strategie, jetzt liegt das Aroma von Widerstand, Macht und Brutalität über seinem Text. Es geht um die Reparationszahlungen und die Besetzung des Ruhrgebiets durch französische Truppen. Carrel ist sein anarchischer Held, der schändet, mordet und schließlich sagt:

Ihr seid alle vorbei, ich geh weiter.
Unzucht, Anarchie, Hölle, ich hab euch den Kragen gebrochen.
Die Zeit des Nebels und der Verwirrung ist aus.
Jetzt fangen wir an!

Am 9. November 1923, am Tag des Hitlerputsches in München, gibt Bronnen das Drama bei Rowohlt ab. Er fühlt sich in bester Form, es ist die Zeit, als er in literarische Höhen gejubelt wird: Nicht Brecht, nein, Bronnen sei der kommende Dramatiker. Arthur Eloesser aber gehört zu denen, die hinter seine Maske schauen. Der jüdische Journalist, der mit dem feinen, ironischen Ton für die »Vossische Zeitung« und die »Weltbühne« schreibt, meldet eigene Defizite an: *Wenn nun einer meinen sollte, daß Arnolt Bronnen aus größter Ursprünglichkeit etwas Besseres oder wenigstens etwas anderes als ein Brillantfeuerwerker ist, daß bei ihm Erde bebt, Krater sich öffnen, so kann ich nur meinen Mangel an Erschütterung bekennen.* Und Alfred Kerr, schreibt Bronnen, habe ihm sogar eine Grabrede gehalten, habe geschrieben, er arbeite mit Aktuellem, mit Schützengraben, Kino, Grammophon, durchaus stark, doch mit verstaubten Tricks. *Es ließe sich auch sagen: Bumms ohne Inhalt, Knall an sich, Leere mit Tempo.*

Es sind Juden, die Bronnens Mimikry, seine Maskenspiele, seine Sentimentalitäten, Gewaltexzesse und seine Labilität eher als andere erkennen. Und dann ist es ausgerechnet der von ihm so verehrte Ernst von Salomon, der die Geschichte seiner Panik, vielleicht selbst ein Jude zu sein, im »Fragebogen« so kess und komisch beschreibt. Es ist die Zeit, als Bronnen dabei ist, sich den Braunen anzuschließen. Und da gerät er in einer Gesellschaft – auf der auch Salomon ist – an seinen Landsmann Anton Kuh, den jüdischen Schriftsteller, der ein so glänzender Redner ist, dass Tucholsky ihn einen *Sprechsteller* nennt. Kuh ist berühmt für seinen Witz. Natürlich mochte er seinen Namen nicht, meinte aber, wenn man schon so heiße und ernst genommen werden wolle, müsse man so tun als sei man ein Stier. Und er sagt auch: *Nur nicht gleich sachlich werden! Es geht ja auch persönlich.*

Und persönlich ist es natürlich, als er sagt, dass er in Wien – wo Bronnen ja herkommt – früher einmal der Schüler *eines achtbaren, aber jüdischen Professors namens Bronner* war und sich nun die Anfrage erlaube, *ob dieser Mann nicht vielleicht der Vater des bekannten Neo-Faschisten Arnold Bronnen gewesen sei.* Da hätten die umstehenden nationalrevolutionären Freunde gejubelt. Und Bronnen sei aufgestanden, schreibt Ernst von Salomon, habe dauernd sein Monokel geputzt, das er ja auch schon zu Brechts Zeiten trug, und seine heisere Stimme, *die er sich als Kaiserjäger im großen Kriege an der Tiroler Front holte, als er gerade den Unteroffizier Benito Mussolini bekämpfte, der sich jenseits der Bergkuppe befand,* also die Stimme habe sich geradezu überschlagen, als er so dasaß und von allen angestarrt wurde. Bis in die kleinsten Einzelheiten erklärte er dann, sein Name sei nicht Bronner, sondern Bronnen, und von jüdischer Abstammung könne keine Rede sein. Dann habe er total erschöpft dagesessen und geschwiegen und wieder nervös an seinem Monokel gefingert. Einer sei schließlich aufgestanden, habe ihm auf die Schulter geklopft und gesagt: *Mein lieber Bronner, – nu wenn schon!*

Bronnen wird sich als Arier bis zu Goebbels vorarbeiten. Der hatte Bronnens Roman O.S. gelesen, in dem es um die Verteidigung Oberschlesiens durch Freicorps geht. *Kampf um Oberschlesien*, schreibt Goebbels am 19. September 1929 ins Tagebuch. *Ein hinreißendes nationalistisches Buch, geschrieben von einem, der noch vor kurzem auf der anderen Seite stand.* Alles sei gekonnt, der Stil, der Aufbau, die Idee, die ganze Tendenz. *Ich habe es mit gierigen Augen verschlungen. Bravo! So muß es kommen. Der Geist der Jugend! Nicht nur Gesinnung, auch Können.* Nach diesem Buch distanziert sich Brecht vom einstigen antibürgerlichen Freund, und Bronnen, der Rebell der frühen Jahre, rauscht als frischer Faschist direkt ins Vorzimmer des künftigen Propagandaministers. Er ahnt, der Mann wird einmal eine Rolle spielen.

Und er will mitspielen, will ihn kennenlernen. *Jetzt, wo ich mich dem Haupt-Quartier von Dr. Joseph Goebbels an der Ecke Hedemann-Straße, unweit der Friedrich-Straße, näherte, wehte mir sogleich eine zackige Luft an die Nase. Uniformen, Braunhemden, knallende Absätze.* Er bittet um einen Termin, und man sagt ihm, es würde Wochen dauern, bis »der Doktor« eventuell Zeit für ihn hätte. Aber in dem Moment sei die Tür aufgegangen, Goebbels habe ihn angestrahlt und gleich mit in sein Zimmer genommen. Bronnen habe ihm gesagt, dass er für die Zeitschrift »Der Querschnitt« eine Biographie über ihn schreiben wolle, die Geschichte seines Lebens, was Goebbels Eitelkeit geschmeichelt habe. *So verbrachten wir eine angeregte halbe Stunde. Goebbels versprach mir alle seine Lebens-Daten zukommen zu lassen, ich versprach, ihm mein Elaborat vor der Drucklegung zu zeigen.* Im Vorzimmer habe der Doktor dann Anweisung gegeben, den Besucher jederzeit vorzulassen. So beschreibt Bronnen seine erste Begegnung, und Goebbels notiert bald im Tagebuch: Bronnen *entwickelt mir einen phantastisch-grandiosen Plan eines politischen Spektakelstücks im Sportpalast, in dem das Publikum mitspielen soll und bei dem Volksgericht abgehalten werden wird über verräterische Volksminister. Wir werden zusammen daran arbeiten. Es soll ganz groß und mit Tempo aufgezogen werden.*

Die Schauspielerin Olga Förster, die bald Bronnens Frau sein wird, sollte in diesem Spektakel mitspielen, doch aus der ganzen Geschichte wird nichts. Die schöne Aktrice hat bald einen Auftritt bei der Filmvorführung »Im Westen nichts Neues« nach dem Roman von Erich Maria Remarque und eine Hauptrolle als Goebbels Geliebte. Was hatte der ins Tagebuch geschrieben? *Die kleine Olga ... wird sich in einigen Wochen mit Bronnen verheiraten. Und dabei liebt sie ihn nicht einmal. Aber mich mag sie gern.* Bronnen, der seine Sexualität als eher pathologisch beschreibt, scheint eine ménage à trois nolens volens akzeptiert zu haben. *Diese erotischen Exzesse,* schreibt er im »Protokoll«, *konnten dem gehörnten Ehemann nicht verborgen bleiben, denn Klatsch und Erotik gehören zusammen.* Aber er habe Olga ja nicht als *Geschlechts-Wesen* geliebt, sondern als *Menschen.*

Bronnen ist also vom linken Rebellen – den er vielleicht mehr gespielt hat, als dass er einer gewesen ist – zum Faschisten mutiert. Ordnungsliebend, gewaltverehrend. Und er begreift, dass er über den Doktor nicht nur *ein paar schnoddrige Zeilen im »Querschnitt« schreiben könnte,* nein, er streut ordentlich Weihrauch über seinen biographischen Text. Goebbels nimmt die Hymne entzückt entgegen und dankt es Bronnen. Der schreibt: *Ich saß mit dem »Doktor« in seinen Logen, trank an seinen Tischen, heimste an seiner Seite den sich immer noch steigernden Beifall der Anhänger.* Und wenn die Weiber weinten und die Männer *aus dem Kehl-Kopf ejakulierten, dann genoß ich das alles wie ein Narkotikum.*

Als Thomas Mann am 17. Oktober 1930 mit seiner Rede »Appell an die Vernunft« auf die Reichstagswahlen vom September reagiert, bei denen die NSDAP nach der SPD zweitstärkste Fraktion geworden war, als er im Berliner Beethovensaal das Bürgertum aufruft, an der Seite der Sozialdemokratie zu stehen und nicht den Nationalsozialisten hinterherzulaufen, als er über deren Politik sagt: *Fanatismus wird Heilsprinzip, Begeisterung epileptische Ekstase, Politik wird zum Massenopiat des Dritten Reiches, ... und die Vernunft verhüllt ihr Antlitz,* da hat Bronnen seinen Auftritt:

Wie ein Mafioso ist er mit Sonnenbrille nebst Ernst Jünger und dessen Bruder im Schlepptau in den Saal gekommen. Goebbels hatte am Abend zuvor die zwei rechten Intellektuellen zu Hause bei Bronnen erlebt. Er fand sie eitel und *fast unerträglich,* meinte aber, sie wären für die Nazi-Zeitung »Der Angriff« gut zu gebrauchen, denn im Denken seien sie radikal, nur im Handeln ziemlich *schlapp*. Aber am nächsten Abend stören sie mit Bronnen durch laute Unterhaltung und Zwischenrufe Thomas Manns Rede. Und es war Goebbels Idee, noch zwanzig SA-Männer in geliehene Smokings zu stecken, die Bronnen und seine zwei Jünger brüllend unterstützen sollten. Doch das sozialdemokratische und bürgerliche Publikum applaudierte immer dann laut, wenn Thomas Mann hart gegen die Faschisten sprach. In diesem Beifall, heißt es im »Berliner Tageblatt«, gingen *die drei Trillerpfeifen und Autohupen einer intellektuellen Sprengkolonne* unter.

Am 18. Oktober schreibt Goebbels ins Tagebuch: *Unsere Leute haben Thomas Mann auf den Kopf gespuckt, der in einem Vortrag »Appell an die Vernunft« uns schamlos beleidigt hat.* Und Arnolt Bronnen ist nach der Attacke auf Thomas Mann in ganz Berlin Stadtgespräch. 1954 wird er in seiner Autobiographie schreiben, dass die Aktion gegen den Nobelpreisträger eine *kindische Katastrophen-Politik* gewesen sei. Aber da lebt er ja auch schon in der DDR und ist vom Nationalsozialisten zum Marxisten mutiert. Doch damals, schreibt Bronnen, nach dem Thomas-Mann-Skandal, habe *Goebbels Blut geleckt. Er sah, daß man auch durch »Kultur-Kampf« Propaganda machen konnte.*

Im November 1941, mitten im Krieg, wird Thomas Mann in seiner Radiosendung »Deutsche Hörer!« noch einmal auf die Rede zurückkommen: … *und daß ich damals, im Oktober 1930, meine Natur überwindend, in die politische Arena stieg und im Berliner Beethovensaal, schon unter grölenden Unterbrechungen der Nazibuben die Rede hielt* – die ja ein Appell an alles bessere Deutschtum gewesen sei – das diene heute, so vergeblich es auch gewesen sei, *seinem Gewissen zu tieferer Beruhigung als alles, was ich mit glücklicherem Gelingen als Künstler ausrichten konnte.*

Goebbels hatte Ernst Jünger allerdings unterschätzt. Der lag in der Weimarer Republik schon ziemlich auf seiner Linie. Sprach von *Literatenpack*, das sich für Demokratie und Pazifismus einsetze. Er fand, da müsse doch sofort die Prügelstrafe wiedereingeführt werden. Schreibt auch: *Ich hasse die Demokratie wie die Pest.* Und natürlich lehnt er selbst nach vier Jahren Krieg den Krieg nicht ab, nein, Krieg ist für ihn eine Prüfung. Denn hier kann der Mann zum Helden werden. *So taumeln die Krieger im Rausche der Schlacht dahin.* Doch es gehe nicht nur um den Rausch der Sekunde. Der Mut, schreibt er, sei dem Tanze vergleichbar. Mut sei ein Ausdruck tiefsten Bewusstseins. Die Person sei dabei Nebensache. Hauptsache seien die unzerstörbaren Werte. *Wie könnte sonst auch nur ein einziger bewußt dem Tode entgegen schreiten?* Das sind Texte, die mitten in der Weimarer Republik geschrieben wurden. Der Liberalismus ist für ihn geradezu ein Schreckgespenst. Er schreibt: *Wir können gar nicht national, ja nationalistisch genug sein.* Und in Hitler sieht er den neuen Führertypus. Dem schickt er 1926 ein Exemplar seines Romans »Feuer und Blut«, in dem er seine Kriegserlebnisse verarbeitet hatte. Natürlich mit Widmung: »Dem nationalen Führer Adolf Hitler.«

Nach der Attacke auf Thomas Mann hatte Goebbels also Blut geleckt. Am 3. Dezember 1930 schreibt er ins Tagebuch: *Am Freitag gehen wir in den Film »Im Westen nichts Neues«. Da soll den Eunuchen Mores beigebracht werden. Ich freue mich darauf.* »Im Westen nichts Neues« ist der Roman, mit dem Erich Maria Remarque weltberühmt geworden ist. 1916 war er nach einem Notexamen noch eingezogen worden und musste im Juni 1917 an die Westfront. Schon einen Monat später wurde er durch einen Schuss in den Hals und Granatsplitter in Armen und Beinen schwer verletzt und lag bis zum Ende des Krieges im Lazarett. Dort hörte er die Geschichten von verwundeten Soldaten, die länger als er im Krieg waren, Geschichten, die Remarque in seinem Antikriegs-Roman verarbeitet hat. »Im Westen nichts Neues« erschien 1929 und wurde bis Ende 1930 in zwölf Sprachen übersetzt und schon damals über drei Millionen Mal verkauft. In Amerika verfilmte Lewis Milestone den Roman als Abrechnung mit dem Ersten Weltkrieg. Im November 1930 wird »All quiet on the Western Front« mit dem Oscar für den besten Film und die beste Regie ausgezeichnet und soll nun synchronisiert in Berlin am Nollendorfplatz im Mozartsaal-Kino gezeigt werden.

Remarque beschreibt in seinem Roman, wie mitten in der Nacht die Erde dröhnt. Wie die schweren Geschosse die Grabenbrüstung wegreißen, wie sie die Böschung durchwühlen und die obersten Betonklötze zerfetzen. *Wir merken den dumpferen, rasenderen Schlag, der dem Prankenhieb eines fauchenden Raubtiers gleicht, wenn der Schuß im Graben sitzt.* Er beschreibt, wie Gasgranaten einschlagen, wie alle auf den nahen Friedhof fliehen, um ein wenig geschützter zu sein, wie sie ihre Gasmasken über den Kopf ziehen. *Die ersten Minuten mit der Maske entscheiden über Leben und Tod: ist sie dicht? Ich kenne die furchtbaren Bilder aus dem Lazarett: Gaskranke, die in tagelangem Würgen die verbrannten Lungen stückweise auskotzten.* Beschreibt, wie die Granaten in die Gräber einschlagen, wie die Särge durch die Luft fliegen und die Toten darin ein zweites Mal getötet werden. Beschreibt, wie einer ihrer Rekruten getroffen wird. *Wo hat's dich erwischt, Kamerad?* Aber der kann schon nicht mehr antworten. Kann nur die Augen nach unten bewegen. Also schneiden sie seine Hose auf, sehen, dass die ganze Hüfte zerschmettert ist. *Sie ist ein einziger Fleischbrei mit Knochensplittern.* Er ist betäubt, nicht mehr bei Sinnen, wimmert nur, wird es nicht überleben, vielleicht noch ein, zwei Tage unter Höllenschmerzen auf den Tod warten müssen. *Sollte man da nicht einfach einen Revolver nehmen, damit es aufhört?* Sie entscheiden sich, ihm die Qualen zu ersparen. *So junge, unschuldige Kerle –* Und Remarque schreibt, wie sie einmal zusammengesessen haben und Kropp, ihr Denker, eine Idee hatte: *Er schlägt vor, eine Kriegserklärung solle eine Art Volksfest werden mit Eintrittskarten und Musik wie bei Stiergefechten. Dann müßten in der Arena die Minister und Generäle der beiden Länder in Badehosen, mit Knüppeln bewaffnet, aufeinander losgehen. Wer übrigbliebe, dessen Land hätte gesiegt. Das wäre einfach besser als hier, wo die falschen Leute sich bekämpfen.*

Als Erich Maria Remarques Antikriegs-Film »Im Westen nichts Neues«, der mit dem Oscar ausgezeichnet wurde, 1930 in Berlin gezeigt wird, übernimmt Goebbels die Regie: Braune Horden werfen Stinkbomben, und sein Hofhund Bronnen lässt weiße Mäuse im Kino frei.

Da solle den Eunuchen Mores beigebracht werden, hatte Goebbels angekündigt. Und für *Mores* ist natürlich Bronnen zuständig. Aber der mag nicht recht, weil er Remarque mag, aber es nützt nichts, als treuer Knappe seines Herrn und Narkotikums muss er ran. Bei der Premiere am Donnerstag waren nur geladene Gäste, darunter Egon Erwin Kisch, Carl Zuckmayer, Alfred Döblin, Lion Feuchtwanger, Max Slevogt und George Grosz. Am Freitag aber, als es Karten im freien Verkauf gibt, führt Goebbels Regie. Da treiben sich bereits am Vormittag merkwürdige Gestalten in den umliegenden Kneipen herum, trinken ihre von brauner Hand bezahlte Molle, brüllen rum, machen die Kartenverkäufer an und stoßen, wie der Pächter des Kinos notiert, *mystische Drohungen* aus. Für die 19-Uhr-Vorführung sind sechzehn Schutzpolizisten abgestellt. Aber wie sollen die für Ruhe und Ordnung sorgen? Hier und da greifen sie sich aus der anrollenden Meute jemanden heraus. Aber die zeigen nur grinsend ihren Ausweis vor: es sind Reichstags-Abgeordnete der NSDAP, die sind immun, müssen laufen gelassen werden. Und die Nazihorden haben bald schon den Kinosaal gestürmt, haben Stinkbomben geworfen und prügeln sich mit linken Protestlern.

Dann kommt noch der Auftritt von Bronnen und seiner Frau Olga: Sie öffnen ihre Kartons und lassen weiße Mäuse frei, die fiepend durch die Reihen flitzen, dass die kreischenden Besucher nur so auf ihre Sitze springen. Der Film wird abgebrochen und ist bald ganz verboten. Die Thomas-Mann-Störung war nur die Generalprobe. Der Remarque-Film ist die Uraufführung.

Goebbels schreibt ins Tagebuch: *Schon nach 10 Minuten gleicht das Kino einem Tollhaus. Die Polizei ist machtlos. Die erbitterte Menge geht tätlich gegen die Juden vor.* Und seine Leute hätten gebrüllt: *Juden heraus!* und *Hitler steht vor den Toren!* Die Polizei sympathisiere sogar mit ihnen, schreibt er weiter, und: *Die Juden sind klein und häßlich.* Und seine Leute hätten im Sturm die Kassen geplündert, Fensterscheiben eingeschlagen, und Tausende hätten das Schauspiel genossen. *Wir haben gewonnen.* Anschließend sei er noch mit seinen Jungs ins Café gegangen, um Erlebnisse auszutauschen. *Die Nation steht auf unserer Seite. Also: Sieg!*

Zu dieser Zeit hatte Bronnen bereits seine neue Karriere begonnen. Er war Dramaturg der Berliner »Funkrunde« geworden. Auf der Arbeitstagung »Dichtung und Rundfunk« am 30. September und 1. Oktober hatten viele Autoren geredet, darunter Alfred Döblin, Arnold Zweig, Herbert Jhering und der expressionistische Lyriker und Dramatiker Alfred Wolfenstein. Dann spricht Arnolt Bronnen. Er sei ziemlich erregt gewesen, schreibt er in seiner Autobiographie, habe sehr schnell geredet. Vor allem aber hat er den Autoren gezeigt, wer er ist: Goebbels Hofhund. *Wir haben hier Leute reden hören, welche der bedauerlichen Ansicht huldigten, der Rundfunk sei eine Versorgungs-Anstalt für ausgediente Literaten.* Nein, der Rundfunk, rief er, sei für das Volk da. Und ein Dichter sei nichts Anderes als das Instrument der Gedanken der Nation. Ja, der Geist des Volkes sei vom Autor zu übernehmen. Und da, schreibt er, hätten die Autoren bereits empört getobt und geschrien. *In einer Zeit*, fährt er ungerührt fort, *die verworren ist bis zur letzten Schraube, die keiner brauchen kann – in einem Land, in welchem sich eine schamlose Zunft verantwortungsloser, dem eigenen Volk entfremdeter, keiner Rasse, keiner Landschaft verhafteter Literaten breit gemacht –, mögen Männer aufstehen, welche diese Macht lebendig machen von innen heraus: Im Dienste des Volkes!*

Nein, die Weimarer Republik ist zur Zeit der Konferenz noch nicht tot, aber sie ist von den Nazis mit Mord, Gebrüll und Fackelzügen, mit Prügeleien, Überfällen und Hetzkampagnen gewaltsam zertrampelt worden. Und Arnolt Bronnen wird seinen Anteil an ihrem Tod haben. Er wird die nächsten Jahre als gutverdienender Funktionär mit anderen Autoren als den *ausgedienten* Literaten verkehren, nun mit dem Rassisten Börries von Münchhausen, dem völkischen Schriftsteller Hans Grimm, der »Volk ohne Raum« geschrieben, und mit Ernst Jünger, dessen Buch »In Stahlgewittern« ihn so berauscht hatte. *Ab und zu, beim Schein der Leuchtkugel*, hatte Jünger darin geschrieben, *sah ich Stahlhelm an Stahlhelm, Klinge an Klinge blinken und wurde von einem Gefühl der Unverletzbarkeit erfüllt. Wir konnten zermalmt, aber nicht besiegt werden*. Es ist nicht mehr lange hin, bis die nächste Hölle losbricht.

»Ich kenne diesen Feigling nicht. Dornen sollen wachsen, wo er noch hinwankt.«

Gerhart Hauptmann sagt ›Ja‹ zum Dritten Reich, und sein Freund Alfred Kerr verflucht ihn wie im Alten Testament.

Sie waren fast gleich alt, der Kritiker Alfred Kerr und der Dramatiker Gerhart Hauptmann. Und Kerr, dieser vor Witz und Sarkasmus strotzende Schriftsteller, der so manchen Dramatiker in den Orkus geschrieben hat, dieser Kerr fand für seinen Freund Hauptmann die schönsten Sätze. Am 4. Januar 1896 sitzt er im Deutschen Theater Berlin und sieht die Uraufführung von »Florian Geyer«: *Funken ziehen in die dunkle Ferne und versinken. Keine Hand kann sie aufhalten. Ein Mann sieht ihnen nach, wie sie durch die Nacht schweben, und streckt lautlos die Arme aus*. Sehnsucht, das sei der tiefste Grundzug im Wesen Gerhart Hauptmanns. Und Kerr beschreibt Geyers Kampf gegen Unterdrückung, und die Unterdrücker sind die Fürsten und die Pfaffen. Und der Geyer ist kein Held. Eine schlichte Natur ist er. Liebenswert. *Einmal heißt es: »Du bist die Schwinge meiner Seele, Kind; zerbrich mir nicht.« Die Antwort: »Wenn du mir nicht zerbrichst ...« Ein Wort, tief wie ein Bergsee – und zart wie ein Mondstrahl darüber*. Und über allem, schreibt er, schwebe das Hauptmann'sche Element: *Sehnsucht, Sehnsucht, Sehnsucht*.

Da ist Kerr 29 Jahre und Hauptmann 33. Und der hat bereits »Vor Sonnenaufgang« geschrieben, »Die Weber«, den »Biberpelz« und »Hanneles Himmelfahrt«. Hauptmann, der strahlende Stern am Theaterhimmel, der Begründer des Naturalismus, ist auf dem Weg zum Literaturnobelpreis – und Kerr, der gefürchtete Kritiker, auf dem Weg zum ruhmreichen satirischen, politischen Publizisten.

Siebenunddreißig Jahre später liegt Kerr in seiner Berliner Wohnung im Grunewald mit Grippe im Bett. Er denkt über Hitler nach, der in ein paar Tagen an die Macht kommen wird. Der hatte sich tatsächlich neben einer Nietzsche-Büste fotografieren lassen und der Apparat war nicht zersprungen! *Nietzsche,* hatte Kerr geschrieben, *das vergötterte Idol der Nazis, war bekanntlich der konsequenteste Beschimpfer des deutschen Charakters.* Und er verteidigte, wo er nur konnte, die Juden ... *Man schnappt nach Luft.* Und da pappt er dem braunen »Hausknecht« ein Etikett an: *Hitler – das ist der Mob, der Nietzsche gelesen hat.* Da klingelt das Telefon. Eine Stimme warnt, sagt, dass ihm der Pass entzogen werde. *Trotz 39 Grad Fieber raus aus dem Bett, nur einen Rucksack über, mit dem Allernötigsten. Nach dreieinhalb Stunden war ich in der Tschechoslowakei.*

Kerrs Tochter Judith wird achtunddreißig Jahre später in ihrem Buch »Als Hitler das rosa Kaninchen stahl« beschreiben, wie sie als Neunjährige am Bett ihres Vaters sitzt, als plötzlich das Telefon klingelt. Und weil das Gespräch länger dauert, sie nur das Wort ›Prag‹ aufschnappt und denkt, es sei wohl was Dienstliches, geht sie raus, um weiter zu spielen. Als sie am nächsten Morgen zu ihm ins Zimmer läuft, um zu sehen, ob es ihm besser geht, ist der Schreibtisch aufgeräumt, das Bett gemacht. Und *Papa war fort.* Warum ist er fort? Er war doch krank, hatte Fieber. Weil er am Telefon gewarnt wurde, sagt die Mutter. Er sei mit dem Nachtzug nach Prag gefahren. Ihm sollte der Pass weggenommen werden. Wer wollte ihm denn den Pass wegnehmen? Die Polizei. Und wer hat ihn gewarnt? *Mama lächelte zum ersten Mal. Auch ein Polizist. Einer, den Papa nie getroffen hat; einer, der seine Bücher gelesen hat und dem sie gefallen haben.*

Ein paar Wochen später, als auch die Mutter mit Tochter und Sohn geflohen war, werden Kerrs Bücher auf dem Opernplatz verbrannt. Für ihn hatten die schreienden Rufer einen eigenen Feuerspruch gewählt: *Gegen dünkelhafte Verhunzung der deutschen Sprache, für Pflege des kostbarsten Gutes unseres Volkes. Ich übergebe der Flamme die Schriften von Alfred Kerr.* Da hatte Kerr schon seit Jahren in Zeitungsartikeln vor den Nazis gewarnt, die den Geist *durch Feldwebel und stellungslose Mystiker* ersetzen wollten, hatte die Braunhemden als das entlarvt, was sie waren, brüllende Patrioten, die *Deutschlands Untergang* riskierten, hatte prophezeit, wo das verrottete Land enden würde: in *der dunklen Urzeit Wiederkehr.* Also müsse Widerstand geleistet werden, also hatte er im Radio keine Gelegenheit ausgelassen, zum Protest gegen die Knechte aufzurufen. *Ich warnte diese laue, flaue, schlappe, mutlose Republik, die keine war. Ich schrieb 1931:*

Wer sieht ein täglich Morden
Und findet keinen Rat?
Wer duldet Landknechtshorden
Als rüden Staat im Staat?

Auch Hauptmann hatte ein Gedicht geschrieben, nachdem er gemeinsam mit Franz Werfel in der Lobby des Hotels »Adlon« im Radio gehört hatte, dass Hitler Reichskanzler geworden war. Gleich am nächsten Tag hatte er es geschrieben und dann darin bis zur Unkenntlichkeit herumgestrichen und korrigiert. Peter Sprengel hat in seinem Buch über Hauptmann im Dritten Reich aus dem nie veröffentlichten Text wenige Zeilen, die zu entziffern waren, zitiert. Es beginnt so: *Bist du nun du, zeig, was du kannst.* Und von der gewaltigen Zustimmung, die Hitler nach oben gespült hat, heißt es: *Dich trug die Woge, die Du nun trägst.*

Kerr musste diese Zeilen nicht auch noch kennen. Er hatte genug erfahren, ist zutiefst getroffen, auch weil er kein Wort von Hauptmann hört. Dabei weiß der doch, dass er aus Deutschland verbannt ist, Hals über Kopf geflohen, dass von ihm kein Buch mehr verkauft und keine Zeile mehr gedruckt werden darf, *daß mein Leben in zwei Stücke gerissen ist.* Und der Freund wagt nicht mal, eine Postkarte zu schreiben, hat aber die Kraft, *den Hakenkreuzlappen* auf seinem Haus zu hissen. *Ich kenne diesen Feigling nicht. Dornen sollen wachsen, wo er noch hinwankt.*

»Ich liebte, jenseits von allem Dramengeschreib, den Menschen, den Freund, den Unverwechselbaren, den Umleuchteten«, schreibt der Kritiker Alfred Kerr über Gerhart Hauptmann. Als der die Hakenkreuzfahne hisst und den Arm zum Hitlergruß hebt, verflucht er ihn.

Kerr ist inzwischen von Prag nach Frankreich geflohen, nach Paris, wo nun auch die Familie ist, und hat über Deutschland geschrieben: *Dem Land bleibt meine Liebe.* Die Bewohner aber möchte er vergessen. Und er fragt, was Hauptmann *alles irrende Handeln*, alles *würdelose Nichthandeln* genützt hat? Nichts, denn die Nazipresse habe ihn sogar verhöhnt, hatte wörtlich geschrieben, es sei *ein Anblick für Götter* gewesen, als der *sozialistische Poet* zum Hitlergruß den Arm hob. Da ist für Kerr einer vor dem Tode gestorben.

Und dann wirft er seinen Fluch wie ein tödliches Netz über den, der bis heute sein Freund war. *Nein: bis gestern.* Und diesen Fluch schreibt er im November 1933 an einen, den er geliebt. Er, Kerr, sei der Wächter seines Werks gewesen, er stritt und ritt mit ihm durch Dick und Dünn, ja, *auch durch Dünn*, und er hieb nach links und nach rechts, wenn einer ihn angriff, seinen Gerhart Hauptmann. *Und ich liebte, jenseits von allem Dramengeschreib, den Menschen, den Freund in der Stille, den Unverwechselbaren, den Seltenen, den Umleuchteten.*

Er erinnert sich noch an einen Abend im Sommer. Es war im Garten ihres gemeinsamen Freundes, eines Herzspezialisten, der eingeladen hatte. Albert Einstein war unter den Gästen und der Maler Max Slevogt. Und er steht mit Hauptmann auf dem Rasen, sie sprechen über Politik, und Kerr merkt, wie unsicher sein Freund da ist und sagt zu ihm: *Du wirst doch nicht etwa ... Du bleibst für die Kerls ja doch der Dichter der Weber.* Und da war sie dann wieder, diese liebenswerte Art von Hauptmann, einen Satz irgendwie nie so richtig zu Ende zu bringen. Aber gerade das, schreibt Kerr, dieses *parsifaleske, weltferne*, das bezauberte die Leute immer wieder. Und dann gab Hauptmann ihm ja am Ende auch recht, und sie waren einig.

Willy Haas, der jüdische Publizist und Drehbuchschreiber, der eine Generation jünger war als Kerr und Hauptmann und der beide kannte, Haas erzählt in seinen Erinnerungen, wie das war, wenn der Dramatiker weinselig, nicht betrunken, nein, trunken seine Sätze im Ungefähren hängen ließ. Es war nach Hauptmanns 70. Geburtstag, der ja 1932 überall in Deutschland gefeiert wurde. Und da fragt der den jungen Herrn Haas ... *sagen ... sagen Sie doch: es ist ja rührend, wie das deutsche Volk mich gefeiert hat, wirklich rührend ... aber sagen Sie mir, lieber Herr Haas, sagen Sie mir ... warum eigentlich?* Da sagt Haas, weil er der einzige nach Friedrich Schiller sei, der dem deutschen Volk ein großes, dramatisches Oeuvre gegeben habe. *Ach, Schiller! sagte Hauptmann behaglich ... Sehr begabt, sehr begabt, da hab' ich doch ein Drama gesehen, mit einem alten Flötenspieler, nein ... einer vergifteten Limonade ...* Und da wird Hauptmans Frau schon nervös und souffliert: Kabale und Liebe. *Richtig, Kabale und Liebe, fuhr Hauptmann völlig ungerührt mit derselben Würde fort ... Wirklich ... wirklich sehr begabt. Ja.* Und das war alles. Und Willy Haas denkt noch, der Schillervergleich war ihm sicherlich nicht adäquat.

Natürlich nicht. Er fühlte sich eher in der Nähe Goethes. Zehn Jahre zuvor, 1922, hatte es ja auch schon große Hauptmann-Feiern gegeben, und da musste noch niemand Sorge haben, *du wirst doch nicht etwa ...*, nein, damals war er in Berlin in der Aula der Universität in seiner kurzen Ansprache noch erfreulich entschieden, wie Harry Graf Kessler fand, *für Humanität und Versöhnung* eingetreten. Ein großer Teil der stramm nationalen Studenten hatte aus Protest entschieden, nicht an der Feier teilnehmen zu wollen, weil Hauptmann kein *charakterfester Deutscher* sei. Da war der Literaturhistoriker, der die Festrede halten sollte, ein paar Tage zuvor noch beim Verleger Samuel Fischer gewesen, um ihn zu bitten, Friedrich Ebert wieder auszuladen. Wie bitte? Das Reichsoberhaupt ausladen? Das lehnte Fischer entschieden ab. Aber dann sollte man wenigstens den Reichstagspräsidenten Paul Löbe weglassen. Zwei Sozialdemokraten seien wirklich zu viel!

Am Abend dann, nach der Festvorstellung von »Florian Geyer« und dem anschließenden Festsouper, sitzt Kessler noch mit Hauptmann und seiner Familie bis nachts halb drei zusammen. Der Graf gratuliert dem Jubilar, dass er so nachdrücklich für Völkerverständigung eingetreten sei und macht ihm noch ein Kompliment: Er sei der erste wirkliche Volksdichter in der neueren deutschen Literatur. Das hört Hauptmann natürlich gern, aber, sagt er dem Grafen ohne Umschweife, auch Goethe sei ein Volksdichter gewesen, auch er habe seine Stoffe und seine Kraft aus dem Volke geholt, nicht wie Schiller, der hätte doch alles aus seiner komplizierten Intellektualität erdacht und geschrieben. Aber Goethe, da müsse man doch nur an Faust denken, an Werther, an Götz, alles aus dem Volk, für das Volk, sagte Hauptmann, so wie er seine Weber geschrieben habe und seinen Biberpelz. Aus dem Volk, für das Volk. *Bei diesem Vergleich*, schreibt Harry Graf Kessler, *erschien das Doppelgängerhafte Äußere Hauptmanns in einer merkwürdigen Beleuchtung.*

So klar und ohne Umschweife, wie der Volksdichter hier den Deutschen Januskopf Goethe-Hauptmann beschreibt, so scheinbar unklar ist er, wenn er andere beschreibt. Als Willy Haas sich in Rapallo mit Margarethe Hauptmann über Karl Marx unterhält, greift Hauptmann plötzlich leicht umdunstet ein: *Ach, Karl*

Marx ... ja, das ist ja dieser vollbärtige deutsche Professorentyp aus den siebziger und achtziger Jahren ... ganz sympathischer Typ, ganz sympathisch – aber nicht mein Typ, nicht meiner. Nein, ich liebe diesen Typ nicht. Und diese Reduktion auf das rein Visuelle, auf den Typ des vollbärtigen deutschen Professors, hatte auf den ersten Blick etwas Albernes. Das Gespräch fand aber in den zwanziger Jahren statt, sagt Haas, als jeder zweite Intellektuelle Marxist war. Und so bekommt Hauptmanns Typenlehre auf vertrackte Weise etwas Boshaftes.

Einmal hätte er ihn gefragt, was er von Emil Ludwig hielte, dem jüdischen Schriftsteller, der damals mit psychologischen Biographien unglaublich erfolgreich war. Da hatte Hauptmann gesagt: Also dieser Ludwig, der habe ja in seiner Villa eine Volière ... also Volière mit bunten Vögeln. Na, er verstehe ja nicht viel von Vögeln, aber hübsch seien sie gewesen und bunt. Doch der berühmte Ornithologe X habe ihm gesagt, die seien keine zwanzig Mark wert. Pause. Und hübsche Hunde habe Ludwig auch. Eine ganze Meute sogar. Hübsche Hunde. Er verstehe ja nichts von Hunden, aber der Herzog von B., der die besten Meuten haben soll, hätte ihm gesagt, diese Meute sei völlig verdorben. Und wieder eine Pause. Eine ziemlich lange Pause. Und am Ende habe Hauptmann feierlich gesagt: *Nun, das ist es, was ich von Emil Ludwig halte*. Bei aller Komik hätte hinter den scheinbar diffusen Auskünften ein kontrollierter Intellekt gesteckt, sagt Haas, hübsch verpackt in champagnergesättigter Lockerung des Bewusstseins.

Zurück zu Alfred Kerr. Die meisten Gäste jenes Sommerabends, kurz bevor das Dritte Reich begann, waren inzwischen geflohen. Slevogt war tot. Und Hauptmann? *Hauptmann,* schreibt Kerr, *schmeichelt dem Raubgesindel.* Er hatte die Hakenkreuzfahne gehisst und er hatte die von Gottfried Benn ausgearbeitete Erklärung für die Sektion Dichtung der Akademie der Künste unterzeichnet. Die verpflichtete ihn zur Loyalität dem neuen Staat gegenüber. Und das hieß: Die Juden mussten raus aus der Akademie, und die »reinrassigen« Autoren kamen rein.

Nein, es war wohl nicht sein gutgefüllter Weinkeller, glaubt Kerr, sein Bedarf an mindestens zwei Flaschen Rüdesheimer oder Macon pro Tag, die ihn zu dieser Haltung verführten. Den Alkohol gönnt er ihm doch. Hauptmann glaubte ja immer, sonst nachts Fieber zu bekommen. *Gott laß' ihm die Ausred'.* Seine drei Wohnsitze seien es schon eher, auf die er nicht verzichten wollte, und die kosteten Geld. Die Villa Wiesenstein in Agnetendorf, dieses schlossartige Gebäude mit seinen Türmchen, der pompösen Halle, den Zimmern, die eher Salons waren, und das Haus auf Hiddensee, das er 1930 gekauft hatte mit diesem herrlich freien Blick auf die See und den Bodden, und schließlich die immensen Hotelkosten im Winter in Rapallo. Da wollte er sich ein Schreibverbot der Nazis nicht erlauben. *Der weltberühmte Dichter eines antikapitalistischen Dramas wurde durch Geld zur Strecke gebracht.*

Dabei hätte gerade er doch mit seinem Ansehen in der Welt den Mördern, den Lügnern, den Folterern einen Schlag versetzen können, schreibt Kerr, weil *die vor seinen Augen Jagd auf seine Webersleute machten – und Jagd auf Menschen, deren Schuld ihre Geburt war.* Und das, schreibt Kerr, sei *Gerhart Hauptmanns Schande.* Es wird eine seitenlange Anklage, ein Fluch wie aus dem Alten Testament. Und der gelte bis über den Tod hinaus und endet mit dem Satz: *Sein Andenken soll verscharrt sein unter Disteln; sein Bild begraben in Staub.*

Zehn Jahre zuvor war sein Bild schon einmal angegriffen, verzerrt und karikiert worden – von Thomas Mann. Im »Zauberberg«. In der Figur des Mynheer Peeperkorn. Gerhart Hauptmann war ja zuweilen Gast im Hause Mann. Sohn Klaus erinnert sich im »Wendepunkt« an die Besuche. Sie waren noch Kinder, und da kam dann diese Goethe-Figur an *mit stolzer Gattin und gar zu elegantem Sohn Benvenuto.* Die Besuche hatten *den Charakter solemner Staatsvisiten.* Den Dichter fanden sie natürlich interessant mit seiner hohen Faltenstirn, dem pathetisch gebieterischen Blick, und dann redete er auch noch mit dieser suggestiven Undeutlichkeit. Und was wurde bei so einem Besuch an *Rotwein und Champagner konsumiert.* Erst später habe Klaus Mann in der Figur des Peeperkorn das Geheimnis der Hauptmann'schen Persönlichkeit erkannt, *das zugleich Elementare und Unzulängliche dieser Dichternatur, den Charme, die Tragik der maskenhaft-pseudo-bedeutenden Physiognomie.*

1923 trafen Hauptmann und Mann sich in Bozen. Thomas Mann saß damals mit seinem Zauberberg ziemlich ratlos fest. Zweidrittel waren geschafft, eine Figur Peeperkorn war erdacht, hatte aber noch kein Gesicht und keinen Charakter. So freute der Schriftsteller sich über die Ablenkung, die Begegnung mit dem Dichter, und der zog ihn auch gleich mit in eins seiner Bozener Weinhäuser, wo er *mich zum Genossen seiner geliebten Trinksitzungen* dabeihaben wollte. Und Hauptmann lacht Thomas Mann aus, als der sich nach all dem kalten Wein, den er gar nicht trinken wollte, heißen Kaffee bestellt. Am Ende des Gelages und der langen Gespräche aber hatte Thomas Manns brachliegender Peeperkorn ein Gesicht bekommen, war eine Figur geworden, eine Erscheinung, die den Patienten auf dem Berghof etwas zu bieten hatte.

Mynheer Peeperkorn: sechzigjährig, ein Kaffeekönig im Ruhestand mit malaiischem Kammerdiener, schwerreich, groß, kurios, das Haupt *vom weißen Haar umflammt,* gekleidet mit kariertem Gehrock und hochgeschlossener Weste, ganz so wie Hauptmann sie liebt, Peeperkorn war offenbar wegen einer *gehörigen alkoholischen Verschleimung* auf den Berghof gekommen. Und diese herrliche Figur, von Clawdia Chauchat geliebt, hat die Angewohnheit, mit suggestiver Undeutlichkeit zu sprechen, die schon Klaus Mann amüsiert, Willy Haas beschrieben und Alfred Kerr geliebt hatte. Und wenn Peeperkorn nun mit Hans Castorp und all den anderen am Kaffeetisch zusammensitzt und nach der Zwergin Emerentia ruft und erklärt, er wolle *zur Sache* kommen, also etwas bestellen, dann dauert es schon eine gute Seite mit verwirrenden Pausen, Abschweifungen und Ausschmückungen, bis er ganz am Ende die Sache benennt: *Einen Genever.*

Gerhart Hauptmann war kein Nazi, aber er hatte eine Solidaritätserklärung unterschrieben, er traf sich mit Goebbels und trank viele Flaschen Wein mit dem Massenmörder Hans Frank, der für ihn »ein Mann tiefmenschlicher Absichten« war, gebildet und »leidenschaftlich fortstrebend«.

Als Hauptmann den »Zauberberg« von seinem Verleger Fischer bekommt, liest er ihn, wie er das immer tut, mit dem Bleistift. Doch er ist so liebenswürdig naiv, sich nicht zu erkennen. Er muss erst von anderen darauf aufmerksam gemacht werden, sich den Peeperkorn doch einmal genauer anzuschauen. Da dämmert es ihm. Und als er an die Stelle kommt, wo Mynheer Hans Castorp erklärt, wie das Leben als Weib sei, nämlich hingespreizt mit *quellenden Brüsten und großer, weicher Bauchfläche zwischen den ausladenden Hüften* und *schwellenden Schenkeln*, da platzt ihm der Kragen, und er schreibt an den Rand: *Dieses idiotische Schwein soll Ähnlichkeit mit meiner geringen Person haben?*

Mann und Hauptmann waren nie Freunde, aber nun sind der Schriftsteller und der Dichter entzweit. Kerr und Hauptmann waren beste Freunde. Aber nach dem Fluch über den Tod hinaus haben sie sich nie wiedergesehen. Hauptmann starb am 6. Juni 1946 in Agnetendorf, das schon nicht mehr deutsch war. Alfred Kerr am 12. Oktober 1948 in Hamburg. Willy Haas hat sein Ende erlebt. Er war 1948 gerade aus dem Exil zurückgekehrt, als die britische Kontrollbehörde ihn bat, Kerr den ersten Tag auf einer Bühnen-Tournee zu betreuen. Er holt den 81-Jährigen am Flughafen ab, der an diesem Tag nach fünfzehn Jahren zum ersten Mal wieder deutschen Boden betritt. Er schien erschöpft zu sein. Aber im Hotel ruhen? Nein. Er will in die Stadt, will den Hafen sehen, und dann essen sie gemeinsam mit ein paar Herrschaften von der Kontrollkommission, danach wird Kerr von einem jungen Kritiker ins Theater gebracht, zu einer neuen Inszenierung von »Romeo und Julia«.

Und da muss Kerr einen Schwächeanfall gehabt haben, der aber gleich vorbei gewesen sein soll. Haas hört davon noch in der Nacht und fährt gleich früh am Morgen ins Hotel Atlantik. Nein, Herr Kerr sei noch nicht gesehen worden, habe auch noch kein Frühstück bestellt. Haas ist besorgt, bittet, ihn in der Redaktion zu benachrichtigen, sobald er sich melde. Um zehn bittet er den Geschäftsführer, die Tür von außen öffnen zu lassen.

Man habe den Gast auf dem Boden liegend vorgefunden. Er sei bei vollem Bewusstsein gewesen, aber offenbar gelähmt. Der Hotelarzt habe den britischen Militärarzt benachrichtigt, der sei auf dem Wege. Haas setzt sich zu Kerr ans Bett, und der flüstert bitter lächelnd: *Wie weit es vom Bett zur Tür ist, wenn man nur kriechen kann*. Sechs Stunden habe er sich bemüht, zu läuten. Haas benachrichtigt Kerrs Frau, die in Frankfurt ist und sofort kommen wird. Dann reden sie über Zuckmayer und den Shakespeare von gestern Abend, und es berührt ihn zutiefst, als Kerr – der ihn einmal, noch vor 1933, sehr heftig angegriffen hatte – sagt, sie seien sich ja nun sehr nahegekommen, *wollen wir uns duzen?*

Haas besucht ihn im Krankenhaus. Es geht ihm nicht gut, er kann kaum noch atmen, und er scheint zu wissen, dass es zu Ende geht. Was mag in dieser Nacht, der ersten seit seiner Flucht aus dem Grunewald, als er mit Fieber im Bett lag, in ihm vorgegangen sein? Aber er freut sich, wenn Haas da ist. Der Arzt, flüstert Kerr, hätte ihm gesagt, er werde wieder im Stuhl sitzen können. Als Krüppel? Und ob er dann noch diktieren könne, habe er nicht gesagt. Na ja, der Mann sei eben kein Schriftsteller. Und dann kommt er nicht auf einen Namen. Wie heißt der noch, dieser harmlose Schriftsteller ... dieser entsetzlich harmlose Schreiber ... dieser skandalös harmlose ... also der aus der Schweiz ... Meinst du vielleicht Hermann Hesse, fragt Haas, ja, genau den meine er, und da blitzte es dann wieder aus Kerr.

Sie sprechen auch über Hauptmann, der sich den Nazis ohne Not angedient hatte. Und Haas, der ja selbst Jude und im Exil war, begreift, dass es der bitterste Schlag in Kerrs Lebens war. Und als er dann noch Hauptmanns Artikel »Ich sage Ja« gelesen hatte, da schrieb er seinen Fluch. Ach, dieses feige Wegschauen eines Privilegierten in einer Diktatur! Trotzdem erzählte ihm Haas, dass Hauptmanns Sohn Ivo ihn neulich besucht habe, der gerne mit Kerr darüber reden möchte, ob man diesen irdischen Zwist zwischen ihm und seinem Vater nicht beenden könnte. Und Kerr, schreibt Haas, der kaum noch sprechen konnte, hätte nur höh-

Willy Haas, Publizist und Drehbuchautor, wird Alfred Kerr 1948, nach fünfzehn Jahren Exil, in Hamburg empfangen. Am Abend bekommt Kerr bei der Vorstellung von »Romeo und Julia« einen Schlaganfall. Haas wird den großen Theatermann bis zum Tod am 12. Oktober begleiten.

nisch gelacht. Er dachte nicht daran, sich zu versöhnen. Auch nicht symbolisch und posthum. Dieser Verrat war nicht aus der Welt zu kriegen. In einer seiner Nazi-Fugen hatte Kerr die wahrhaft Schuldigen benannt:

Ist dieses Leben längst verbraust,
Erheb ich mich als Leiche
Und schüttle meine fahle Faust,
Tappend im Totenreiche.
Und klage vor dem Weltgericht:
»Der Täter war der Schlimmste nicht!
Wer das Schlimmste verschuldet hat,
War der: der alles geduldet hat!«

Und Haas trauert um den Toten. Für ihn war Kerr der letzte von denen, die ihm wirklich etwas bedeutet hatten. Franz Werfel – mit dem er Hauptmann in Rapallo besucht hatte – tot. War fern von ihm gestorben, in Hollywood. Hasenclever hatte sich im französischen Lager das Leben genommen. Paul Kornfeld wurde vergast. *Ich war ein einsamer Mann geworden.*

»Wir waren die letzten Liebenden vor der Sintflut.«

Walter Hasenclevers Schlüsselroman »Irrtum und Leidenschaft« ist Autobiographie und Chronik einer ganzen Epoche.

Am Anfang steht der Suizid. Der Erzähler beschreibt, wie er sich das Leben nehmen wird. Nicht heute, nein, aber bald, vielleicht in einem Jahr. Mit Veronal wird er es machen. Fünf Röhrchen hat er. Er will es in der Schweiz tun. Im Winter. Weil er eine Abneigung gegen Kälte hat. In aller Seelenruhe wird er die nötigen Tabletten schlucken, einen langen Spaziergang machen, die Kälte in sich hineinkriechen lassen, die Müdigkeit auch, er wird sich irgendwann in den Schnee legen und langsam einschlafen. *Ohne Lautsprecher. Ohne Tanzmusik. Ohne den Bekehrungsversuch sentimentaler Schwätzer. Nervenklar. Unter Sternen. Vorbei.* Der das schreibt ist Walter Hasenclever.

Wir sind in Paris. Es ist Anfang Juli 1939. Im vierten Stock eines Hotels im sechsten Arrondissement öffnet der Emigrant drei Briefe, die der Concierge ihm gerade ausgehändigt hat. Es sind Briefe von drei Frauen, die eine Rolle in seinem Leben gespielt haben. Alle drei gratulieren ihm zum Fünfzigsten, den er völlig vergessen hat. Fünfzig ist er also geworden. Aber was soll nun noch kommen? Ein paar Abenteuer vielleicht, Langeweile, Resignation, Sehnsucht nach früher, ohne alle Hoffnung. *Der Mann, der diese Betrachtungen anstellt, bin ich. Indem ich das hinschreibe, wird mir klar, daß ich das Wort zum erstenmal in seiner ganzen Tragweite spüre. Ich. In den drei Buchstaben liegt eine Welt von Verwüstungen, Irrtümern und Leidenschaften. Das Gute war meistens eine Kompensation des Bösen. Der Genuß war die große Triebkraft.*

Walter Hasenclever schrieb seinen Schlüsselroman »Irrtum und Leidenschaft« im Exil. Das Buch überlebte in Südfrankreich in einem Schuppen und wurde erst dreißig Jahre später veröffentlicht. Der Autor hatte sich 1940 im Internierungslager das Leben genommen.

Er möchte versuchen, sich durch die Frauen, die er geliebt hat, zu verstehen, möchte auch erreichen, dass Männer etwas weniger Unheil bei den Frauen anrichten, und dabei wird der Ich-Erzähler uns durch die gar nicht so goldenen Zwanziger Jahre führen.

Walter Hasenclevers »Irrtum und Leidenschaft«, diese autobiographischen Aufzeichnungen erotischer Erlebnisse, heißen im Untertitel: »Erziehung durch Frauen«. Fünf Jahre hat der einmal so umjubelte und verehrte jüdische Autor während seines Exils durch ganz Europa – durch Frankreich, Italien, Jugoslawien und England – daran gearbeitet. Oft in Angst und Ruhelosigkeit vor den Nazis. Veröffentlicht wird Hasenclevers Buch aber erst dreißig Jahre nachdem es abgeschlossen wurde. Denn dieser Bekenntnisroman, in dem seine Geschichten mit Frauen und Freunden spielen, ist auch ein Schlüsselroman. Und die meisten Personen hätten sich trotz der Pseudonyme, die der Autor ihnen gegeben hat, wiedererkannt. Heute können sie beim Namen genannt werden, sie sind alle tot.

Und so beginnt er, seine Freunde zu sezieren, wie man es wohl nur am Ende eines Lebens machen kann: hart, klug, unsentimental. Ludwig ist der Erste. Ludwig ist Rudolf Leonhard, der jüdische Schriftsteller, der selbst mit alternativen Namen gearbeitet hat, auch mit Raoul Lombat, das war sein *nom de guerre*, denn Leonhard war freiwillig in den Ersten Weltkrieg reingegangen und als Gegner wieder rausgekommen. Er wurde Kommunist. Linker Kommunist. *Ich kann seine starrköpfige Dialektik nicht mehr hören*, schreibt Hasenclever. Er habe ihn viele Jahre geliebt, obwohl er ihn nicht ernst nehmen konnte. Einmal habe Leonhard ihn tatsächlich gefragt, ob er sich für bedeutend halte. Das habe der Erzähler höflichst verneint. Er aber sagte: *Ich halte mich für einen bedeutenden Menschen*. Er sei ein hemmungsloser Egoist gewesen, obwohl er das Gegenteil predigte. *Ich habe ihn gehaßt, weil ich ihm diesen Verrat an sich selbst nicht verzeihen konnte*.

Und diese Eitelkeiten der Leute. Alles, was so hervorsprudelte in jenen Jahren, egal, ob Politik oder Geschlechtskrankheiten, wurde doch zu Literatur verwurstet. Hymnisch, episch, schnell. Neben den Wettläufern um das neueste Thema gab es die Unnahbaren. *Das waren die reinen Toren. Die dichteten das Blaue vom Himmel herunter und weideten in schöner Gottähnlichkeit auf den fetten Triften ihrer Leser. Man betete sie an, weil man sie nicht verstand, und sie beteten, daß man sie nicht verstehen möge*. Solange das klappte, wurde geklatscht. Auch Ludwig, alias Leonhard, habe sich *wie ein Quartalssäufer* mit Wollust und lyrischer Ekstase an seinen Poemen berauscht, *deren Banalität er mit Unsterblichkeit verwechselte*. Zuerst sei bei ihm alles mystisch katholisch gewesen, dann fanatisch kommunistisch. Damit habe er andächtigen Frauen und wirren Jünglingen *den Sand seines Geistes in die Augen* gestreut. Und danach sei er mit ihnen schlafen gegangen.

Als 1918 dann die Revolution ausbricht, fährt er *mit vollen Segeln in den politischen Wind.* Und er bestürmt den Erzähler, er müsse unbedingt mitmachen! Der fragt, ob Ludwig wirklich glaube, mit Lyrik Gesetze machen zu können? Er scheint es zu glauben. Wer nicht mitmache, ruft er, sei ein Verräter! Nein, er möchte nicht missverstanden werden, schreibt Hasenclever. Leonhard war sein Freund, er habe ihn geliebt, er war auch wichtig für ihn. Aber nun ist Schluss, nun will er die Wahrheit schreiben. Er wird es auch gegen sich selbst tun.

Ernst Deutsch hätte sich unter dem Namen Marcus Thorberg im Buch sofort wiedererkannt. Schauspieler wie er wissen, welche Rollen ihm am besten stehen. Und diese stand ihm. Eines Abends sind er und Hasenclever mit Eleonore im Musikcafé, reden, rauchen, tanzen, und Deutsch sieht sehr wohl, dass dieses zarte Wesen dem Erzähler gefällt. Als sie die junge Frau nachts nach Hause bringen wollen, sagt Ernst Deutsch, dass er noch eine Flasche ≠ im Hotelzimmer habe. Also gehen alle drei zu ihm hoch. Über Frauen, schreibt Hasenclever, hätte man sich vorher immer verständigt. Aber an diesem Abend lehnt er es ab. Das störte den Schauspieler aber nicht.

Es war einer dieser Abende, an denen nach dem verlorenen Krieg die Revolution ausgebrochen war mit Straßenkämpfen, Streiks und Unruhen, die Zeit auch, als Deutsch auf dem Wege war, berühmt zu werden. Er kam aus Wien, immer umschwirrt von Frauen, Kenner sahen einen neuen Josef Kainz in ihm. Er war, wie Hasenclever schreibt, der faulste Mensch, der ihm je begegnet war, lernte nicht, las keine Bücher, schlief bei jeder Unterhaltung ein, in der es nicht um ihn ging. Den Ausbruch des Krieges hatte der überzeugte Pazifist noch bejubelt, hatte sogar wüste Gedichte geschrieben, *in denen er das Zerfetztwerden von Menschen dithyrambisch feierte.* Der Erzähler hatte den Krieg verwundet überlebt, kaum, dass er richtig ausgebrochen war. *Die Wirklichkeit,* schreibt er nun, *sind nicht die Ereignisse. Die Wirklichkeit ist, daß man sich an alles gewöhnt.* Und Eleonore? War einmal ein behütetes Kind, hatte vor dem Krieg einen Grafen kennengelernt, wurde seine Geliebte. Er trank, sie lebten in Paris, er verfiel dem Absinth, konnte das Hotel nicht mehr bezahlen, schleppte volltrunken einen Mann an, sagte seiner Liaison, der habe die Zeche bezahlt, und sie sei der Preis dafür. Ja, er habe sie an ihn verkauft. Die Bezahlung fand statt. Und der Herr Graf fiel kurz darauf beim Sturmangriff auf Lüttich. Danach kam ein reicher Sektfabrikant, den sie nicht liebte. Da fing sie an zu trinken und machte Entziehungskuren im Sanatorium.

Nun sind sie im Hotelzimmer des Schauspielers. Er öffnet die Flasche, schenkt ein, setzt sich aufs Bett zu Eleonore, sie trinkt den Cognac wie Wasser, und der schien ihr nichts mehr anhaben zu können. Der Erzähler sitzt am Fenster, schaut in die Bäume, in die Nacht, in die Sterne am Himmel von Berlin. Und Deutsch hat den Arm um Eleonore gelegt. Sie flüstern. *Die Lampe wurde gelöscht. Es geschah.* Danach schläft der Akteur satt und zufrieden. *Mit größter Unbekümmertheit nahm er die Breite des Bettes ein.* Eleonore liegt am Rand, in tiefer Erschöpfung, *fast wie ein Sterbender.* Hasenclever schaut sie an, begreift, *daß Nicht-Besitzen die höchste Erfüllung sein kann.* Er küsst sie zärtlich auf den Mund.

Weshalb haben Sie mich geküßt?

Verzeihen Sie, ich dachte, Sie schliefen.

Ich habe geschlafen ... Bitte bringen Sie mich nach Hause.

Sie sehen sich wieder. Eleonore öffnet ein Kästchen mit Schnee. Sie ziehen ihn in die Nase, duzen sich im Rausch, und er *folgte ihrem Schatten in die Unterwelt.* Er liebt sie. Einmal für ewig. Sie sagt, sie will weg aus Berlin, weg von ihrem Fabrikanten. Er gibt ihr das Geld dafür. Und eines Tages kommt ein Anruf von Eleonores Freundin. Er müsse sich untersuchen lassen. Wieso? Nur so, vorsichtshalber. Aber warum? *Paris ... eine Krankheit ... sie sei längst geheilt. Trotzdem ... man könne nie wissen.* Jetzt begreift er. Und dann fällt ihm Ernst Deutsch ein. Der hatte einmal zu ihm gesagt, er würde sich erschießen, wenn ihm so etwas passierte. Hasenclever fährt zu ihm ins Theater. Ibsens »Gespenster« werden gespielt. Sein Freund ist Oswald, der am Ende wahnsinnig wird. In der Garderobe erfährt er, dass er sein Blut untersuchen lassen muss. Totenstille. Er sagt kein Wort. Das Klingelzeichen für den Auftritt ertönt. *Er vergißt, daß er lebt. Er muß auf die Bühne.* Der Erzähler beobachtet ihn von der Kulisse aus. Oswalds Mutter erklärt ihrem Sohn, woher seine Krankheit kommt. Fragt: Habe ich dich jetzt von allen Gewissensbissen befreit? Und Oswald fragt: Aber wer befreit mich nun von der Angst? *Auf einmal sehe ich sein Gesicht. Dies Gesicht trägt die Spuren der Verwesung, es zerfällt im Grauen des Wahnsinns. Die Worte kommen schon aus dem Grabe.* Und im Wahnsinn bittet er die Mutter, ihm die Sonne zu geben, lallt: Gib mir die Sonne ... die Sonne.

Nie, schreibt Hasenclever, habe er etwas Ähnliches auf der Bühne gesehen wie diesen Untergang eines lebenden Leichnams. Es sei die genialste Leistung gewesen, die Deutsch je vollbracht habe. Es war der doppelte Wahnsinn, der hier gespielt wurde. Einer wird ihnen genommen: Ihre Blutproben fallen negativ aus. Und eine Woche später klingelt der Nachtportier an Hasenclevers Zimmertür: Ein Unglück, flüstert er und nennt Eleonores Adresse. Der Erzähler rennt durch die Tauentzienstraße und weiter zum Kurfürstendamm. An der Gedächtniskirche findet er endlich ein Auto. Er weiß, er kommt zu spät. *Eleonore liegt nackt auf dem Bett. Das Bett ist voll von Blumen. Flieder und Rosen, Narzissen, Orchideen, Eleonore liegt mitten unter den Blumen. Sie ist tot.*

Er flieht von Berlin nach Hamburg. Beim alten Senator wird er in sein kleines Appartement ziehen können. Als Student, lange vor dem Ersten Weltkrieg, war er dort wie ein Sohn aufgenommen worden. So empfängt man ihn auch jetzt wieder. Der Diener packt seinen Koffer aus. Der Erzähler entschuldigt sich, nur einen blauen, keinen schwarzen Anzug dabei zu haben. Und nun gibt es erst mal einen Champagner. Halt! Nicht den! Der Hausherr stößt nicht mehr mit was Französischem an. Aber der Krieg sei doch längst vorbei, sagt der Gast. Vorbei? Und unser irregeleitetes Volk? Und das tapfere Heer? Verraten von Verbrechern. Von Juden und

Marxisten. Und der Vertrag von Versailles? Halt, sagt der Gast, es sei alles viel unkomplizierter. *Wir haben ganz einfach den Krieg verloren.* Nein, die Ehre haben sie verloren! Sie seien ein Volk von Sklaven geworden. Man schäme sich doch, ein Deutscher zu sein! Nun ja, es sei schon ein Unglück, sagt der Gast, in der Welt nicht mehr anerkannt zu sein, und der Friedensvertrag sei wohl auch nicht gerecht.

Da mischt sich Fräulein Hedwig ein, die verkrüppelte Tochter des Hauses, die mit den Jahren zu einem alten, kurzsichtigen, hässlichen Wesen mutiert ist. Man müsse alle Franzosen umbringen, brüllt sie, zerstückeln und vernichten. Und jedem Engländer würde sie am liebsten das Messer in die Kehle rammen. Den Tag möchte sie erleben, an dem die Deutschen diese Bestien in ihrem Blut ersticken lassen! Aber mein Gott, sagt der Gast, der Krieg ist doch vorbei. Und sie möge sich einmal vorstellen, sie müsste ihre Söhne, wenn sie welche hätte, diesem schrecklichen Schlachten zum Opfer bringen! Da sagt das sonst so gern zum Schluchzen aufgelegte alte Mädchen eiskalt: *Ja, ich wäre stolz darauf, meine Söhne zu opfern. Denn ich weiß: eines Tages wird unser Volk aufstehen und die Schande, die es erlitten hat, mit Blut abwaschen.*

Da steigt der Erzähler die Marmortreppe hinauf, packt seine Sachen wieder in den Koffer und verlässt das Haus. Die Luft ist warm, er atmet durch, schlendert in die Stadt, von der Elbe weht roter Feuerschein herüber, und wohin jetzt? Er sucht eine Litfaßsäule, liest, dass es eine Premiere gibt, ein Stück von Peter Wolke. Wolke ist im Buch der Tarnname für Toller. Und Ernst Toller, sein Freund, wird anwesend sein. Ach, was hat der Erzähler schon alles mit ihm erlebt, wie oft haben die beiden, wenn es auf Berlins Straßen zu unsicher war, mit irgendeinem unbekannten Mädchen auf der Couch von Ernst Deutsch übernachtet. Also, zurück zum Bahnhof, den Koffer aufgegeben, rüber ins Schauspielhaus und durch den Bühneneingang rein ins Theater. Die Premiere müsste gleich zu Ende sein. Das macht nichts. Er kennt das Stück. Er hatte es in einer dieser Zeitschriften gelesen, *die das Gras der neuen Zeit wachsen hören*. Es ging um einen jungen Offizier, der im Schützengraben an eine Revolution denkt. Ein Drama. Am aufregendsten fand der Erzähler die blutjunge Geliebte des Helden, *eine merkwürdige Mischung von Verderbtheit und kindlicher Anmut*. Diese Figur im Straßenkampf der Handlung hatte er nicht vergessen. Sie war für ihn wie *ein gefallener Engel über den Dächern Berlins*.

Er steht irgendwo in der Gasse und sieht Bruchstücke des letzten Akts. Der Held und Aufrührer ist von einer Kugel getroffen, die Geliebte zieht ihn von der Straße weg, dann kracht und blitzt es wieder auf der Bühne, auch sie wird getroffen. Und dann sieht der Erzähler sie, diese junge Aktrice, die nun wie eine Nachtwandlerin durch die Szene geistert, bleichgeschminkt, im kurzen Kleidchen, er riecht die Schminke, den Puder dieser Somnambulen, die auf den Geliebten zugeht, *ich liebe dich* haucht, ihn küsst – und dann fällt der Vorhang. *Das war meine erste Begegnung mit Oktavia*.

Oktavia ist im wirklichen Leben die Schauspielerin Roma Bahn. Im Ersten Weltkrieg war sie Schülerin bei Max Reinhardt, spielte Theater- und Stummfilm-Rollen und wurde 1928 in Brechts »Dreigroschenoper« als Polly berühmt. Sie war mit dem Regisseur und Theaterleiter Karlheinz Martin verheiratet, der im Roman von Hasenclever Hans-Joachim Jürgen heißt und in den erotischen Verflechtungen seiner Gattin eine wenig erstrebenswerte Rolle spielen wird.

Also, der Vorhang ist gefallen, und das Publikum im vollbesetzten Haus applaudiert. Die Akteure kommen, verneigen sich, gehen, kommen wieder, aber man ruft jetzt nach dem Autor. *Peter Wolke, der proletarische Dichter, dessen Anzüge beim besten Schneider gemacht sind, steht blaß neben dem Inspizienten*. Er wartet. Er ist Dramatiker. Er weiß, was eine Pause bedeutet. Jetzt ruft das Publikum nach ihm. *Er horcht den Applaus ab wie ein Arzt einen Kranken*. Ruft man noch nach ihm? Die Schauspieler stehen im Scheinwerfer und schauen in die Gasse. Kommt er? Kommt er nicht? Dann ziehen ihn die Hauptdarsteller auf die Bühne.

Das Haus rast. Wolke setzt sein fanatisches Gesicht auf. Mit einem Ruck verläßt er den Kreis der Komödianten und tritt vor den Souffleurkasten. Ganz allein. Ganz bedeutend. Er verneigt sich einmal, zweimal. Ein drittes Mal. Dann wirft er den Kopf mit der schwarzen Mähne zurück. Ecce Poeta!

Hasenclever! Toller erkennt seinen Freund und umarmt ihn enthusiastisch. Er müsse unbedingt mit zur Premierenfeier kommen und gibt ihm die Adresse. Ob Oktavia auch da sei, fragt der Erzähler. Sicher, sie wird mit Martin kommen, ihrem Mann, der später noch nach Berlin müsse. Gut, mehr will er gar nicht wissen, will ja nur sie sehen, sonst nichts. In der Villa eines reichen Hamburgers ist großer Empfang mit Buffet, Getränken, Zigarren, Zigaretten, Musik und Lampions im Garten. Gratulanten umringen den Dichter, die Dame des Hauses schwebt hinzu, ist offenbar verliebt in den schönen, schlanken Revolutionär mit den herrlich glühenden Augen unter schwarzblauem Haar. Die Bankiers und Großindustriellen der Hansestadt hielten ihn für einen ungefährlichen Empörer und sonnten sich in seinem Ruhm. So kamen schließlich alle auf ihre Kosten. *Mit unwiderstehlicher Grazie ergreift Wolke eine Champagnerflasche und füllt die Gläser. »Es lebe die Weltrevolution«, ruft er, und alle stoßen an.*

Plötzlich steht Oktavia da. Eingerahmt von zwei Männern, einem Jüngling und ihrem Mann. Sie ist schmal, kindlich, eigentlich nicht schön, aber reizvoll. Nur, was da in der Phantasie des Erzählers erblüht war, konnte diesem Bild nicht standhalten. Fast alles in ihrem Gesicht stimmte nicht. Er dreht sich um, aus, er ist nicht mehr interessiert. Aber da steht Toller hinter ihm. Allons, enfants, ruft er vergnügt, er wolle sie doch kennenlernen und zieht seinen Freund hin zu ihr. *»Sie waren wunderbar, Oktavia«, sagte Wolke mit dieser strahlenden Verlogenheit, die sein größter Charme ist.* Nach der Premiere hatte Toller dem Erzähler noch gesagt, dass sie den letzten Akt vermasselt habe. Viel zu sentimental sei sie gewesen. Hasenclever guckt ihr in die Augen. *Sie liegen hinter Schleiern. Wie die Augen eines Nachttiers.*

»Er ritt auf einem feurigen Vollbluthengst, den schöne Frauen für ihn sattelten«, schreibt Walter Hasenclever in seinem Roman über den Freund Ernst Toller, den Expressionisten, der sich im Exil aus Verzweiflung über das Elend in der Welt, das Leben nahm.

Er sinkt in einen Sessel und beobachtet die Gesellschaft. Was soll er hier noch? Nur der Whisky hält ihn eine Stunde im reichen Trubel. Dann lässt er sich, obwohl er keine Lust hat, mit in die Wohnung des Jünglings schleppen, weil Oktavia – die gerade ihren Mann an die Bahn gebracht hat – es sich wünscht. Hier im Zimmer ist alles im Halbdunkel, hier brennen Kerzen, hier lagern Frauen und Männer neben- und durcheinander auf der gewaltigen Couch. Und mittendrin Oktavia. Für sie wird Badewasser eingelassen. *Wer ist heute der Glückliche? fragt eine Stimme.* Es ist der Ich-Erzähler. Ihn hat sie sich gewünscht. Und er nimmt die Einladung an, entkleidet sich, steigt in den Lavendelduft. *Ich blicke in ein vielgestaltiges Zwischenreich. Die Wände rücken auseinander. Der Horizont entschwebt. Mein Körper, seiner Sinne nicht mächtig, treibt einer mystischen Vereinigung zu ... Seit dieser Stunde war ich Oktavia verfallen.*

Sie fahren gemeinsam nach Kiel. Einfach so. Weil der Zug nach Kiel gerade dastand. Sie nehmen ein Appartement im besten Hotel. Er versetzt dafür die Brillantnadel seines Großvaters. *Die Inflation rückte näher. Schmuck steht hoch im Kurs*. Sie bleiben sieben Tage. Er genießt Oktavias Liebeskunst, ihr Gefühl, ihren Zynismus, ihren Geist, ihre Hurenhaftigkeit. Möchte er, dass sie für immer bei ihm bleibt? Nein. *Die zweideutige Rolle, die der Dritte in der Ehe spielt, erschien mir als ein idealer Zustand.* Und nach sieben Tagen merkt er: *Die Magie der Liebe erlosch.* Das Verhältnis nicht. Und noch immer versinken sie *im Schatten der Venus*.

Vorerst bleibt es ein Leben zu dritt, eine Zeitlang auf Sylt, in Westerland, sie, der Malteserhund, der Mann und der Erzähler. Sie laufen durch die mondhelle Nacht, die Schuhe voll Sand, die Haare vom Winde verweht. *Zwei Männer und ein Hund begleiten eine Frau. Alle drei, die Menschen und das Tier, sind ihr leidenschaftlich ergeben. Wer liebt sie am meisten? Zuerst glaube ich, Jürgen. Dann schien mir, als sei ich es. Aber ganz zum Schluß erst wußte ich Bescheid. Es war der Hund.*

Der Erzähler ist wieder in Berlin gelandet, arbeitet an der Potsdamer Brücke in einem Antiquariat, das Julius Eichberg gehört, dem großen Verleger *und noch größeren Quartalssäufer, der mit affenartiger Geschwindigkeit verstand, seinen Verlag der jeweils herrschenden Konjunktur anzupassen.* Er publizierte mit untrüglicher Witterung für seinen Geldbeutel und seine Leser demokratische, kommunistische oder nationale Literatur. Was er auf den Markt warf, war en vogue. Dieser prachtvolle Bursche, *stiernackig, witzig, verhurt,* kam aus Hamburg. Groß, blond, urdeutsch, von Wind und Wasser gegerbt. *Er strotzte vor Gesundheit und unehelichen Kindern und war der Abgott seiner Angestellten.* Welchen Namen der Erzähler ihm auch immer in seinem Roman gegeben hätte, Julius Caesar oder Julius Eichberg, er wäre geknackt worden, denn Eichberg war: Ernst Rowohlt.

Seine Feste waren legendär. Da trafen sich Kritiker, Künstler, Autoren. Und wenn sich vor Mitternacht die letzten Theatervorhänge schlossen, klingelten junge Schauspielerinnen an der Tür, *und manchmal kam noch spät in der Nacht ein betrunkener Komödiant, irgendeine fette Berühmtheit, und bellte um Einlaß.* Wenn Eichberg angetütert war, was erst so gegen Morgen passierte, sang er unanständige Lieder, zerbiss ein Weinglas, und das Blut, das ihm aus dem Mund troff, wurde mit Champagnerbowle weggespült. Dann sah er mit seinen fliegenden Haaren aus *wie ein trojanischer Held,* und der forderte jene Autoren, deren Bücher sich schlecht verkauften, zum Zweikampf heraus. *In solchen Augenblicken konnte es vorkommen, daß er die Balkontüre aufriß und den erstaunten Passanten auf der Straße sein nacktes Gesäß präsentierte.*

Durch den Mord an Reichsaußenminister Walther Rathenau war das Schiff der Weimarer Republik schon ziemlich leck geschlagen. Dann fiel die Reichsmark in den Orkus, die Franzosen waren ins Ruhrgebiet einmarschiert, und die Elite auf dem sinkenden Pott tanzte noch immer in den Berliner Presseball hinein, *wo man in einem unerhörten Luxus seine Prominenz zur Schau stellte.* Am

Ausgang warteten die ganze Nacht hindurch die Parias, die Bettler, die Hungernden und hofften auf ein Almosen der in den Morgenstunden in Frack und Abendrobe zu ihren Limousinen torkelnden Herrschaften. Auch so wurde *Deutschland zur Strecke gebracht.*

Und Oktavia, die große Odaliske? Sie wird für den Erzähler zum Symbol dieses Jahrzehnts. La vie à trois war vorbei, oder anders, es hatte sich erweitert. Thorberg, der Schauspieler, war hinzugekommen, und nicht nur er. *Bei ihr kam die Charakterlosigkeit und Dekadenz der Männer zum Vorschein, die sinkende Moral der Nation.* In ihr spiegelten sich Attentate, Inflation und Krisen wieder. So wurde auch sie zur Strecke gebracht. *Aus ihrem Mund sprachen Schieber und Abenteurer.* Dabei sei sie im Grunde sentimental gewesen. Und sie war mit einem Künstler verheiratet. Nein, schön war er wirklich nicht, aber begabt. Und er sorgte dafür, dass sie gute Rollen in seinen Inszenierungen bekam. Doch im Nebenberuf war er zu ihrem Zuhälter geworden, und sie glaubte tatsächlich, dass es so bleiben würde.

Oktavias Mann hatte die Tänzerin für eine Revue engagiert. *Nichts war an ihr bemerkenswert, außer einem Paar sehr schöner Beine, dem sie ihre Karriere verdankte.* Das sahen die meisten Männer anders, fanden auch ihr Gezwitscher nicht märchenhaft dumm. Rudolf Leonhard hörte gar nicht hin, was sie sagte, der war nur entzückt von seinen eigenen, wehmütigen Poemen, die er für diese Göttin des Tanzes schrieb. Er schenkte ihr auch sein Herz in Form eines Amuletts, was aber nicht anerkannt wurde. Da gab er auf. Jürgen gab nicht auf. Er *sah plötzlich als reifer Mann die Oase einer Fata Morgana,* inszenierte Fräulein Rana zum Triumph empor, Eichberg, alias Rowohlt, spendierte nach der Premiere ein exquisites Buffet für die herrlichen Beine – und Oktavias Jürgen zog bei »Der Toccata«, wie sie nun hieß, ein. Oktavia telegraphierte: *Heute hat mich Jürgen verlassen. Ich telegraphierte postwendend zurück: Zu spät.* Und der Erzähler hörte nichts mehr von ihr.

Als die 1920er-Jahre sich dem Ende zuneigen, glaubte der Erzähler, *das Unkraut der Humanität, das der europäische Massen-*

mord mit Feuer und Schwefel ausgerottet hatte, keimte wieder über den Gräbern. Es war eine Täuschung. Aber das Land war auch noch nicht bereit für den braunen Heroenkult. Allerdings knisterte es bereits heftig unter den Leichen. Und die Paladine des erwachenden Volkes saßen in den Startlöchern, bereit, alles niederzutrampeln. Noch konnte der Erzähler *unter dem musischen Himmel des Vaterlandes atmen, dem unsere ewige Liebe gehört.* Doch die Barbaren hatten Helfer. Und die kamen auch aus den Reihen der Schriftsteller. Einer von ihnen war sein Freund. Sebastian. Der steckte schon mitten drin.

Mein lieber Sebastian, ruft er ihm zu. Sebastian ist Friedrich Sieburg, Lyriker, Stefan-George-Adorant, promovierter Literaturwissenschaftler, war Anhänger der Revolution, ist Kritiker, Autor. Und der Erzähler kann es nicht fassen: Er sei doch einmal als feuriger Spartakist losgezogen, war mit dabei, die Straße von den Freicorps zu erlösen, war aufgestiegen ins jüdische Zeitungsviertel. War intelligent, war Humanist. Und nun? Schämt er sich nicht, in diesem *Hurenbetrieb der Politik* mitzumachen und den Barbaren auch noch den braunen Teppich auszurollen? Aber solche Drecksseelen wie er seien offenbar unentbehrlich in dieser Zeit. Möge er sich im Ruhm der allgemeinen Verachtung sonnen. *Hinab in den Orkus, Schattengespenst der Zukunft! Und ihr bestochenen, karrieregierigen Skribenten!*

Wie war das noch damals? Er war Kommunist. Wer war das nicht. Er war Fliegeroffizier. *Er sang und schluchzte voll hymnischer Begeisterung. Männer umwarben ihn. Frauen hielten ihn aus. Sebastian schlief mit beiden Geschlechtern und erklärte, er bliebe sich selber treu.* War dieser *Ephebe* ein heroischer Gewaltmensch? Nein, das war er nicht. Ein Intellektueller war er aus der bürgerlichen Mittelschicht, ehrgeizig, aber korrumpierbar, *ein lyrischer Judas,* der bereit gewesen sei, jeden Meineid zu schwören. Die Dichter hielten ihn für einen Dilettanten, die Politiker für einen Parvenü. Nichts von beiden sei er gewesen, schreibt der Erzähler. *Er war ein begabter Hanswurst mit hysterischem Geltungstrieb.*

Sie treffen sich ein letztes Mal. Es muss um 1930 gewesen sein, in Paris. Sie sitzen auf der Terrasse des »Dôme«, und Sebastian erklärt seinem alten Freund, wie hoch die Auflagen der nationalen Zeitschriften seien. Ein Volk ließe sich nicht ewig unterdrücken.

Und wer unterdrückt es?

Na, da soll er doch mal den Versailler Vertag lesen. Er halte General Schleicher für den kommenden Mann. Nächste Woche sei er mit ihm in Berlin verabredet.

Mit dem Eisernen Kreuz erster Klasse?

Also, er verbitte sich solche Anzüglichkeiten. Na ja, sagt der Erzähler, er glaube schon, dass in Deutschland nun die Verräter Hochkonjunktur hätten. Aber in den Fleischtöpfen der nationalen Bewegung werde auch nur mit Wasser gekocht.

Nein, da irre er sich, sagt Sebastian. Da werde mit Blut gekocht.

Dann soll er Acht geben, dass er nicht in den Topf fällt.

Das würde wohl eher ihm passieren, sagt Sebastian-Sieburg.

Finster gehen wir auseinander. Sebastian wiegt sich nach alter Gewohnheit in den Hüften. Er entschwindet mit wehendem Mantel. Englischer Stoff. Sein Hut stammt aus Zürich. Die Unterwäsche aus Paris. Und er selbst aus Elberfeld.

Walter Hasenclever hatte 1919, gleich nach Krieg und Revolution, ein Gedicht geschrieben. Ein Vermächtnis. Für sich und seine Kollegen. Einen Traum, in dem der politische Dichter hocherhobenen Hauptes der Führer sein soll, der Verkünder.

Die Flamme seines Wortes wird Musik.
Er wird den großen Bund des Staates gründen.
Das Recht des Menschentums. Die Republik.

Und von der sollen keine Kriege mehr ausgehen, keine Gewalt, und Generäle könne man auf Jahrmarktfesten ausstellen.

Dem Frieden eine Stätte zu errichten,
Versammelt sind die Edelsten und Besten.
Nicht mehr in Waffen siegt ein Volk, Du weißt es ...

Und da ist er nun am Ende seines Buches, der Ich-Erzähler. Drei Freunde sind dabei auf der Strecke geblieben. Ludwig, Sebastian und Wolke.

Wolke sei ein Schwärmer gewesen. *Er ritt auf einem feurigen Vollbluthengst, den schöne Frauen ihm sattelten.* Aber der Hengst ritt mit Ernst Toller in die Politik hinein. Das sei dem Dichter nicht bekommen.

Sebastians orgiastisches Nationalgetön sei wohl eine Art Selbstbefriedigung gewesen. Der glaubte kein Wort von dem, was er sagte. *Genau wie die neuen Machthaber. Er unterschied sich von ihnen nur durch das kleinere Format.*

Ludwig dagegen, also Leonhard, habe an das geglaubt, was er *stammelte.* Aber er sei eben auch dümmer gewesen als Sebastian. Für den Erzähler sind sie Gespenster aus dem Niemandsland, die er nun von sich abschüttelt. *Wir sprechen dennoch die gleiche Sprache. Die Sprache Goethes. Und werden uns nie mehr verstehen.*

Komm zum Ende, Verfasser, ruft er sich nachts um zwei Uhr zu. *Wirf die Flaschenpost ins Meer!* Er liest nur noch die drei Briefe von den drei Frauen, die er einmal geliebt, und die ihm nun zum 50. Geburtstag gratulieren. Der erste kommt von Oktavia. Sie würde gerne noch einmal nach Westerland fahren, schreibt sie, noch einmal die Nordsee riechen und die Laube sehen, wo sie sich geliebt haben. Das alles sei nun zwanzig Jahre her. *Ich lebe noch. Ich bin nicht glücklich. Und wir werden uns nie mehr wiedersehen.*

Der zweite Brief kommt von Ernesta, im wirklichen Leben Otty Frenella, die in einem langen Gespräch verewigt wurde, das der Ich-Erzähler seinem Verleger Kurt Wolff geschickt hatte. Dem gefiel die Dichtung sehr. Aber das ist nun auch schon wieder ein viertel Jahrhundert her, schreibt sie. Das war, als sie sich getrennt hatten. Und er habe sie ja nicht halten wollen. Nun hat sie zwei Kinder, einen Sohn und eine Tochter. *Mein Sohn trägt Deinen Namen. Er ist 18 Jahre alt.* Er werde wohl in den Krieg ziehen müssen. Ja, sie habe ihn damals belogen. *Versteh mich – ich will die Schuld loswerden. Verzeih mir, bitte.* Und er möge den Brief zerreißen. Das tut er. Nein, er habe nichts zu verzeihen, denkt er und dankt ihr für alles. *Auch für den Schmerz.*

Der dritte Brief kommt aus Cincinnati. Von Ariel. Noch im September 1938 sind sie durch Paris gegangen. Das war, als das Chaos ausbrach und die Mobilmachung begann. *Ja, wir waren die letzten Liebenden vor der Sintflut,* sagt er zu sich. Und sie fragt in ihrem Brief: Gibt es das noch, St.-Germain-des-Prés? Niemals werde sie die Nacht vor dem Untergang vergessen, da oben in ihrer kleinen Dachkammer. Und im Morgengrauen sind sie dann mit Shakespeares Sonetten durch die Allee spaziert und haben sich aus den unvergänglichen Versen vorgelesen.

... So long as men can breathe, or eyes can see,
So long lives this, and this gives life to thee ...

Als Hitler am 10. Mai 1940 Frankreich überfällt, wird Hasenclever nach seiner Odyssee durch Europa in Südfrankreich als »feindlicher Ausländer« ins Internierungslager von Les Milles gebracht. Sein Freund, der Journalist und Schriftsteller Kurt Pinthus, schreibt im Nachwort, dass selbst seine besten Freunde nichts von der Arbeit an dem Roman wussten. Und vor allem nichts darüber, wie er in Wahrheit über sie dachte, dieser janusköpfige Autor. Das Manuskript hatte Hasenclevers Frau, bevor auch sie in ein Lager kam, unter Gerümpel in einem Geräteschuppen versteckt. Dort, in Cagnes-sur-Mer, wo das Paar in einer Idylle lebte mit Haus, Garten, Gemüse und Tieren in herrlicher Landschaft, überlebte die Handschrift vier Jahre bis zur Befreiung Südfrankreichs. Und nicht einmal Pinthus, der ihn seit früher Jugend kannte, ahnte, wie sehr dieser liebenswerte, heitere Hasenclever, der so gerne lachte, all die Jahre ein Suizidgefährdeter war. Schon als Primaner hatte er eine Arbeit mit drei Kurzgeschichten abgegeben, die alle mit Selbstmord endeten. Auch sein Verleger Kurt Wolff, der den Autor dreißig Jahre kannte, hatte sich getäuscht, als er sagte: *Es war so schön, daß er sich durchaus nicht ernst nahm.* Aber er tat es. Und er schrieb in seinen geheim gehaltenen Bekenntnissen unbarmherzig über einige seiner liebsten Freunde. Auch über Pinthus, und vor allem über Toller, der sich bereits im Mai 1939 im Exil das Leben genommen hatte aus Verzweiflung über das von den Nazis angerichtete Elend in der Welt.

Am Ende steht der Suizid. So wie der Ich-Erzähler ihn am Anfang seines Romans beschrieben hat. Nicht heute, aber bald. Und das ist jetzt. Für Hasenclever. Er hatte in seinen Theaterstücken so laut gegen den Faschismus angeschrieben, dass er ahnte, was ihm passieren würde, falls er in die Hände der Gestapo geriete. Als die Inhaftierten hören, dass die deutschen Truppen auf dem Weg in den Süden sind, schluckt Hasenclever am 20. Juni 1940 das Veronal. Nicht in der Schweiz im Schnee, sondern in Frankreich in einem Lager. Und auch *ohne Lautsprecher. Ohne Tanzmusik … Vorbei*. Er stirbt am 21. Juni im Hospital von Aix-en-Provence. Siebzehn Tage später wäre sein 50. Geburtstag gewesen.

»Sehen Sie nicht, daß ich vor Ihnen auf den Knien liege?«

Stefan George, Ahnherr der nationalen Bewegung, und sein verfemter Jünger Friedrich Sieburg.

Damals, als Walter Hasenclever mit Friedrich Sieburg bricht, hatte er dessen Kampfschrift von 1933, die in einer *leidenschaftlichen Sorge* um sein Land geschrieben worden war, bereits gelesen: »Es werde Deutschland.« Mit diesem Buch, Sieburgs Pakt mit dem Teufel, war er für den alten Freund zum Kollaborateur geworden, zum Nazi-Karrieristen. Nein, ein Gewaltmensch war Sieburg nicht, das wusste Hasenclever. Aber er ließ sich mit Gewaltmenschen ein. Er paktierte mit Nazis, die er durchschauen musste, denn er war klüger und vor allem anders als sie. Er war ein Humanist, ein Ästhet, ein homme de lettre, amüsant, auch arrogant, stilistisch brillant mit einem Schuss alter Welt, und ja, seine Attitüden wurden belächelt, aber seine Belesenheit und die Leichtigkeit seiner Gespräche wurde von vielen Schriftstellern bewundert. Darunter war auch Ernst Jünger. Der verehrte den *Weltjournalisten*. Und für Gottfried Benn war Sieburg eine opulente Persönlichkeit, *sublim lukullisch*. Doch diese beiden Autoren gingen auch bereits auf braunen Wegen ins neue Reich. *Es gibt da in mir in der Tat einen Doppelgänger, der schwarz vor einem schwarzen Hintergunde steht*, wird Sieburg später über sich schreiben. So ähnlich wird es nach dem Ende des Dritten Reichs Gottfried Benn ausdrücken, wenn er von seinem *Doppelleben* erzählt.

Also »Es werde Deutschland«. Er setzte tatsächlich alle Hoffnungen, Wünsche und Erwartungen in die neuen Herren. Sie sollten diesem zerrissenen Land wieder Energie, Dynamik und Stoßkraft zurückgeben. In einem totalen Staat. Die Parteien der

Weimarer Republik waren für ihn nichts als gespenstische Gebilde. Hymnisch und pathetisch durchströmt den Autor der *nie nachlassende Glaube an mein Volk*, das wieder aufstehen kann. Dafür müsste aber die Bereitschaft zum *schöpferischen Opfer* da sein. Und das heißt: *unerbittliche Abrechnung mit den Werten des Liberalismus*. Jetzt gehe es nur noch um Patriotismus und gegen alle, die mit *Goethes Sprache* Andersdenkende niederbrüllen. Und wenn er in seiner Kampfschrift von einer neuen Gesellschaft träumt, dann taucht immer wieder das Wort *geheim* auf, das geheime Deutschland, das mit einem Führer in unauslöschlicher Einigkeit zusammenfinden wird. Und in den hysterischen Gefühlsentladungen der Massen nimmt er ein *erotisches Element* wahr.

Das Geheime hatte er schon als Schüler erlebt. Es waren die Gedichte von Stefan George. Auch in ihnen hatte der Gymnasiast Erotisches wahrgenommen, weniger martialisch als im Dritten Reich, eher war es ein tiefes Gefühl, ein heftiges Werben um den Dichter, der wie eine göttliche Erscheinung vor ihm aufstieg. Seinem geheimen Kreis wollte er angehören und ihm, dem Dichtergott und Erlöser. 1910 schickt er den ersten Brief mit ein paar Gedichten an den *Meister, vor dem ich die Hände falte*. Ja, er denke schon *lange und liebend* an ihn, sei oft von tiefer Traurigkeit befallen, ach, wäre doch einer da, der ihn tröstete *mit liebendem Spruch*. Den Briefen an George, schreibt der Sieburg-Biograf Harro Zimmermann, *verdanken wir den ersten Blick auf das Geisteslaboratorium* des Gymnasiasten: Ein Theaterstück habe er bereits verfasst, Prosaarbeiten, Gedichte, die er gelungen finde, erzählt ausführlich, wen er gelesen habe, von den Mystikern bis zu Jean Paul und Hölderlin, die Griechen natürlich, Novalis, Baudelaire, Nietzsche und selbstverständlich immer und immer wieder Georges Bücher, mit denen er seine Tage verträume und an denen er reife. Er wisse sehr wohl, dass es viele Jünglinge gibt, die sich an ihn wenden, doch auch er bedürfe Seiner. Am Ende schwimmt er auf einer wahren Wort-Woge aus Inbrunst und Emphase seinem Gott entgegen: *Wahrlich ich lasse Sie nicht, Sie segnen mich denn!*

Friedrich Sieburg, der in seiner Jugend Stefan George anbetete, wird im Dritten Reich einen Pakt mit dem Teufel schließen. Lion Feuchtwanger wird ihn im Roman »Exil« einen »mit allen Ölen der Bildung und des Intellekts gesalbten« Opportunisten nennen.

Sehen Sie nicht, dass ich vor Ihnen auf den Knien liege? Heben Sie mich zu Ihnen auf!

Es dauert ein bisschen, dann wird er aufgehoben. Er scheint George dreimal getroffen zu haben. Und diese Begegnungen sind *reiche und gnadenvolle stunden* für ihn, *heilige tage*, nach denen er die Georgische Kleinschreibung übernimmt. Im Juli 1912, nach Abitur und einer Paris-Reise, schreibt er nun schon mutig, fast forsch, im Stile, wie er sich einen George-Adepten vorstellt, der er nicht ist: *Nach farbigen und hurtigen tagen in Paris geschah mir ein grosses glück: dass ich meine huldigung an den göttlichen Maximin vollendete.* Diesem Brief legt er das Gedicht »Frühlingsfeier« bei, *das mir blutend aus der seele sprang,* die kühne Huldigung an den divi Maximini. Wusste Sieburg, dass Maximilian Kronberger von George homoerotisch verehrt wurde? Der Dichter hatte den schönen Knaben in München auf der Straße angesprochen, war so überwältigt von seiner Erscheinung, dass er ihn bat, ein Foto von sich machen zu lassen. Aber ja, warum nicht. Und der Schüler, der sich bald traut, dem Meister ein paar seiner Gedichte mitzubringen, bekommt auch welche zurück. Eins heißt »Das Wunder« und beginnt so:

Steigst du noch mit wirrem haare
Durch verbotene bezirke?
Flehst dass ER sich offenbare?

George hatte in Maximilian Kronberger gefunden *DEN ICH SUCH SEIT ICH LEBE*, einen bezaubernden Knaben in griechischen Maßen, mit dem er spazieren geht, der ihn besucht, über seine Gedichte mit ihm spricht, ein junger, formbarer Mensch, der ganz plötzlich, einen Tag nach seinem sechzehnten Geburtstag, stirbt. George ist zu Tode getroffen, kann, wie er schreibt, nicht denken, nicht arbeiten, bis er langsam, von einem *kreis des leidens* in den anderen, wieder zu sich kommt und seinen Maximin zur menschgewordenen Gottheit empordichtet.

Wer wagte es nun, *nach hurtigen Tagen in Paris*, über den *göttlichen Maximin,* diesen Mythos, zu schreiben? Wer, außer ihm, dem Auserwählten, dem dieser Jüngling einst die Dinge zeigte, wie die Augen der Götter sie sehen? Das Jubelpoem des zu vorlauten Sieburg scheint von George mit Kühle gelesen worden zu sein. Was erlaubte sich dieser Mensch, Auge in Auge mit ihm kommunizieren zu wollen? Sieburg wird es mit Entsetzen begriffen haben. Wochen später schreibt er George von seiner Qual darüber, wie sein Gedicht von ihm aufgenommen worden war. Offenbar bestehe eine *discrepanz zwischen meinen versen und meiner haltung*, und er stelle sich die Frage: *bin ich würdig vor diesem grossen antlitz zu weilen und in dieser luft zu leben.* Es ist Sieburgs letzter Brief an den Vergötterten, von dem es das bittere Wort gibt: *Ich kann mir zehn Jahre lang überlegen, wie ich mich an einem Menschen räche.*

Eine Zeitlang ist Sieburg noch beliebt im George-Kreis, hat auch eine intime Freundschaft zu Norbert von Hellingrath, der Hölderlin neu entdeckte. Man schreibt sich Gedichte, feiert *orphische* Feste, und Sieburg wird sich später sehnsuchtsvoll an Abende im Palais der Münchner Salonnière Elsa Bruckmann erinnern, bei der er Hugo von Hofmannsthal und Rainer Maria Rilke kennengelernt hat. Die Crème des Geistes traf sich vor dem Ersten Weltkrieg in ihrem Kulturtempel, Thomas Mann, Walther Rathenau, Harry Graf Kessler, Friedrich Gundolf, Karl Wolfskehl und Dichterfürst George.

Doch die schönen Tage sind plötzlich vorbei. Was immer der Grund für den Rückzug der Jünger gewesen sein mag – begriffen hat Sieburg nur, dass er nicht mehr gewünscht ist. Ja, er war nach Rom gereist, einfach so, ohne sich abzumelden. War er zu selbstständig? Müsste er demütiger sein? Weniger selbstbewusst? Dabei haben die Freunde seine Gedichte doch so schön gefunden:

Wir knien vor der flamme im kreis
Und heben die häupter auf ihr geheiss
Wir sehen den tag und den himmel so licht ...

George soll mahnend von der Diskrepanz zwischen Sieburgs Poesie und seinem Leben geredet haben. Und die Jünglinge wissen wohl, was das bedeutet. Trennung. Und sie trennen sich. Schreiben auch anklagende Briefe an ihn. Und der Verstoßene schreibt zurück, dass er so geweint habe und legt ein Trauerpoem mit hinein. Aber vielleicht war Sieburg, trotz seiner Sehnsucht nach einem höheren Wesen, einfach zu gesund. Harro Zimmermann schreibt, dass die meisten George-Anwärter und Jünger ziemliche Schwierigkeiten mit sich selbst hatten: *Ich-Zerrissenheit und Versagensängste, verzagte oder verdrängte Homophilie, Impotenz, Sinn- und Wurzellosigkeitsgefühle, tiefe Depressionen* seien ihre persönlichen Defizite gewesen.

Die Jüngerschar, die sich um George versammelt hat, vor allem die Novizen, sind auffallend schöne junge Männer, einige fast noch Knaben, die auf Fotografien in weißem Hemd und schwarzer Hose hinter ihrem sitzenden Meister liebevoll aneinander geschmiegt den sehnsuchtsvollen Blick in Richtung Ewigkeit schweifen lassen. Auch auf dem berühmten Kostümfest-Foto mit George als Dante, der seinen Arm um Maximilian im Gewand eines Florentiner Edelknaben legt, immer schauen sie erhaben, fallen nie aus der Rolle, sind die Rolle. Und Sieburg schien aus der Rolle gefallen zu sein. Man begegnet dem Gottgleichen nicht mit Kühnheit und schon gar nicht von Lehrling zu Meister. Hier wird das gelebt, was George sich als den idealen Staat vorstellt, als Vorbild für ein deutsches Reich, treu dem mystischen Lenker ergeben. Und *keineswegs ist darin so etwas verkörpert wie eine Demokratie*, schreibt Zimmermann, *ein laissez faire der Sitten kennt man hier nicht*. Alles sei vielmehr als Weltgesetz vom Ethos des Dienens durchtränkt.

André Gide, der Georges Werk bewunderte, *wenn es mir gelingt, es zu verstehen*, frühstückt am 7. April 1908 in Paris mit ihm. Und was er sieht, beschreibt er im Tagebuch in einem eindrucksvoll amüsanten Kleinportrait. Sein Teint sei bläulich-weiß, die Haut abgespannt, *tadellos rasiert; üppige und starke Mähne, noch mehr schwarz als grau und glatt zurückgeworfen*. Seine Hände seien die eines Rekonvaleszenten, *sehr fein, blutleer, sehr ausdrucksvoll. Er spricht wenig, aber mit einer tiefen Stimme, die sich Aufmerksamkeit erzwingt*. Er trug einen Pfarrersgehrock mit einer Schalkrawatte aus schwarzem Samt, nur eine goldene Kette, an der wohl eine Uhr oder ein Monokel hing, brachte *diskreten Glanz* in all das Schwarz. Sein Französisch sei fehlerfrei gewesen, *wenn auch ein wenig ängstlich, wie es scheint*, er kannte die französischen Schriftsteller, vor allem die Lyriker, und über all das sprach er ohne sich aufzuspielen, *aber im offensichtlichen Bewußtsein seiner offensichtlichen Überlegenheit*.

George, der Erzieher der Jugend, der sagt, *was ich am liebsten tue ist drillen*, hatte sich mit den Jahren zum Führer eines geheimen, besseren Deutschland gemacht. Der Meister ist der Prophet. Er sorgt für Zucht und auch für Ordnung, diskutiert am Abend nicht länger als bis zehn Uhr, weil danach doch nur noch, wie er schreibt, *gebabbelt* würde. Und die Jünglinge sind sein Hofstaat. Frauen sind in Georges Staat nicht eingeplant, genauer: unerwünscht. Wenn die reiferen Herren in seiner Umgebung heirateten, nun ja. Aber es gibt auch Verbote, die der Meister ausspricht. Er kann es nicht verstehen, wie ein *Weibswesen* überhaupt Einfluss auf einen seiner Jünger gewinnen kann. Ehen seien doch nur für Frauen wichtig. Für Männer allenfalls, wenn sie ihre Nachkommenschaft regeln müssen. George war sicher, dass die Ehe den Gedankenkreis seiner Jünger verändern würde. Nietzsche habe auch einmal so etwas Ähnliches gesagt, erklärte er seinen Adepten, er könne sich nur nicht mehr an den Wortlaut erinnern. Aber der Tenor sei gewesen: *Er verheiratet sich, er gehört nicht mehr zu uns*.

Ab 1923 gehören die drei Stauffenberg-Brüder, wenn auch nur sporadisch, zu Georges Männerbund. Die Zwillinge Berthold und Alexander waren gerade achtzehn Jahre alt geworden, Claus Schenk Graf von Stauffenberg, der strahlende, heldische, war noch keine sechzehn. Der König unter den dreien war Bertold. Für George ein Jüngling aus Tausend-und-eine-Nacht. Er wird ihn

Die Nazis hätten sich gerne mit Stefan George geschmückt, der sich als Ahnherrn der nationalen Bewegung sah. Einbinden lassen wollte der Lyriker sich nicht. Er könne aber die »Herrn der Regierung« nicht hindern, ihn vor der Presse als Wegbereiter anzusehen.

nach einem der Märchen-Prinzen nennen: Adjip, der Wunderbare. Und es musste dem jungen Adeligen gefallen haben, dass hier ein überlegener Geist mit sakralem Wortschatz einem Aristokratismus huldigte. Nicht die Masse, die Hoheit war gewünscht, die Elite. Insofern war an den drei Grafen nicht mehr viel zu erziehen. Sie waren erzogen. Und dass in Georges Dichtung die Worte *Volk* und *völkisch* und *Blut* und *Rasse*, die *Hehren* und die *Helden* auftauchen, die am Ende ein »Geheimes Deutschland« ergeben sollen, gehörte durchaus auch zum Wortschatz der Stauffenbergs.

Claus, der jüngste, hatte bereits vor seiner Begegnung mit dem *geliebten Meister* ein Gedicht geschrieben, das dem Georgischen Elite-Ton und vor allem seinem eigenen entsprach:

Nur kleine schar ist zu der sich berufen
Nur kleine schar hat von dem hehren held geträumt
Sie schweigen stille haben nichts mit euch gemein
Sie knieen gläubig an des Meisters stufen ...

So ist in mir zu herrschen dunkles wissen
Und jugend künftig kraft und größe ahnend.
Unglaublich ist was mich bewegt
Unfaßlich ist was mich gezeugt

Zehn Jahre später, nach Hitlers Wahlsieg und der Eröffnungsfeier des neuen Reichstags, die Goebbels in der Potsdamer Garnisonkirche zum Spektakel inszeniert hatte, waren die meisten George-Jünger, auch die Brüder Stauffenberg, begeistert vom Ausgang der Wahl. Claus fand, dass der *Gedanke des Führertums*, der Kampf gegen den Geist der Großstädte, auch *der Rassegedanke* und der Grundsatz, dass Gemeinnutz vor Eigennutz gehen müsse, *gesund und zukunftsträchtig* seien.

Bis ins Jahr 1941, heißt es in Jutta Ditfurths Buch über den Adel und die Nazis, seien 270 Mitglieder fürstlicher Häuser in die NSDAP eingetreten, einige auch in die SS. Und nach 1945 wurden *immer dieselben zehn bis zwanzig Adeligen genannt, die zu den »Helden« des 20. Juli gehört haben oder haben sollen.* So sei der Eindruck erweckt worden, dass Adelige immun gewesen seien gegen eine NS-Infizierung. Und die frühere ZEIT-Herausgeberin Marion Gräfin Dönhoff habe seit 1946 in ihren Artikeln und Büchern alles *zur Mystifikation des Widerstands im adeligen Milieu beigetragen.* Als der Hollywood-Scientologe Tom Cruise den Stauffenberg spielte, habe der adelige Filmregisseur Florian Henckel von Donnersmarck jubelnd prophezeit, dass Cruise *sein Superstar-Licht auf diesen seltenen glanzvollen Moment im düstersten Kapitel unserer Geschichte werfen* wird. Ditfurth zitiert dazu den Historiker Hans Mommsen: *Noch in den Vernehmungen durch die Gestapo vertraten viele Verschwörer die Auffassung, dass die Grundsätze des Nationalsozialismus ... an sich gut gewesen seien,* sie wurden nur von den Machthabern *schmählich verraten.*

Und der 64-jährige Meister? Sein früher Gefährte, der legendäre Karl Wolfskehl, dem George intellektuell am meisten zu verdanken hatte, den sie den »Zeus von Schwabing« nannten und der mit seiner mächtigen Figur, dem rötlichen Vollbart, dem Vergnügen an Frauen und gutem Essen so völlig aus dem Club der zarten Knaben fiel, Wolfskehl, der deutsch-jüdische Schriftsteller, Lyriker, Dramatiker und Übersetzer aus fünf Sprachen, war am Tag nach dem Reichstagsbrand in die Schweiz geflohen. Dass er sich schon früh, aus Angst vor einem Attentat, einen Revolver besorgt hatte, hielt George für übertrieben, sogar für hysterisch. Aber er hatte sich eben immer distanziert zur Politik verhalten. Seine Rolle hatte George als Wegweiser eines neuen Deutschland gesehen, als Anführer einer Elite, die dann allerdings eine Horde geworden ist. Er ahnte offenbar nicht einmal, wie Recht Wolfskehl hatte, der wohl auch an Walther Rathenau und Maximilian Harden dachte. Dass man ihm mit seiner Flucht aus Deutschland Verrat an Georges Gedankenbau eines idealen nationalen Reichs vorwarf, kränkte ihn zutiefst, und er ersann für seine Haltung den großen Satz: *Wo ich bin ist Deutscher Geist.* Thomas Mann wird diesen Satz am 21. Februar 1938, dem Tag seiner Ankunft in New York, leicht verändert populär machen. Er diktiert ihn den wartenden Journalisten in ihre Notizblöcke: *Wo ich bin, ist Deutschland.*

Stefan Georges fehlende Empathie für Wolfkehls Sorgen hing auch mit seinem latenten Antisemitismus zusammen. Sicher gäbe es Einzelschicksale, sagte er und meinte damit ja wohl die Attentate und vielen Morde, aber so schlimm werde es schon nicht kommen. Das war Georges Standpunkt bis zum Tod am 4. Dezember 1933. Und die üblichen Vorurteile, die Klischees, dass Juden die Weltherrschaft anstrebten, viel zu geschäftstüchtig seien und am besten verkaufen könnten und immer irgendwie am schnellsten zu Geld kämen und dass man es ihnen trotzdem nie recht machen könne, diese Ressentiments hatte George nie abgelegt. Warum auch. Er habe in seinem Leben so viele jüdische Freunde gehabt, da müsse er sich um die *Judensach* der Nationalsozialisten nicht kümmern.

1933 war nun das Buch »Es werde Deutschland« von Friedrich Sieburg erschienen. Und er, der zwanzig Jahre zuvor aus dem Kreis des Göttlichen verstoßen worden war, hatte inzwischen Karriere gemacht, war Auslandskorrespondent geworden in Paris und London für die renommierte »Frankfurter Zeitung«. Mit seinem Buch »Gott in Frankreich?« hatte er sich 1929 noch als Nolens-volens-Europäer einen Namen gemacht, hatte *die Träne verewigen* wollen, mit der er *von einem eigensinnigen und überholten Frankreich Abschied* nahm, bevor er sich *ohne Begeisterung für die europäische Gemeinschaft einschreiben* lassen wollte. Eine Europäische Union, die mit dem Völkerbund zusammenarbeiten sollte, war die unvollendete Idee des französischen Premierministers Aristide Briand, der damit seiner Zeit weit, weit voraus war.

Und Sieburg? Hochgebildet, im Ton gelegentlich noch der versunkenen Welt seines charismatischen Abgotts gedenkend, schreibt er in seinem Frankreich-Buch über Rimbaud und den Schneider Dior, über Manet und den legendären Meisterkoch Auguste Escoffier, über Napoleon und die Unfähigkeit der Franzosen, jemanden über sich dulden zu können. Nein, nur sie sind die Führer. Jeanne d'Arc hatte es ihnen vorgemacht. Da spricht der selbsternannte unwillige Europäer. Und doch hat er so viele gute Gründe, die Frage nach Gott in Frankreich zu stellen. Ein Grund: *Weil ich schwach genug bin, mich in einem altmodischen und unordentlichen Paradies lieber aufzuhalten als in einer blitzblanken und trostlosen Musterwelt.*

Doch in die schreibt er sich 1933 mit seinem »Es werde Deutschland« hinein. Rein in die braune Musterwelt grölender und hackenknallender Hakenkreuz-Patrioten. Von deren Auftreten distanziert er sich zwar verbal, ist auch gegen den Antisemitismus der Nationalsozialisten. Nur ohne ihn könne *die Morgenröte der Nation sichtbar werden*. Die Rasse habe nichts mit einer erfolgreichen Nation zu tun. Wegen dieser Passagen wird das Buch drei Jahre später von den Nazis verboten und vom Markt genommen. Doch noch ist der Karrierist umworben, denn er hatte sich zu ihren Gedanken hinaufgeschrieben. Nur stilistisch ist der kultivierte Sieburg ihnen überlegen. Das aber macht seine Vorstellungen nicht erträglicher. Deutschland müsse sich endlich in seiner *schöpferischen Dämonie* wieder auf seine ewigen Werte besinnen, auf seinen soldatischen Geist, auf *Radikalität* und produktive *Unberechenbarkeit*. Der *Wehrgedanke* entspreche nun einmal der deutschen Natur. Und es gehe auch nicht mehr um das Ego, sondern um das Wir, die Gemeinschaft. All diese Gedanken seien von den Intellektuellen leichtfertig aufgegeben worden. Das schreibt der Intellektuelle auf seinem Egotrip ins germanische Reich. Und sein Frankreich macht er klein, Frankreich könne das, *was geschehen muss, nicht aufhalten, höchstens verzögern*. Und er fügt zynisch hinzu: in der Rolle einer Insel, dem *Zufluchtsort für die Emigranten der großen Weltverwandlung*. Als das Buch Anfang 1933 erscheint, ist Paris bereits voll von Emigranten. Und es sind viele Kollegen von Sieburg dabei, auch alte Freunde, die nun keine Freunde mehr sind. Allen voran Walter Hasenclever, der sich den Paladin eines erwachenden Volkes aus seinem Herzen gerissen hat. *Hinab in den Orkus*, hat er ihm zugerufen. *Sonne dich im Ruhm der allgemeinen Verachtung.*

Die Verachtung muss Sieburg ertragen. Sein alter Freund Rudolf Leonhard, der damals in Paris den Schutzverband deutscher Schriftsteller im Ausland mitbegründet hatte und ihr Vorsitzender war, schreibt in »Le Monde« über den Abtrünnigen: *Überlassen wir ihn seiner Selbstverachtung, die stets die Ergänzung seiner Eitelkeit und krankhaften Hoffart war, jenes morbiden Schmerzes, den man so leicht in seinen Zügen liest, falls man in den Pariser Straßen seinen Weg kreuzt.* Der deutsch-jüdische Schriftsteller Franz Carl Weiskopf bescheinigt Sieburg, eine Salonausgabe von Hitlers »Mein Kampf« geschrieben zu haben. Für die Emigranten ist er nun der Herold des NS-Regimes geworden, ein Parteigenosse Hitlers, der mit fliegenden Fahnen die Seiten gewechselt hat. Lion Feuchtwanger beschreibt in seinem Roman »Exil«, der unter Emigranten in Paris spielt, einen *höchst kultivierten, raffinierten, mit allen Ölen der Bildung und des Intellekts gesalbten* Opportunisten Erich Wiesener – alias Friedrich Sieburg. Der pflegt seine Artikel in einem kostbaren, schwarzen Schlafrock zu schreiben, in dem er aussah wie *ein Mittelding zwischen einem römischen Kaiser und einem Samurai.* Und dieses Mittelding, das *so delikat, so highbrow* schreiben konnte, sei von jeher in die Macht verliebt gewesen. *Er hat Witterung dafür gehabt, wo Macht ist, und wenn die andern an den Nazis nur die Lächerlichkeit gesehen haben, so hat er von Anfang an durch diese Lächerlichkeit hindurch ihre Kraft erkannt.* Thomas Mann, der in St. Gallen eine Lesung in der Aula der Handelshochschule hatte, plaudert anschließend noch im Hotel *bei Thee, Sandwiches und Bier* mit den Veranstaltern über Sieburg, der ein paar Tage vor ihm gelesen und erklärt hatte, *der Deutsche brauche die metaphysische Legitimation der Führung, Hitler fühle sich als von Gott eingesetzt.* Für ihn ist der Autor ein Agent des Propaganda-Ministeriums. Und Tucholsky, der Weggefährte von einst, schreibt im Mai 1933 an Hasenclever: *Lieber Freund, uns haben sie falsch geboren.* Beinah alle in Deutschland fielen um. Weil man sie mieten kann. Wie Sieburg, der es nicht ertragen könne, *außerhalb der Salons zu stehen*. Das Deutschlandbuch, schreibt er verächtlich, *scheint das äußerste an Scheiße zu sein, an abgelegtem George-Pathos*.

Vielleicht war ja noch immer dieses Pathos Schuld daran, dass Sieburg glaubte, Heinrich Heines Poesie zeige die Schwäche der jüdischen Rasse, weil sie sich nicht zwischen Kunst und Journalismus entscheiden könne. Wer einer Gottheit wie George erlegen war, dem hätte Heine wohl verziehen. Wenn nicht, hätte er ihm vier seiner Zeilen über Bücher, die man nicht schreiben sollte, geschickt:

Solche Bücher läßt Du drucken!
Teurer Freund, du bist verloren!
Willst du Geld und Ehre haben,
Mußt du dich gehörig ducken ...

Sieburgs Ruf war bei den alten Freunden ruiniert. Auch weil er in Paris der Tageszeitung »Excelsior« ein Interview gegeben und von seinem Besuch bei Adolf Hitler erzählt hatte. Der habe den *besten Eindruck* auf ihn gemacht. An seiner Friedenspolitik könne kein Zweifel sein. Für die NSDAP sei es nun wichtig, eine Versöhnung zwischen Arbeitern und Intellektuellen und den Nationalisten herbeizuführen. Wenn das gelänge, werde der Klassenkampf endgültig vorbei sein. Und was die antisemitischen Exzesse betrifft, das seien *revolutionäre Übergangsmaßnahmen*, die schon am Abflauen seien. Und auch da gäbe es natürlich Übertreibungen und Verfälschungen. Und er selber? Sei nie besonders liberal gewesen. Und angesichts der Ereignisse in Deutschland habe sich seine Entwicklung *nach rechts verstärkt*.

Einen Monat später, am 5. Mai 1933, bekommt Stefan George ein Angebot vom neuen Reichsminister für Wissenschaft, Erziehung und Volksbildung, dem Nationalsozialisten und Studienrat a. D. Bernhard Rust. Der hat die Preußische Akademie der Künste gerade von politischen und jüdischen *unzuverlässigen Elementen* gesäubert. Der Anlass dazu war schnell gefunden. Käthe Kollwitz und Heinrich Mann hatten vor den Reichstagswahlen noch einen Appell des Internationalen Sozialistischen Kampfbunds unterschrieben, um die Nazis vielleicht noch zu verhindern und damit am Ende auch die Unabhängigkeit der Akademie zu retten. Also hatte Reichskommissar Rust gedroht, wegen der beiden werde die Sektion Dichtkunst aufgelöst. Es sei denn, sie würden austreten. Die Bildhauerin trat aus, und Heinrich Mann, den Vorsitzenden der Dichter, drängten die neuen Herren zum »freiwilligen« Austritt. Als dann noch eine von Gottfried Benn entworfene Loyalitätserklärung mit »Ja« oder »Nein« beantwortet werden musste, verließen vierzehn Autoren die Akademie, darunter Thomas Mann, Alfred Döblin und Ricarda Huch.

Da kommt nun Stefan George ins Spiel, denn die dichtenden Neueingänge in der Akademie sind allesamt ohne Glanz und Gloria. Man brauchte dringend einen Namen, der strahlt. Ernst Morwitz, der deutsch-jüdische Schriftsteller und Jurist, der George schon seit seiner Schulzeit kennt und jetzt als Gerichtsrat in Berlin lebt, wird beauftragt, den Großdichter zu fragen, ob er bereit sei, in die Preußische Akademie einzutreten. Man wisse natürlich, dass er eine Arbeit in der Akademie immer abgelehnt habe, man hätte aber eine Form gefunden, mit der George sich arrangieren könnte. Und der Minister erklärt Morwitz – der zwei Jahre später von den Nazis zwangspensioniert wird und emigriert – dass man an eine Ehrenstellung gedacht habe, ohne alle Verpflichtungen. Vor der Presse möchte man nur den Dichter *als Ahnherrn der jetzigen Regierung bezeichnen*. Bei einer positiven Antwort würde George ein persönliches Schreiben vom Reichspräsidenten oder vom Reichskanzler bekommen. Und einen Ehrensold würde es selbstverständlich auch geben.

Morwitz wusste, dass George für ministerielle Schmeicheleien und finanzielle Zuwendungen unempfänglich war, schreibt der George-Biograf Thomas Karlauf. *Aber er wusste auch, dass er im neuen Staat viel Positives entdeckte*. Und der kluge Jurist Morwitz, der zu dieser Zeit offenbar der *Liebste* von George war und nicht wollte, dass sein Meister *in die braune Falle tappte*, wie Karlauf schreibt, gibt er George einen Text vor, mit dem er sich aus der Affäre ziehen konnte. *Der Minister könne ja vor der Presse sagen, dass die Regierung Dich als Wegbereiter ansehe – das könntest Du nicht verhindern, da ja jeder die Werke eines Dichters nach seinem Wunsch auslegen könne …*

George wird sich an die Vorschläge von Morwitz halten, schließlich wollte er immer nur Initiator, nie Teil einer Bewegung sein. Er wird erklären, dass er weder einen Posten noch einen Ehrensold annehmen werde. Er habe seit beinahe einem halben Jahrhundert *deutsche dichtung und deutschen geist* verwaltet und dazu keine Akademie gebraucht. Die *ahnherrschaft der neuen nationalen bewegung* will er nicht leugnen, auch seine *geistige mithilfe* schiebe er nicht zur Seite. Doch die Gesetze des *geistigen und politischen* seien sehr verschieden … *Ich kann den herrn der regierung nicht in den mund legen was sie über mein werk denken und wie sie seine bedeutung für sie einschätzen.*

Georges Antwort wird am 10. Mai 1933 von München nach Berlin geschickt. Am Ende dieses Tages, kurz vor Mitternacht, werden auf dem Münchner Königsplatz bei strömendem Regen und auf dem Opernplatz in Berlin, ebenfalls bei Regen, von johlenden Studenten die Bücher der größten deutschen Autoren auf Scheiterhaufen verbrannt: Kurt Tucholsky, Ernst Toller, Walter Hasenclever, Bert Brecht, Erich Kästner, Alfred Kerr, Heinrich und Klaus Mann, Erich Maria Remarque, Frank Wedekind, Johannes R. Becher, Joseph Breitbach, Max Brod, Theodor Wolff, Alfred Döblin, Lion Feuchtwanger, Egon Erwin Kisch, Robert Neumann, Hermann Kesten, Arnold Zweig und Stefan Zweig, und … und … und …

Und Sieburg macht seinen Weg. In Paris ist er für die Nazi-Außenpolitik ein wichtiger Aktivposten, ein Mann, der für das Reich einen guten Eindruck macht. Im Dezember 1938 kommt Joachim von Ribbentrop, Reichsaußenminister und SS-Ehrenführer, in Cut und Chapeau Claque nach Paris, um einen Freundschaftspakt zwischen beiden Ländern abzuschließen. Da erzählt Carl Zuckmayer, dass er sich spät abends, nach dem offiziellen Empfang, mit Sieburg in einem Pariser Café getroffen habe. Sieburg, noch im Frack, setzt sich mit ihm in eine Ecke, wo sie ungestört und unbeobachtet sind. Sie trinken Cognac. Und Sieburg habe sich *in einem Zustand von exaltierter Verzweiflung* befunden. So hätte Zuckmayer ihn noch nie erlebt. *Man sollte sich umbringen bevor man umgebracht wird – man sollte sich totsaufen – Morphium nehmen – wozu lebt man noch hier.*

Und dann habe er ihm *mit einem ungeheuren Ausbruch von Ekel und Scham und Abscheu* erzählt, wie abgrundtief verlogen dieser Verbrüderungsempfang gewesen sei, der von der deutschen Delegation mit Arroganz und Heimtücke geführt worden war. Eine Komödie hätten sie mit kaum verhülltem Spott gegenüber den französischen Staatsmännern aufgeführt, nur Machtgier, Gewissenlosigkeit, geistige Verrottung. Sieburg sei totenblass gewesen, der Schweiß hätte ihm auf der Stirn gestanden, *er wirkte wie ein Selbstmörder*, schreibt Zuckmayer. Und wieder und wieder murmelte er: C'est la guerre, c'est la guerre. *Hier war wirklich ein Mann mit seinem Teufel konfrontiert.* Und er trank einen Cognac nach dem anderen. Dann sei er plötzlich aufgesprungen, hätte ihn umarmt und geflüstert: *Mensch – wie ich Dich beneide.* Und weg war er. Er musste in jener Nacht ja noch seinen Text für die »Frankfurter« schreiben. Am nächsten Tag kauft Zuckmayer sich am Étoile die Zeitung und liest den Leitartikel, *in dem die deutsch-französische Verbrüderung in den glühendsten Farben gepriesen* wurde. Weltfrieden und Weltaufbau verheißend. Und alles gipfelte *in einer Verherrlichung der Hitlerschen Friedenspolitik.*

Während des Krieges wird Sieburg im Rang eines Botschaftsrats in Brüssel arbeiten, anschließend dann im besetzten Frankreich. Dort beantragt er eine NSDAP-Mitgliedschaft, die ihm ein paar Monate später bewilligt wird. Nach dem Krieg wird er im Fragebogen der Französischen Militärregierung angeben, kein Partei-Mitglied gewesen zu sein. Er wird drei Jahre nicht publizieren dürfen und von 1956 bis kurz vor seinem Tod 1964 Deutschlands mächtigster und gefürchtetster Literaturkritiker und geschliffenster Stilist der Frankfurter Allgemeinen Zeitung FAZ sein.

Da steigt am 21. Juli 1958 der Mann auf dem Frankfurter Hauptbahnhof aus dem Zug, der 1973 sein Nachfolger werden wird: Marcel Reich-Ranicki. Er ist gerade neununddreißig Jahre alt geworden und auf der Suche nach Arbeit. Er spricht bei Hans Schwab-Felisch, dem Feuilletonchef der FAZ vor. Also Buchkritiken wolle er schreiben? Da müsse er beim Chef des Literaturteils vorsprechen, bei Professor Friedrich Sieburg. Am nächsten Dienstag solle er kommen, so gegen fünfzehn Uhr. Sieburg hatte viele Leser und viele Bewunderer, schreibt Reich-Ranicki in seinen Erinnerungen, doch auch an Gegnern und erbitterten Feinden hätte es ihm nicht gefehlt. Natürlich war der frisch aus Polen angereiste – der 1943, kurz vor der Deportation ins Vernichtungslager Treblinka, zusammen mit seiner Frau aus dem Warschauer Ghetto hatte fliehen können – für die Begegnung mit Sieburg vorbereitet. Er wusste, was dem Blatt fehlte. Und er hatte die Feuilletons des Chefs gelesen. *Melodisch schrieb er und zugleich immer exakt, er hatte eine nicht alltägliche Vorliebe für das Saloppe, andererseits auch für eine würdevolle, leicht antiquierte Ausdrucksweise*. Über seine Vergangenheit im Dritten Reich hatte Reich-Ranicki so allerlei gehört. Sicher war, dass es ihm in der Zeit sehr gut gegangen ist. *Ich hatte Anlaß genug, ihm zu mißtrauen*.

»Wer sich in dieser Stunde zweideutig verhält, wird für immer nicht mehr zu uns gehören.«

Klaus Mann schreibt einen Brief an den überzeugten Nazi Gottfried Benn, und Peter de Mendelssohn klärt diesen später über sein dubioses Emigrantenbild auf.

Als Thea Sternheim, die eine lange platonische Freundschaft mit Gottfried Benn verband, am 1. April 1932 in Berlin ihre Koffer packt und nach Frankreich emigriert, nach Paris, bekommt sie im April einen bedenkenswerten Brief von Benn. Er findet, dass jemand, der Deutschland verlässt, *nur weil es ihm schlecht geht oder weil der Betreffende fürchtet, dass es ihm darin schlecht gehen könnte, oder einfach, weil er es sich leisten kann*, so jemand könne natürlich von denen, die es sich nicht leisten können und zurückbleiben müssen und das *aus Charakter* – das unterstreicht er – auch wollen, dass also so jemand nicht mehr *mit derselben Freundschaft und Sympathie* betrachtet werden könne. Aber weil Benn ihr *menschlich u. allgemein viel zu danken habe*, möchte er sich doch, nachdem er sein Ressentiment abgestoßen habe, für die zwei freundlichen Postkarten bedanken, die er bisher nicht beantwortet habe. Er sei auch überzeugt, dass sie sich im romantischen und katholischen Milieu Frankreichs wohlfühle, es entspreche ihrem Kunstsinn. Sie liebe ja auch Goethe nicht, über den er übrigens gerade einen Aufsatz in der »Neuen Rundschau« geschrieben habe – das muss er natürlich noch loswerden – sie liebe eben *die modernen kleinen Franzosen*.

Da macht er den alten Erzfeind so klein wie sein Kollege Friedrich Sieburg, als der seine nationalsozialistische Karriere begann und Frankreich zur Emigrantenstation degradierte. Aber was heißt hier, ihre modernen kleinen Franzosen? Thea Sternheim hatte gerade André Gides Theaterstück »Saul« übersetzt, und Gide war sehr zufrieden, als er in Berlin die Arbeit mit ihr durchgegangen war. Sie hatten dann gemeinsam zu Mittag gegessen und er hätte ihr, wie sie im Tagebuch schreibt, *allerlei Graziöses* gesagt. Und weil sie danach mit Benn verabredet war, wollte Gide unbedingt mitkommen. *Benn schießt, als ich mit ihm eintrete, das Blut in den Kopf,* und er breitete, ganz gegen seine Gewohnheit, die Arme weit auseinander. Schon ein paar Tage später schickte er Gide seine Gedichte mit bewundernder Widmung. Das war im Juli 1931. In jenem Brief vom April 1932 über ihre Flucht hatte er Thea Sternheim noch rhetorisch gefragt: *Was kann ich Ihnen von hier erzählen, was Ihnen von unserem bescheidenen u. beschränkten Leben, was von unserem kalten Frühling* überhaupt von Interesse wäre. Er sei sicher, wenig oder nichts. *Sie werden auch gewiss verschont bleiben wollen von allem, was dies barbarische Land betrifft.*

Das sind bissige, boshafte Stellen. Das Land ist ja längst auf dem direkten Wege, barbarisch zu werden. Oder fühlt er sich von ihr ertappt, es gar nicht so barbarisch zu finden? Will er sie beleidigen, weil er ahnt, was sie von ihm erwarten könnte – nämlich Emigration – und härtet deshalb seinen Stahl in Sarkasmus? Thea Sternheim, die in zweiter Ehe mit dem Dramatiker Carl Sternheim verheiratet und seit 1927 wieder geschieden war, ist eine reiche Frau. Ja, sie konnte es sich leisten, zu emigrieren. Ihr Vater hatte ihr Anfang des Jahrhunderts ein Vermögen hinterlassen. Aber sie wäre auch ohne Geld geflohen, weil sie entsetzt war von dem, was in Deutschland vor sich ging. Sie war eine gebildete und emanzipierte Frau, und elegant war sie, mondän, auch das, hatte als Schülerin schon einen Briefwechsel mit dem belgischen Dramatiker Maurice Maeterlinck, sammelte Bilder von van Gogh, Matisse und Picasso, ja, sie war privilegiert, sprach auch perfekt Französisch und schrieb von 1903 bis 1971 beeindruckende Tagebücher. Und Benn hatte sie trotz ihrer großbürgerlichen Welt bewundert.

»Was für Kinder! Was für Taube! Die Revolution ist da und die Geschichte spricht. Wer das nicht sieht, ist schwachsinnig«, schreibt Gottfried Benn, als er mit dem Dritten Reich paktiert. Er meint es für alle, die glauben, der Nationalsozialismus sei nur eine Episode.

Noch sechs Jahre vor dieser Entfremdung, dieser *Abwehr aus Rassegründen, aus Religion, aus Geschmack*, war sie so beglückt über seine Gedichte, die er geschickt. *Wieder wird der Vergleich mit Rimbaud akut*, hatte sie ins Tagebuch geschrieben. *Wer in Deutschland macht Verse wie*:

Ach – Aeonenvergessen!
Schlaf! aus mohnigem Feld,
aus den lethischen Essen
zieht ein Atem der Welt …

Mitten im Ersten Weltkrieg hatte Benn die Sternheims kennengelernt. Er besuchte sie hin und wieder in ihrer Villa bei Brüssel. Blond, schlank, preußisch hätte er ausgesehen, schreibt Thea Sternheim über ihn, den Sohn eines Pfarrers, der Expressionist ist, Lyriker, Arzt für Geschlechts- und Hautkrankheiten, der an der Westfront in Feldlazaretten gearbeitet hat und im besetzten Belgien in einem Krankenhaus für Prostituierte. Da war wenig zu tun, er durfte in Zivil gehen, schrieb seine Rönne-Novellen, und mit Kokain – *O Nacht! Ich nahm schon Kokain, und Blutverteilung ist im Gange* – rauschten seine Gedichte durchs Hirn bis zur Kastration seines verhassten Vaters. Der hatte dem Sohn verboten, seiner krebskranken Mutter die unerträglichen Schmerzen mit Morphium zu nehmen. Schmerzen seien gottgegeben, hatte der Vater gesagt und nach ihrem Tod mit der nächsten Frau wieder Kinder gezeugt.

… Verfluchter alter Abraham,
zwölf schwere Plagen Isaake
haun dir mit einer Nudelhacke
den alten Zeugenschwengel lahm.

Thea Sternheim schreibt, dass er sich nie gefragt hatte, wie es 1914 zum Krieg gekommen war. Sie hatte ihn gefragt. Und der protestantische Pastorensohn hatte mit soldatischer Kühle geantwortet: *Da er einmal da ist, muss er ausgekämpft werden. Milde ist in keiner Hinsicht am Platze.* Kampf, das war für ihn Sieg oder Niederlage. Kampf hatte nichts mit Demokratie zu tun. Und Demokratie war ihm ohnehin suspekt. An diese Haltung erinnert sich Thea Sternheim Jahre später im Pariser Exil. Sie hatte im Restaurant Washington zu Mittag gegessen und war am Abend noch einmal in die Stadt gegangen, um deutsche Zeitungen zu besorgen. Sie liest von Terror und Säuberungen und schreibt ins Tagebuch: *Heinrich Mann aus der Akademie verwiesen. Ich höre noch nicht, dass Benn ihm auf dem Fusse gefolgt ist.*

Warum sollte er. Er hatte doch gerade einen großen Schritt in den Rausch der Geschichte gemacht, war als Nachfolger von Heinrich Mann kommissarischer Vorsitzender der Sektion Dichtkunst der Preußischen Akademie der Künste geworden, in die er ein Jahr zuvor gewählt worden war. Und er wollte sie unter allen Umständen erhalten, auch auf die Gefahr hin, dass die Besten austreten würden. Hitler war gewählt, und die Dichter hätten sich anzupassen. Im Augenblick, schreibt Benn, herrsche Angst und Schrecken in der Literatur. Die Verleger seien dabei, ihre *anrüchigen Bücher* nach Wien ins Depot zu schicken, und ihre Autoren säßen in Prag und warteten darauf, dass die Episode vorbeigeht. Aber dieser neue Staat sei keine Episode, die sich bald in Luft auflösen würde. *Was für Kinder! Was für Taube!* hatte er weiter an einen Freund geschrieben. *Die Revolution ist da und die Geschichte spricht. Wer das nicht sieht, ist schwachsinnig.* Egal, wie lang die Epoche dauern werde, sie wird *eine andere Menschheit, ein anderes Volk* hinterlassen.

Und so entwirft er denn im März 1933 eine Loyalitätserklärung, die jeder Autor mit einem »Ja« oder »Nein« zu unterschreiben habe. Doch da waren bereits vierzig Künstler ausgetreten, unter ihnen Ernst Barlach, Ricarda Huch, Max Liebermann, Thomas Mann und Franz Werfel. Wer aber die Erklärung unterschreibt, der ist mit einer rigorosen Gleichschaltung einverstanden: *Sind*

Sie bereit unter Anerkennung der veränderten geschichtlichen Lage weiter Ihre Person der Preußischen Akademie der Künste zur Verfügung zu stellen? Eine Bejahung dieser Frage schließt die öffentliche politische Betätigung gegen die Reichsregierung aus und verpflichtet Sie zu einer loyalen Mitarbeit ... Gerhart Hauptmann, Oskar Loerke und Georg Kaiser waren einverstanden. Danach wurde die gesäuberte Akademie mit nationalsozialistisch geübten Herrschaften aufgefüllt. Hans Grimm war dabei, der mit seinem Roman »Volk ohne Raum« berüchtigt berühmt geworden war, der SS-Barde Hanns Johst, der Rassenbekenner Börries von Münchhausen, der bald einen Tanz mit Gottfried Benn aufführen wird, dann Erwin Kolbenheyer, der von Hitler auf die Liste der *Gottbegnadeten* gesetzt wurde, wie auch Ina Seidel mit ihrem fast vierhunderttausendmal verkauften Roman »Das Wunschkind«, die ihrem Führer zum 50. Geburtstag einen »Lichtdom« dichten wird, der *bläulich zu den Sternen* ragt, und

In Gold und Scharlach, feierlich mit Schweigen,
ziehn die Standarten vor dem Führer auf.
Wer will das Haupt nicht überwältigt neigen?

Agnes Miegel neigte es lange schon, unterzeichnete – wie auch Ina Seidel – noch ein Sondergelöbnis *treuester Gefolgschaft für Adolf Hitler* und schrieb ihrem gottgesandten Erlöser Hymnen:

Laß in deine Hand,
Führer, uns vor aller Welt bekennen;
Du und wir,
nie mehr zu trennen
stehen ein für unser deutsches Land.

Diese neuen Akademiegrößen werden bald überall im Reich in die Schulen einrücken – als Aufsatzthemen fürs Abitur. Heinrich Böll erzählte, dass er im Examen früh um acht die Mendelschen

Vererbungsgesetze runterleiern musste. Und im Deutschen sei er ziemlich durchschnittlich gewesen. Im Abitur bekommt er nur ein »genügend«. Aber einem Autor hatte er ein paar Zweien zu verdanken, die er gut gebrauchen konnte. Das war Adolf Hitler. Böll hatte einen Deutschlehrer mit ironisch trocknem Witz. Und der ließ seine Schüler an den geheiligten Texten des Führers arbeiten.

Hitlers »Mein Kampf« war Pflichtlektüre, und jener Lehrer Karl Schmitz brachte seinen Sekundanern im Kölner Kaiser-Wilhelm-Gymnasium *Ausdruckskonzentration* bei. Das hieß, Hitler musste verbessert, korrigiert und verständlich gemacht werden, vor allem aber gekürzt. Aus vier Seiten mach zwei. Besser noch: eineinhalb. Also Schachtelsätze glätten und holpriges Deutsch in einen gewissen Rhythmus bringen. Ja, das hat dem jungen Böll Spaß gemacht, diese verräterische Sprache in ein anderes Deutsch zu übersetzen. *Man stelle sich das vor*, sagte er, *Texte des Führers!* Und so verdanke er dem Autor Hitler wohl *eine gewisse Eignung zum Lektor und eine Neigung zur Kürze*. 1939, zwei Jahre nach Bölls Abitur, wurde das Gymnasium aufgelöst. Es gab dort zu viele nazifeindliche Lehrer.

Hans Grimms Roman »Volk ohne Raum« war inzwischen zum geflügelten Wort der Nationalsozialisten geworden. Und die Primaner waren von ihren Lehrern, die seit 1933 mit »Heil Hitler« in die Klasse stürmten, ins neue Reich geschubst worden. Also Volk ohne Raum. Es ist die Geschichte des verarmten Jungbauern Cornelius Friebott, der nach Afrika auswandert, nach Deutsch-Südwest, um dort den Raum zu finden, den die Heimat ihm und seiner Familie nicht geben kann. Ja, sie seien nun einmal ein Land ohne Raum, schreibt ein Berliner Oberprimaner, aber darüber sollte man nicht verzweifeln. Das sei immer noch besser, als Raum ohne Volk wie in Frankreich, wo der *Geburtenunterschuß* von Jahr zu Jahr größer würde. Das sei in Deutschland nicht zu befürchten. Aber die Raumfrage sei eine Machtfrage. Wer keinen Raum habe, müsse ihn sich holen. *Und wenn es sein muss, mit Gewalt*. Sein

Schulkamerad lobt den kernigen Friebott, der in Afrika auf Engländer stößt. Aber die Engländer mögen die deutsche Art nicht, denn deutsche Art sei nun mal Fleiß, Anständigkeit und Ehrlichkeit. Und das liebe der Engländer nicht.

Im Juni 1939 brütet auch Horst Krüger, der spätere Schriftsteller, im Berliner Grunewald-Gymnasium über diesem vertrackten Schollen-Roman. *Ich erinnere mich an mein Frühwerk nicht mehr*, sagte er und fragte sich schon, ob er ein Verdränger sei. Aber ein Meisterwerk könne es nicht gewesen sein. Seine Deutschnote im Abitur sei ein kümmerliches ausreichend gewesen. Mit fünfzehn, sagte er, habe er Kolbenheyer und Grimm noch ganz gerne gelesen, diese Geschichten über *Adel und Untergang auf Agrarbasis*. Aber das war, als die Nazizeit noch wie ein *immerwährendes Turnfest* wirkte. Danach habe er Hermann Hesse gelesen, den »Demian«, und der habe den Vorhang aufgerissen. Bis zum Abitur habe er sich von seinem Taschengeld vierzehn Hesse-Bände gekauft. Hesse habe ihn durch die Nazizeit gerettet. *Und der Demian stand neben mir, stand mir zur Seite, er sagte: Nicht du, die Welt ist in Unordnung!*

Gleich nach dem Abitur studiert Krüger an der Friedrich-Wilhelm-Universität Philosophie und Literaturwissenschaften. Im September 1939 hält er ein Referat über »Die Erziehungsidee in den Romanen Hermann Hesses«. Kaum ist er fertig, zitiert ihn sein Professor und beschimpft ihn – *immerhin unter vier Augen*. Es sei unglaublich, wie er versuche, den Individualismus bei Hesse mit den Idealen des neuen völkischen Staates in Einklang zu bringen. Wenn das tatsächlich seine Überzeugung sei, dann könne er ihm nur eins raten: Melden Sie sich freiwillig an die Front. Versuchen Sie dort, in Ehre zu fallen. Sie haben keine Zukunft mehr in unserem Staat! Da hatte der Zweite Weltkrieg gerade begonnen.

Und Hermann Hesse hatte diesen Staat nur von außen beobachtet. Er lebte schon seit 1919 in der Schweiz, im Tessin. Und 1933 hatte er nicht zu den verbrannten Dichtern gehört. In den zwölf Nazi-Jahren erschienen zwanzig Titel von ihm in hohen Auflagen.

Man druckte, er wurde gelesen, galt im völkischen Literaturlexikon als *eigenbrötlerischer Dichter, der kein Verhältnis zur harten Wirklichkeit volkhaften deutschen Werdens* hat. Wie angeekelt er über die Faschisten dachte, ahnten die wohl erst, als Hesse für die schwedische Zeitschrift »Bonniers Litterära Magasin« Rezensionen über Ernst Bloch, Annette Kolb, Franz Kafka, Stefan Zweig, Alfred Polgar oder Thomas Mann schrieb. Sie alle gehörten ja zu den jüdischen, unerwünschten und verbotenen Autoren. Nun wird Hesse als Volksverräter angegriffen: *Hier sieht man, wohin einer sinkt, wenn er sich daran gewöhnt hat, an den Tischen der Juden zu sitzen und ihr Brot zu essen.* Er sei nichts anderes als ein Kulturbolschewik, der sein Land verlassen und verraten habe.

Aber auch Emigranten beschimpfen ihn. Man höre kein Wort von ihm über das Regime, er sitze bequem da unten im Tessin, und seine Bücher würden weiter von den Nazis gedruckt. In der Exilzeitschrift »Pariser Tageblatt« nennt man ihn sogar *den heimlichen Schrittmacher des Dr. Goebbels.* Denunziert von Emigranten! Hesse ist zutiefst getroffen. Seit Anfang 1933 steht sein Haus offen für Flüchtlinge. Wer war nicht inzwischen schon abgestiegen bei ihm. Martin Buber, Bert Brecht, Peter Weiss. Und Thomas Mann hätte seine *philosophische Distanziertheit von aller deutschen Politik* als außerordentlich wohltuend empfunden. Und durch seine jüdische Frau Ninon, durch ihre fliehenden Freunde und bedrängten Verwandten erlebe er doch, wie er schreibt, *die ganze Schweinerei nicht mehr blind, sondern sehend mit.* Da wäre doch jeder Protest tödlich. Und der fast 65-jährige wartet nun darauf, dass sein »Glasperlenspiel« gedruckt wird, seine Antwort auf Nationalismus und Krieg, sein Anker für alle Deutschen. Nach sieben Monaten kommt das Manuskript zurück. Goebbels Propagandaministerium hat es abgelehnt.

Als sich die gesamte Lehrerschaft der Hamburger Gelehrtenschule Johanneum 1938 zu einem Gruppenfoto auf dem Schulhof trifft, tragen vier von ihnen das Braunhemd mit Hakenkreuz am linken Arm. Der große Rest sitzt oder steht elegant da im Anzug mit Krawatte oder Fliege und Parteiabzeichen am Revers. Aber im Mittelpunkt, sagte Walter Jens, der spätere Rhetorik-Professor, Schriftsteller und Übersetzer, standen weiterhin die unregelmäßigen Verben, nicht Hitler. Aber Fahnenappell am Morgen:

Ich bin geboren, deutsch zu fühlen,
bin ganz auf deutsches Wesen eingestellt,
erst kommt mein Volk und dann die andern vielen,
erst meine Heimat, dann die Welt.

Das ging rein in den Kopf und nicht mehr raus, sagte er. Seine Schulzeit sei schon ziemlich braun gewesen. Sie haben sich mit Denunzianten herumgeschlagen und mussten die Naziliteraten lesen. Aber Schule im Krieg sei auch ein ungeheurer Schutzraum gewesen. Die Deutschstunden in der Oberprima seien allerdings grauenvoll gewesen. Studienrat F., genannt »Speckrolle« oder auch nur »das Schwein«, sah so feist aus wie von George Grosz gemalt. Und der liest mit ihnen Kolbenheyers »Das dritte Reich des Parazelsus«. Der Arzt, Alchimist, Mystiker und Philosoph wird beim völkischen Autor zur völkischen Figur, zum faustisch Suchenden, der die Deutschen mit Schrift und Sprache zu Größe verhelfen will, zum Volk, das allen anderen Völkern überlegen ist. Sie lesen Hans Grimms »Volk ohne Raum« und von Friedrich Griese »Der Saatgang« und »Der ewige Acker«. Griese ist der Verklärer der Scholle, der Prediger von Blut und Boden, der Mann, der in die gesäuberte Akademie der Künste kam, wo er den Ausschuss für das Hochschulwesen leitete. Und es gab auch noch den komischen Dichterling und Reichsjugendführer Baldur von Schirach:

Ich war ein Blatt im Raum
Und suchte meinen Baum.

Doch diesen Mief des tausendjährigen Reichs, sagte Jens, diesen befohlenen Ungeist, konnte man mit verbotenem Geist, den verbrannten Schriftstellern, wieder aus dem Kopf kriegen. Zu Hause liest er den Staatsfeind der Nazis: Thomas Mann. Er liest alles, was er von ihm kriegen kann, Erzählungen, »Tonio Kröger«, »Tod in Venedig«, die Romane »Buddenbrooks« und »Zauberberg«. Thomas Mann, der damals schon in die USA emigriert ist und seine Radiosendungen an *Deutsche Hörer!* spricht, ist für Jens der Mann, der *die grausame Kassandra-Gabe des schleierlosen Sehens* besitzt. Aber Schulzeit war natürlich auch noch mehr, war Fußball, war Jazz und Swing und Teddy Stauffer, der Mann mit dem Saxophon. Ach ja, und eines Tages erklärte ein Lehrer vor der Klasse, dass eine deutsche Moorleiche viel eindrucksvoller sei als die Koren des Erechtheions, also die Karyatiden auf der Akropolis, die das Gebälk des Tempels tragen und das Heiligtum bewachen. Als sich das herumgesprochen hatte, beantragte ein Gräzist in der Kollegenschaft, dringend für eine Griechenlandreise zu sammeln, damit der germanische Unhold an Ort und Stelle seine Moorleichen-These im Angesicht der schönen Steinfiguren zurücknehmen könne.

Jens macht im Frühjahr 1941 sein Abitur. Da war Paris schon besetzt und Hitler ließ das Unternehmen »Barbarossa« vorbereiten, den Feldzug gegen Sowjetrussland, und am 6. April hatte die deutsche Wehrmacht das Königreich Griechenland angegriffen und besetzt, und Jens schreibt eine Interpretation über Kolbenheyers Schauspiel »Gregor und Heinrich«, das Aufsatz-Thema heißt »Heinrich gewinnt das Reich«. Es geht um den Investiturstreit zwischen dem deutschen König Heinrich IV. und Papst Gregor VII. Also tiefes Mittelalter. Aber warum, sagte Jens, sollte er seine Deutsch-Abiturnote verhunzen, nur weil der Kolbenheyer ein schlechter Dichter ist? Er schließt seine *wie ich fürchte, nicht gerade kritische Deutung*, mit einem Satz von Meister Eckehart:

Wiltu den kernen haben,
so muost du die schalen brechen.

Seine Schale war längst aufgebrochen. Er hatte den für ihn wahren Literaten gefunden. Thomas Mann. Und der spricht im April 1941, etwa zu der Zeit, als Jens seinen Aufsatz schreibt:

Deutsche Hörer!
Natürlich bin ich mir bewußt, daß mit euch heute schlecht reden ist. Siegesnachrichten prasseln auf euch nieder, wie die Brandbomben der Menschenquäler, die euch regieren, auf London niederprasseln, und setzen eure Gemüter – zum mindesten diejenigen der Schwachen, Dummen und Rohen – in flammende, jeder Mahnung unzulängliche Begeisterung. Bilder schweben vor euren trunkenen Augen, die für jeden, der für menschliche Ehre noch Sinn hat, ein Grauen und Ekel sind: das idiotische und abscheuliche Bild der auf dem Berge Olympos wehenden Hakenkreuzfahne ... Und er endet nach zweieinhalb Seiten mit dem Satz: *Deutsches Volk, wieviel mehr hast du den Sieg deiner Führer zu fürchten, als ihre Niederlage!*

Doch noch schrecken die braunen Lehrer vor nichts zurück, erklärten selbst Friedrich Schiller zum Vorläufer des Nationalsozialismus, machen ihn zum Kampfgenossen Hitlers. Aber kannten sie ihn überhaupt? Durch alles, was Schiller geschrieben, weht die Freiheit. Er war ein Rebell, war vor einem Despoten und dessen Spitzeln, diesen *Insektenseelen*, aus Württemberg geflohen, musste sich sogar im Exil noch verstecken, hatte im »Don Carlos« seinen Marquis von Posa vor einem Potentaten knien lassen mit dem Satz: *Geben Sie Gedankenfreiheit.* Als mitten im Dritten Reich deutsches Publikum bei diesen Worten applaudiert, schwankt Schiller langsam in der Nazi-Gunst. Und als es dem jungen Schweizer Theologen Maurice Bavaud beinahe gelungen war, Hitler zu erschießen und der Führer ihn nach der Hinrichtung mit dem Schweizer Attentäter Tell verglich, durfte auch Schillers »Tell« ab Juni 1941 auf Hitlers Befehl nicht mehr gespielt werden. Tell verschwand von allen Lehrplänen. Und dann gab es da noch das Lied von der Loreley. Das stand festgemauert in jedem Schulbuch:

Ich weiß nicht, was soll es bedeuten,
dass ich so traurig bin;
ein Märchen aus alten Zeiten,
das kommt mir nicht aus dem Sinn ...

Deutsches Volkslied, stand unter den Versen, »Dichter unbekannt«. Denn die Verse hatte Heinrich Heine geschrieben – ein Jude.

Gottfried Benn hatte 1933 mit der Säuberung der Preußischen Akademie der Künste und der Inthronisierung nationaler Geister Ordnung geschaffen, und er fühlte sich durchaus wohl. Als Thea Sternheim in jenem Monat Mai noch einmal nach Berlin fährt, um verschiedene Dinge zu regeln, ruft sie auch den alten Freund an. Es ist nicht nur sein *Korporalston*, der sie stört, auch was er sagt, ist ihr unangenehm. Sie beendet das Gespräch. Vor der Rückreise nach Paris meldet sie sich noch einmal bei ihm, aber wieder ist sie entsetzt. Er habe wie ein Nazi gesprochen. Da legt sie auf. Und nun ist erst einmal Funkstille. Ende 1944 wird sie im Tagebuch notieren: *»Ein Volk will sich züchten« meinte Benn damals. Welche Unzucht ist aus diesem Züchtungsbedürfnis geworden.* Von allen Enttäuschungen, die 1933 auf sie niedergeprasselt sind, heißt es weiter, sei die mit Benn die grausamste gewesen. Für Kurt Tucholsky ist Benns Zeit als Literat 1933 vorbei. Er sei für ihn nur noch *ein Stück Weichkäse. Fällt auch morgen, wenn die Chinesen Deutschland erobern, auf die nächste andere Seite und läßt sich einen Zopf stehn*, schreibt er an seinen Freund Walter Hasenclever.

Benns Position war alles andere als eine Verirrung, schreibt Wolfgang Martynkewicz in seinem Buch über Benn, die Frauen und die Macht, *er sah in den Nationalsozialisten keine ungeistigen Banausen, er schätzte ihren Sinn für Schönheit, für den ›großen Stil‹, der aus ›Heroismus und Tragik‹ hervorgeht*. Und er ist ehrgeizig, steigt auf. Das erfährt Thea Sternheim, als sie Ende April 1933 mit dem Schriftsteller Hermann Kesten und seiner Frau im Café »Les Deux Magots« sitzt. Kesten erzählt, dass Gottfried Benn unter dem neuen Regime endgültig die so lang erwartete öffentliche Anerkennung erreicht haben soll, als Präsident der deutschen Dichterakademie – von Hindenburgs und Hitlers Gnaden. Thea Sternheim mag es nicht glauben, schreibt aber ins Tagebuch: *Damit wäre allerdings der beängstigende Korporalston seiner letzten Telefongespräche erklärt.*

Harry Graf Kessler trifft sich im Juli 1933 in Paris mit Käthe von Porada, geborene Magnus, Jüdin, die seit 1928 in der französischen Metropole im Exil lebt. Sie ist eine stilsichere, extravagante Dame, Journalistin, Übersetzerin, die 1924 von Max Beckmann portraitiert wurde. Sie schreibt aus Paris für die »Frankfurter Zeitung«, ist gerade aus Berlin zurückgekommen, wo sie Gottfried Benn kennengelernt hat. Das war gleich nach seiner Sprechstunde, er kam im Arztkittel durch die Tür, und trotz einer gewissen Melancholie sei er ihr in der *Meisterschaft eines Siegenden* entgegengetreten. Für ihn schien sie das zu verkörpern, was er 1913 in seinem Gedicht »V« geschrieben hat:

Vor einem Kornfeld sagte einer:
Die Treue und die Mädchenhaftigkeit der Kornblumen
ist ein hübsches Malmotiv für Damen.
Da lobe ich mir den tiefen Alt des Mohns.
Da denkt man an Blutfladen und Menstruation.
An Not, Röcheln, Hunger und Verrecken –
Kurz: an des Mannes dunklen Weg.

Und diese letzte Zeile hatte Benn ihr auch gleich nach der ersten Begegnung samt etwas Mildem und Kosmischen nach Paris geschickt. Denn *das Böse u. Grausame* gehöre nun einmal *an des Mannes dunklen Weg.* Nun sitzt Harry Graf Kessler am Nachmittag jenes 10. Juli 1933 bei Käthe von Porada, die ihm von Berlin erzählt und auch von Gottfried Benn. Ins Tagebuch wird Kessler schreiben, dass der Dichter ein fanatischer Nazi geworden sein soll, der behaupte, *die Nazi-›Revolution‹ sei ein geschichtliches Er-*

eignis ersten Ranges, eine totale Neugeburt des deutschen Volkes, die Rettung Europas, und das alles hätte er noch mit allerlei Metaphysik durchmischt.

Da bekommt Benn – es ist noch immer 1933, nun aber noch Mai – einen Brief von Klaus Mann aus dem Badeort Le Lavandou an der Côte d'Azur, wohin er geflohen war, bevor die Gestapo ihn in München hatten festnehmen können. Er sei ein leidenschaftlicher Bewunderer seiner Schriften, schreibt er an den lieben und verehrten Herrn Doktor Benn, und würde gerne eine Frage an ihn richten. Ihm seien in den letzten Wochen Gerüchte über seine Stellungnahme gegenüber den deutschen Ereignissen zu Ohren gekommen, *die mich bestürzt hätten, wenn ich mich hätte entschließen können, ihnen Glauben zu schenken.* Und das wollte er keinesfalls tun. Irritiert habe ihn allerdings, dass er, Benn, nicht seinen Austritt aus der Akademie erklärt habe. *In welcher Gesellschaft befinden Sie sich dort? Was konnte Sie dahin bringen, Ihren Namen, der uns der Inbegriff des höchsten Niveaus und einer geradezu fanatischen Reinheit gewesen ist, denen zur Verfügung zu stellen?*

Und der siebenundzwanzigjährige Schriftsteller fragt den zwanzig Jahre Älteren, wer ihn denn in der Akademie überhaupt verstehe und wie viele Freunde er verlöre. Heinrich Mann, *dem Sie wie kein anderer gehuldigt haben*, der sei doch mit Schande aus der Akademie rausgeflogen. Und sein Vater, Thomas Mann, den Benn so gern und oft zitiert habe, werde in Deutschland nur noch beschimpft. Aber Benn müsse selber wissen, was er für die Liebe seiner Bewunderer eintausche und was am Ende sein Ersatz sein würde. Und die jungen Benn-Leser, die er kenne, die lebten heute in den kleinen Hotels von Paris, Zürich oder Prag, *und Sie, der ihr Abgott gewesen ist, spielen weiter den Akademiker DIESES Staates.*

Es ist ein langer, kluger, auch emotionaler Brief. Und am Ende bittet der wohlerzogene Klaus Mann um Entschuldigung dafür, ungebeten zu ihm gesprochen zu haben. Das sei ungehörig, schreibt er, doch Benn solle wissen, dass er für ihn und einige an-

Klaus Mann schreibt 1933 aus dem Exil einen Brief an Gottfried Benn: »In welcher Gesellschaft befinden Sie sich dort?« Das fragt er, als er hört, dass Benn, der für ihn »der Inbegriff des höchsten Niveaus« ist, sich den Nazis zur Verfügung gestellt hat.

dere zu den wenigen gehöre, die sie keinesfalls an die andere Seite verlieren möchten. *Wer sich aber in dieser Stunde zweideutig verhält, wird für heute und immer nicht mehr zu uns gehören.* Er wäre ihm dankbar *für jede Antwort. Ihr Klaus Mann.*

Und da macht Gottfried Benn etwas wirklich Ungehöriges: Er antwortet auf diesen privat und vertraulich an ihn gerichteten Brief von Klaus Mann mit einem Offenen Brief, den er im Rundfunk verliest und anschließend in der »Deutschen Allgemeinen Zeitung« abdrucken lässt. Es ist sein kalkuliert platziertes Bekenntnis zum NS-Staat. Jeder soll hören und lesen, wie er denkt. Ja, schreibt er, *ich erkläre mich ganz persönlich für den neuen Staat, weil es mein Volk ist, das sich hier seinen Weg bahnt. Wer wäre ich, mich auszuschließen, weiß ich denn etwas Besseres -nein!* Denn *Volk ist viel.* Und diesem Volk verdanke er seine wirtschaftliche Existenz, seine Sprache, sein Leben und seine menschlichen Beziehungen, *die ganze Summe meines Gehirns danke ich doch in erster Linie diesem Volke.* Aus ihm stammten die Ahnen, zu ihm kehrten die Kinder zurück. Und da er noch auf dem Land und bei den Herden groß geworden sei, wisse er auch, was Heimat bedeutet, Erde, einfache Worte, Volk. *So kommt es, daß ich mich denen zur Verfügung stelle, denen Europa, wie Sie schreiben, jeden Rang abspricht.*

Aber jeder habe nun einmal eine andere Auffassung von Weltgeschichte, Fichte eine andere als Nietzsche. Und jeder Literat müsse sich entscheiden, für Privatliebhaberei – womit er ja wohl die Emigranten herabwürdigen will – oder Richtung auf den Staat. *Ich entscheide mich für das letztere und muß es für diesen Staat hinnehmen, wenn Sie mir von Ihrer Küste aus zurufen: Leben Sie wohl.* Und dann kommt die Gegenfrage, die er ja schon vorwurfsvoll an Thea Sternheim gerichtet hatte: Wie soll man sich an Weltgeschichte beteiligen? Indem man flieht? Und an die Adresse von Klaus Mann: *Meinen Sie, sie sei in französischen Badeorten besonders tätig?*

Und da ist es wieder, dieses kaum verdeckte Gefühl von Missgunst, dieses Bedürfnis, den Herrschaften da unten in Frankreich, in Le Lavandou oder Sanary am Meer und in der Sonne, deutlich zu machen: Ihr könnt es euch leisten, ihr sprecht die Sprache, euch geht es gut. Und Gott sei Dank, ging es ihnen manchmal auch gut, und sie hatten auch Spaß. Einmal, erzählt Robert Neumann, hätten sie alle am Vormittag in Sanary-sur-Mer zusammengesessen, Lion Feuchtwanger, Franz Werfel, Arnold Zweig, Friedrich Wolf und Ludwig Marcuse, Thomas Mann war gerade weitergezogen. *Was für ein dünner Faden Lebens, an dem wir da alle hingen,* schreibt Neumann, doch manchmal hing auch einer dran, der unglücklicherweise Neumann hieß, aber nicht d e r Neumann war, der große Parodist. Denn *will man dem »Braunbuch« glauben,* schreibt er, das Ende 1933 unter Mitarbeit von Alfred Kantorowicz und Feuchtwanger über den Hitlerterror erschienen war, *so hatten sie zu der Zeit in Königsberg einen unseligen Mann versehentlich umgelegt, weil er meinen Namen trug.* Und Robert Neumann stand damals bereits auf einer Todesliste. Aber das war nun fünf Jahre her. Der Lebensfaden war noch immer dünn, aber *wie leicht nahmen wir's, wie leicht. Ein Beispiel?*

Also da war Lola, die Sekretärin von Feuchtwanger. Und die vertraut Neumann an, Marcuse habe ihrem Chef unter dem Siegel der Verschwiegenheit erzählt, er arbeite an einer Plato-Biographie. Das dürfe er niemandem erzählen, sonst sei das Thema am Ende noch weg. Und Neumann erzählt es Wolf, und am Nachmittag waren die beiden zum Tee bei Marcuse und seiner Frau. Da sagte Neumann so zu Wolf über den Tisch hinweg: Die Metro-Goldwyn habe ihm heute geschrieben, sie planten einen Film über Plato, ob er den schreiben wolle, alleine hätte er aber keine Lust, ob Wolf mitmache? Aber ja, einverstanden, sagte der. Und Marcuse wurde weiß, stand auf und wankte aus dem Zimmer. Die beiden wollten hinterher und die Sache aufklären, aber nur Wolf, *ein Kommunist und brav,* schrieb Neumann, durfte zu ihm. Sascha, Marcuses Frau, sagte, er habe einen Tobsuchtsanfall, und auf Neumann wolle er seine beiden Bulldoggen loslassen, die ihn in Stücke reißen würden. Er solle lieber einen strategischen Rückzug antreten. Ein tausendjähriges Reich ging darüber hinweg. Als die beiden sich wiedertrafen, wollte Neumann wissen, ob Marcuse die Doggen tatsächlich auf ihn gehetzt hätte. Bulldoggen? Er habe im Leben nicht mal einen Mops gehabt.

Aber lebensgefährlich blieb es für sie alle dort unten. Einmal ging Neumann mit Werfel spazieren. Vor dem »Café de la Plage« stand eine Gruppe Franzosen. Die hörten jemandem zu. Auch Arnold Zweig und Feuchtwanger standen schon da. Im Bistro lief das Radio. Hitler redete. *Jeder seiner Sätze unterbrochen, überlärmt von einer sieg-heilenden Horde.* Und immer, wenn dieses *Tiergeheul* losging, fragten die Franzosen die vier Deutschen: Qu'est-ce qu'il a dit? Was hat er gesagt? Sie versuchen zu übersetzen, aber zu schnell geht das Gebrüll schon wieder los. Werfel sagte schließlich nur noch vier Worte: *Das ist der Teufel.* Und er schrieb dann ein Buch über die katholische Bernadette, Zweig setzte sich nach Palästina ab *und schrieb ein sehr deutsches Buch vom Beil von Wandsbek, und ich,* schreibt Neumann, *saß alsbald wieder in England und vollendete mein sehr jüdisches von den Wassern von Babylon.* Marcuse verschlug es nach Amerika, wo er seinen Plato schrieb, den ihm niemand wegnahm.

Und Klaus Mann hatte damals in Amsterdam schon seinen sehr deutschen »Mephisto, Roman einer Karriere« geschrieben. Im »Wendepunkt« wird er über Gottfried Benns Antwort auf seinen Brief, diese *zürnende Epistel,* nur schreiben: *Der inspirierte Lyriker, der intellektuelle Nihilist und Fortschrittsfeind fand schöne Worte zum Lobe des »Neuen Staates«.* Aber für Klaus Mann und alle anderen Verräter hätte es nach Benns öffentlicher Replik rhetorische Hiebe gehagelt. Manns Jugendfreund W.E. Süskind habe sich nur taktvoller ausgedrückt. Er fragte aber an, ob er, Klaus, denn seinen ganzen Humor verloren hätte. Und wieso er politisch so indoktriniert sei. Er klänge ja wie der alte Cato. Und dann habe der Freund ihn zurück nach Deutschland locken wollen, habe geschrieben: Komm! Alles sei wahnsinnig interessant im Augenblick, man diskutiere, experimentiere, *es ist etwas los, warum schließt Du Dich aus?* Wenn es wirklich so arg wäre, wie Klaus glaube, dann würde er, Süskind, doch nicht bleiben, und ihn schon gar nicht auffordern zu kommen. Also ihm könne er wirklich vertrauen. *Sei nicht eigensinnig! Komm!*

Ach, auch er hatte keine Ahnung, hatte nicht verstanden, worum es überhaupt ging. Er schrieb ihm nur kurz zurück, solange Hitler da sei, würde er nicht kommen. *Du magst es für Eigensinn halten.* Angst spielte nur eine sekundäre Rolle. Und zu den rassisch Verfolgten konnte er sich auch nicht unbedingt zählen, seine Erbmasse sei zwar nicht einwandfrei, aber vielleicht würde er in dem neuen Staat als *Arier zweiter Klasse* durchgehen. Die Nürnberger Gesetze gab es noch nicht, und die mörderische Phase des Antisemitismus war 1933 auch noch nicht angebrochen. Und die politische Vergangenheit? Ließe sich eventuell richten. Man konnte ja zu Kreuze kriechen. Er könnte sich schon vorstellen, wie Goebbels nicht nur ihn, sondern am liebsten die ganze Familie wie eine Trophäe präsentieren würde, wenn sie wieder angekrochen kämen.

Aber darum geht es doch gar nicht. *Es ging um den Ekel. Der Ekel hätte uns getötet, der Ekel an der eigenen Erbärmlichkeit,* schreibt er. *Die Luft im Dritten Reich war für gewisse Lungen nicht zu atmen. In der Heimat drohte Erstickungstod.* Und den Gestank verbreitet Hitler. Durch ihn werde Deutschland zur Kloake. Eine Pest ist er, die man meiden und bekämpfen muss. Er beginnt mit seinem Kampf im September 1933. Da gibt Klaus Mann im holländischen Querido Verlag das erste Exemplar der Exilzeitschrift »Die Sammlung« heraus. Und die geflohenen Großgeister werden den Herrschaften der Preußischen Akademie zeigen, wo Geist und Intelligenz zu finden sind. Nicht mehr in Berlin. Was für ein Angriff wird das gegen die Barbarei. Brecht, Brod, Kerr und Kesten schreiben Artikel und Essays, Arnold Zweig, Feuchtwanger, Toller, Graf, Roth und natürlich Onkel Heinrich, und sein Neffe Klaus verschickt einen Brief nach dem anderen an die Literaten mit besten Grüßen auch von Thomas Mann. Hermann Kesten hat eine

Haß-Besprechung angekündigt. Er möchte sie bitte nicht zu kurz machen, schreibt Mann, er werde den Text vielleicht als Hauptbeitrag bringen. *Lassen Sie von sich hören und mich bitte nicht mit Haß warten. Auf Wiedersehen – Ihr Klaus Mann.*

Gleich nach der ersten Ausgabe der »Sammlung« schreibt Hanns Johst – Neuzugang in der Sektion Dichtkunst der Preußischen Akademie der Künste – an seinen Freund Heinrich Himmler, dass in Amsterdam das *unflätigste* Emigrantenblatt erschienen ist, und der Herausgeber sei der Spross von Thomas Mann: *Da dieser Halbjude schwerlich zu uns herüberwechselt, wir ihn also leider nicht auf's Stühlchen setzen können, würde ich in dieser wichtigen Angelegenheit doch das Geiselverfahren vorschlagen. Könnte man nicht vielleicht Herrn Thomas Mann, München, für seinen Sohn ein wenig inhaftieren? Seine Produktion würde ja durch eine Herbstfrische in Dachau nicht leiden.* Diesen Vorschlag an seinen Freund Himmler, den er *Heini* nennt, macht Johst am 10. Oktober 1933. Neun Tage später dankt Himmler für den Brief *mit der ausgezeichneten Anregung, der ich selbstverständlich nachkomme.* Beide haben keine Ahnung, dass der Nobelpreisträger nicht mehr zu ihrer Verfügung steht. Er ist bereits seit acht Monaten in der Schweiz und auf Anraten seiner Kinder Erika und Klaus nicht mehr nach München zurückgekehrt.

Und Benn, der seine Antwort auf Klaus Manns sehr persönlichen Brief schon per Rundfunk und Zeitung ausposaunt hatte, legt noch einmal nach. In seiner Rede an die literarischen Emigranten heißt es: *Da sitzen Sie also in Ihren Badeorten und stellen uns zur Rede, weil wir mitarbeiten am Neubau eines Staates ...* Und diesem Staat und seinem Volk wünschten die Intellektuellen da unten an der Küste Krieg und Vernichtung, Zusammenbruch und Untergang. Vielleicht hielten sie ja schon Ausschau in Richtung Afrika, *vielleicht tummelt sich gerade ein Schlachtschiff darauf mit Negertruppen* aus den Französischen Kolonien, die Rache nehmen sollen an einem Land, *das politisch nichts will als seine Zukunft sichern.*

Doch kein Emigrant wartet auf Schlachtschiffe. Sie versuchen, den Nazis zu entkommen, und sie schreiben. *Und warum schrieb ich meinen Roman »Mephisto«?*, fragt Klaus Mann im »Wendepunkt«. Es geht um die Geschichte des begabten Hendrik Höfgen, eines Schauspielers mit *aasigem Lächeln*, eines Karrieristen und Opportunisten im Dritten Reich, der sich mit der Naziführung einlässt und so zur Stütze der Mörder wird. Statt eines Charakters habe seine Figur *Ehrgeiz, Eitelkeit, Ruhmsucht*. Sein Roman sei eine Satire, schreibt Klaus Mann, kein Schlüsselroman, auch wenn die Figur Höfgen an seinen früheren Schwager Gustaf Gründgens erinnern mag, der vor vielen Jahren sehr kurz mit seiner Schwester Erika verheiratet war. Statt Gründgens hätte er auch eine andere Figur als Vorlage wählen können, nur diese kannte er eben durch Zufall sehr genau. Und durch die Freundschaft, auch die Vertrautheit, die einmal zwischen ihnen bestanden hat, war ihm seine Wandlung, nun am Tische des *monströsen Reichsmarschalls*, also Görings, zu sitzen, zu zechen und zu diskutieren, so, wie er es einmal mit ihnen gemacht hatte, phantastisch und kurios genug, um einen Roman darüber zu schreiben.

Den Schlüsselroman musste Klaus Mann wegen seines Freundes und Verlegers dementieren, der einen Prozess befürchtete. Aber unter Pseudonymen tauchen Vater, Schwester und Klaus Mann selbst auf, Emmy und Hermann Göring, und auch Hanns Johst. Und *Hendrik hatte zahlreiche Freunde, es gab possierliche Figuren unter ihnen. Der Dichter Pelz zum Beispiel, für dessen höchst anspruchsvolle, schwer begreifbare, auf dunkle Art hinreißende Lyrik junge Menschen, die nun größtenteils in der Verbannung saßen, sich bis zur Verzückung begeistert hatten* ... Gottfried Benn wird schon nach diesen Worten begriffen haben, dass niemand anderer als er der Pelz ist. 1937 hätte ihm Klaus Mann, wie Benn in der zweiten Selbstdarstellung seines »Doppelleben« von 1950 schreibt, den Roman mit einer *reizenden und melancholischen* Widmung geschickt. Auch seine Körperlichkeit habe er unverkennbar treffend beschrieben: *ein kleiner gedrungener Mann, mit sanften, blauen und kalten Augen, hängenden Wangen und einem dicken, grausam lüsternen Mund* … Nun ja, die letzten Wörter hätte man vielleicht weglassen können, aber es sei glossiert und in gewisser Weise eben auch ein Schlüsselroman.

Aber auf eines muss Benn dann doch hinweisen, dass dieser Pelz – angeblich Vizepräsident der Akademie – *in Hendrikshall und in allen Häusern der Prominenten* aus- und einging, wo der Whisky und die Marmelade direkt aus London bezogen wurden, wo man in Geld schwamm und alles hoch herging, also das sei nun wirklich dichterische Freiheit des Autors. *Ich ging nirgends aus und ein*, korrigiert Benn. Er sei auch in keinem Palais und auf keiner Soirée und keinem Empfang gewesen. *Wir waren nicht alle Opportunisten*. Sie hätten alle ihre Überlegungen, ihre Hoffnung und auch ihre Zweifel gehabt.

Glaubt Benn aber tatsächlich, was er dann behauptet? Dass die Autoren, die im Lande geblieben sind, ihre Posten nur deshalb weiterführten, *weil sie hofften, die Plätze für die, die fortgegangen waren, freihalten zu können, um sie ihnen zu übergeben, wenn sie wiederkamen*. Und schon kommt dem Angeschlagenen, der nach der Befreiung drei Jahre nicht publizieren darf, in seiner Verteidigungsrede noch ein Gedanke. Wenn er an das Jahr 1933 zurückdenke, müsse es doch erlaubt sein zu fragen, warum die, die Deutschland damals verlassen haben und noch immer auf die im Lande gebliebenen herabschauten, warum die *das Unheil nicht von sich und von uns abgewendet* haben? Sie waren doch so klug und weitsichtig. Und sie standen doch in der Öffentlichkeit, hatten doch Beziehungen zu Politikern, zu Botschaftern und internationalen Gremien, und das Theater stand ihnen auch zur Verfügung, und die Presse. Sie waren doch offensichtlich die Weitsichtigen. Warum also war es ihnen nicht geglückt, das Unheil von Europa und der ganzen Welt abzuwenden, bevor es nicht mehr abzuwenden war? Oder konnten vielleicht auch sie diese aufschießende neue Macht nicht erkennen? Er hatte es gekonnt.

Da ist Benn der zutiefst gekränkte Zyniker, der 1933 schicksalsberauscht für kurze Zeit der zutiefst überzeugte Nazi war, die Emigranten als Volksverräter beschimpfte und wie ein Nazi-Funktionär redete. Was hatte er in seinem Offenen Brief an Klaus Mann noch geschrieben und selbst über den Rundfunk verbreitet: Eine *herrschaftliche Rasse* – die er sich ja wünschte – könne nur aus *furchtbaren und gewaltsamen Anfängen* emporsteigen. Doch das begreife eben nur einer, der dabei ist, der es miterlebt, der mitmacht und nicht einer, der emigriert. Diese Worte im Dritten Reich ohne Not öffentlich zu postulieren, war der bitterste Verrat an den Literaten im Exil und an sich selbst. Und wenn er schon so weit dachte und die Emigranten verhöhnte, verwunderte sein skandalöser Satz *Die Armee war die aristokratische Form der Emigration* kaum mehr. Und wenn das schlimmstmögliche Ende eingetreten ist, kann ein Lyriker immer noch ein Gedicht machen.

Das Leben hat doch
keinen geraden Gang,
nie gehabt,
die Schöpfung auch nicht,
Sie brechen Ihr Leben in Stücken ab
Wie man Schokolade bricht,
plötzlich ist sie alle.

1933 aber steht Benn noch der Tanz mit dem Antisemiten Börries von Münchhausen bevor, jenem wilden Balladensänger und reinrassigen Freiherrn von Schloss Windischleuba, mit dem Goebbels auf der Weimarer Buchwoche Kaffee getrunken hatte. Da habe der Propagandaminister verraten, dass er sich schon als Student an Münchhausens herrlichen Versen begeisterte:

Das Büffelhorn, das lange geruht,
Veit Stoßperg nahm's aus der Lade,
das alte Horn, es brüllte nach Blut
und wimmerte: »Gott genade!«

Münchhausens Frau habe ihrem Gatten damals gestanden, dass der Minister *im Plauderton einfach bezaubernd* sei. Später wird der Baron dem Dr. Goebbels gestehen, dass er ihn schon immer angeschwärmt hätte und in seinem Herzen *von je ein kleines Extralämpchen* für ihn brenne. Und wenige Monate vor Ausbruch des Krieges wird er den Minister drängen, seine Aufsätze über Kunst und Dichtung zu publizieren. *Glauben Sie mir, ich bitte für zehntausende, die gleich mir immer wieder in Ihren Worten Erkenntnisse, Zielweisung – oft auch Tröstung – finden.*

Aber noch sind wir im Jahr 1933. Benn hat die Preußische Akademie der Künste auf Nazikurs gebracht und den Dichter Münchhausen als *Balladenbarde* herabgewürdigt, ihn, der vor Jahr und Tag den Hunnenzug durch den Heideschlamm gejagt: *ein Hunnenschwarm mit laut jauchzendem Ruf, dumpf donnert und poltert der Rosse Huf* ... Das war doch Münchhausens Welt: *Finsterer Himmel, pfeifender Wind, wildöde Heide, der Regen rinnt* ... Und der Herr Baron hatte allen Expressionisten den Krieg angesagt. Jeder mit gesundem Menschverstand müsse doch merken, dass es sich bei diesen Herrschaften nur um *Deserteure, Verbrecher, Zuchthäusler* handeln könne. Und der gefürchtete Rasse-Forscher weiß natürlich auch, warum der Expressionismus nicht zum deutschen Wesen passt, weil er eine jüdische Erfindung ist. Und weil Benns Frühwerk dem Expressionismus zuzuordnen ist, droht der dem Balladenmann per Brief folgenreiche Schritte an, wenn er nicht *innerhalb kürzester Frist* erkläre, dass die Beleidigungen nicht ihm, Benn, gegolten haben. Aber nein, antwortet Münchhausen, davon könne keine Rede sein, ihn persönlich habe er mitnichten gemeint.

Und knapp drei Monate später schreibt der Herr Baron an die »Union der nationalen Schriftsteller« – einer Gesellschaft für Nazidichter – dass er dort nicht eintreten werde, weil der Vizepräsident Gottfried Benn ein *reinblütiger* Jude sei. Nun hätte Benn kühl darüber hinweggehen können. Er war Ende vierzig, und von einem Juden Benn war nie die Rede gewesen. Aber für ihn war es eine existentielle Bedrohung. Er fing sogleich an, sich zu verteidigen. *Ich schrieb ihm, daß ich reinblütiger Arier sei und meine Familie bis 1704 in den Kirchenbüchern stände, seit 100 Jahren gar als evangelische Pfarrer.* Das schrieb Benn im Frühjahr 1934 in der ersten »Selbstdarstellung« seines Buchs »Doppelleben«. Die zweite wird er nach dem Krieg schreiben.

Im »Lebensweg eines Intellektualisten« geht Benn gleich zu Beginn auf Ahnenforschung. Ja, sie seien ins Zeitalter der Genealogie eingetreten: *Gestehe, träumerischer Mischling, öffnen Sie einem treuen Freund Ihr Blutmysterium ...* Aber so leicht diese Introduktion klingt, so schwer nimmt er den Fall, der für ihn im höchsten Maße degradierend und im Dritten Reich äußerst problematisch ist. Er ein Jude? Das hieße Exil. Aber er sei doch ein Jude – habe Münchhausen noch einmal erklärt. Sein genealogischer Instinkt sei nun einmal untrüglich. Geradezu triebhaft empfinde er Benns Judentum. Und erst seine Gedichte! Das seien doch *typische jüdische Meisterwerke*. Aber Benn solle ihn nicht missverstehen, er, der Baron, liebe die Juden, und er habe gar nichts *gegen das Kulturelement der Hebräer*. So schaukelt sich der angegriffene Benn in seine Verteidigung hinein.

Ach, die Erbmasse. Zu 50 Prozent trage er die Mittelmeerwelt in sich, *hundertprozentiges, unverfälschtes, noch nie durchkreuztes romanisches Blut*. Durch die Mutter. Der Vater war Pfarrer und Sohn eines Pfarrers. Also reine Protestanten. Und er, der das Germanische und das Romanische in sich vereine, sei zwischen Bauersöhnen und Adelssprösslingen aufgewachsen. Am zweiten Ostermorgen schlug man sich stets mit frischen Reisern wach. »Ostaras Wecken« hieß das. Ostara, germanische Frühlingsgöttin, alter heidnischer Brauch. Also der Name Benn habe überhaupt nichts mit der hebräischen Silbe ben, gleich Sohn, zu tun, was Rasseforscher Münchhausen in seiner *Instinktphilologie* erwähnte. Reiner Dilettantismus sei das. *Es gibt auf der ganzen Welt keine Juden, die Benn heißen*, schreibt Benn, und hinter dem hebräischen ben müsse immer ein Name stehen. *Sich vorzustellen, daß man einen Juden nur ben nennte, wäre genauso, als wenn man bei uns jemanden Herrn »von« nennte, ohne den nachfolgenden Hauptnamen.* Und die Benns, die es in England gibt, seien alle Arier. Er habe das nachprüfen lassen.

Am Ende wird es dann noch komisch: Auf der Weinkarte des Berliner Weinhauses Kempinski, schreibt Benn, stehe ein Wein, der »Dürkheimer Benn« heißt. Er habe sich gleich an die Weinfirma gewandt, dann an die deutsche Weinzeitung in Mainz, schließlich ans Bürgermeisteramt von Dürkheim, und dort erfuhr er, dass Benn und auch Hochbenn die Bezeichnung für eine bestimmte Höhenlage ist. Und Weinbau gehe ja von den Galliern bis auf die Iberer und die Kelten zurück. Und die Kelten waren weit verbreitet, kamen von den britischen Inseln, und die Benns in England, das hatte Benn inzwischen auch herausgefunden, sind einwandfreie Arier. Und so hat er denn eine gewaltige Recherche hinter sich – vom Buch über Rassen bis zum Dürkheimer Tropfen – um endlich befreit sagen zu können: Ich bin Arier.

Für einen anderen wird dieser Satz zu einer wahrhaften Demütigung. Als Benn fälschlich zum Juden erklärt worden war, sitzt der Referendar Sebastian Haffner im Lesesaal des Berliner Kammergerichts über seinen Akten. Plötzlich sagt einer im Saal: SA! Und der nächste lacht und ruft: Die schmeißen die Juden raus. Ein offenbar jüdischer Herr, schreibt Haffner, habe schweigend seine Bücher zugeschlagen, ins Regal zurückgestellt, seine Akten genommen und sei hinausgegangen. Und schon wird es laut. Jemand ruft, dass die SA bereits im Hause sei, die jüdischen Herren täten besser daran, das Gericht zu verlassen. *Sind schon raus*, brüllt einer und lacht wieder mit den anderen. Haffner dreht sich um. *Es waren Referendare wie ich.*

Dann wird die Tür aufgerissen und eine Horde brauner Uniformen bricht in den Lesesaal ein. *Mir schlug das Herz*, schreibt Haffner. *Was konnte man tun, wie wahrte man seine Haltung?* Nur keine Notiz nehmen, denkt er, guckt auf seine Akte, liest mechanisch. Da pflanzt sich ein Brauner vor ihm auf: Sind Sie arisch? Und ehe Haffner sich besinnen kann, antwortet er: Ja. Die SA-Uniform wirft einen prüfenden Blick auf Haffners Nase – und geht. *Mir aber schoß das Blut ins Gesicht. Ich empfand, einen Augenblick zu spät, die Blamage, die Niederlage. Ich hatte »ja« gesagt!* Er hatte nicht gelogen. Er war ja, in Gottes Namen, Arier. *Ich hatte nur viel Schlimmeres geschehen lassen. Welche Demütigung. Unbefugten auf Befragen pünktlich zu erklären, ich sei arisch – worauf ich übrigens keinen Wert legte. Welche Schande, damit zu erkaufen, daß ich hier hinter meinem Aktenstück in Frieden gelassen würde! Überrumpelt auch jetzt noch! Versagt in der ersten Prüfung!* Haffner war in die Bibliothek gegangen, als wäre es ein Tag wie alle Tage. Als er das Kammergericht verlässt, dieses kühle, graue Gebäude, das so vornehm entrückt hinter Parkbäumen stand, sieht man ihm nicht an, *daß es soeben als Institution zusammengebrochen war.* Und auch ihm sei nicht anzumerken gewesen, dass er eine irreparable Demütigung erlitten hatte.

Haffner erinnerte sich an den Judenboykott vom 1. April 1933. *Er wurde am Sonntag zuvor von Hitler und Goebbels auf dem Obersalzberg bei Tee und Biskuits beschlossen.* Da hatten sie den ersten Akt des Dramas »Das Dritte Reich« ausgebrütet. SA-Männer sollten sich vor jüdischen Geschäften aufpflanzen und jeden, der eintreten wollte, daran hindern. Gleichzeitig sollten jüdische Ärzte und Anwälte boykottiert werden. Und es setzte ein »Aufklärungsfeldzug« gegen die Juden ein. Da wurde den Deutschen erstmal auf Flugblättern und Plakaten beigebracht, was ein Jude ist. Er sei nämlich kein Mensch, nein, er sei ein Untermensch, eine Art Tier mit den Eigenschaften eines Teufels. Dazu wurde dann der Schlachtruf »Juda verrecke« ausgegeben. Und zum Leiter des Boykotts, schrieb Haffner, *wurde ein Mann ernannt, dessen Namen die meisten Deutschen damals zum ersten Male lasen: Julius Streicher.*

Als Haffner im Arbeitskreis mit ein paar Juristenkollegen über den Boykott debattiert und sagt, dass man die jüdischen Geschäftsleute damit ja quasi umbrächte, erwidert Holz, der schärfste der Juristengruppe, dass von Umbringen keine Rede sein könne, wenn die Leute *ordentlich und diszipliniert boykottiert würden*. Wieso das kein Umbringen sei, sagt Haffner empört. Wenn man jemanden systematisch ruiniert, wenn man ihm jede Verdienstmöglichkeit nimmt, wird er am Ende verhungern. Und jemanden absichtlich verhungern lassen, nenne er umbringen. Aber niemand verhungere doch in Deutschland, sagt Holz. *Wenn die jüdischen Geschäftsinhaber wirklich ruiniert werden sollten, werden sie Wohlfahrtsunterstützung beziehen*. Von da an wird die Diskussion heftig, und der Blick jenes Juristen *stahlhart*. Sie sprechen noch über andere Fälle, und Holz spricht von *Staatsnotwehr*. Und Staatsnotwehr, fragt Haffner, gelte dann gegen jeden beliebigen Bürger, also auch *gegen mich und Sie?* Da sagt Holz: *Gegen mich nicht, aber vielleicht gegen Sie*.

Da bekommt Haffner dann schon ein sehr mulmiges Gefühl. Und Holz doziert, es sei nun mal ein gewaltiger Akt, der sich heute in der deutschen *Volkwerdung* vollziehe. Das Wort Volkwerdung wird Haffner nicht mehr vergessen. Und er hört diesen Menschen dann auch noch sagen, dass Leute wie er, also wie Haffner, eine latente Gefahr für den Staat seien, und darüber scheine er sich offenbar nicht im Klaren zu sein. Und Haffner sagt ihm, er solle nicht drohen, sondern offen sagen, ob er beabsichtige, ihn bei der Gestapo als Staatsfeind anzuzeigen. Und da lachen die anderen Juristen, die bisher geschwiegen haben und versuchen, alles als Scherz anzusehen. Aber von Scherz kann keine Rede sein. Und der mit dem stahlharten Blick sagt: *Ich gestehe, daß ich mir seit einiger Zeit überlege, ob das nicht meine Pflicht ist*. Sonderbarerweise, schreibt Haffner, saßen sie noch wie immer einige Stunden zusammen und setzten ihre erbitterte Debatte fort. Aber die Arbeitsgemeinschaft war aufgeflogen. *Stillschweigend sahen wir von weiteren Zusammenkünften ab*. Ein paar Tage wartete Haffner noch, ob etwas passieren würde. Aber er war offenbar nicht von Holz bei der Gestapo angezeigt worden.

Und Haffner erinnerte sich auch daran, dass er kurz nach dem Judenboykott mit seiner neuen Freundin Charlie in den Grunewald hinausgefahren war. Charlie war *ein kleines, zartes und freundliches Geschöpf* aus einer kleinbürgerlichen, sorgenvollen jüdischen Familie mit vielen Verwandten. Und nun hing das Verderben über ihr. *In diesen Wochen*, schreibt er, *liebte ich sie*. Und niemand würde ihn veranlassen können, sie zu boykottieren. Sie waren also in den Grunewald gefahren. Es war ein unnatürlich warmer Frühlingstag. Und da saßen die beiden nun auf einem Mooshügel unter duftenden Kiefern und küssten sich *wie das musterhafteste kleine Filmliebespaar*. Sie saßen wohl zwei Stunden da, und alle zehn Minuten kam eine Schulklasse vorbei. Es war offenbar Schulwandertag, schreibt Haffner. Lauter *frische nette Jungen* trabten da in Begleitung ihres Lehrers an ihnen vorbei. Und jedes Mal, wenn sie auf ihrer Höhe waren, riefen ihnen die Schüler wie einen fröhlichen Wandergruß ein fröhliches »Juda verrecke!« zu. Er sehe nicht jüdisch aus, schreibt Haffner, und Charlie, die eine Jüdin war, auch nicht besonders. Also konnten sie nicht gemeint sein. *Da saß ich »auf dem Frühlingshügel«, ein kleines, zierlich-lebendiges Mädchen im Arm, das ich küßte und streichelte, und immer wieder und wieder zogen muntere wandernde Jungen vorbei und forderten uns auf zu verrecken*. Und sie zogen weiter, unbekümmert dessen, *daß wir noch nicht verreckten*.

An jenem Abend, als er aus dem Kammergericht gekommen war, ging er sofort zum Geschäftshaus von Charlies Eltern. Schon geschlossen? Alle Rollläden waren unten. Er fuhr mit der Untergrundbahn zu ihnen nach Hause. Er klingelte und klingelte. Niemand öffnete. Er ging zur nächsten Telefonzelle, rief an. Niemand nahm ab. Panik schoss durch seine Gedanken. War die SA etwa schon da? Ist Charlie abgeholt worden? Vielleicht schon auf dem Weg nach Oranienburg, wo bereits das erste Konzentrationslager entstanden war? Aber alles löst sich auf. Charlie hatte sich verspätet. Und ihre Eltern? Waren in der Klinik bei ihrer Tante, *die ausgerechnet heute ein Baby bekommen hatte, dem Gebot »Juda verrecke« frech zuwiderhandelnd*.

Gottfried Benn war von 1933 bis 1934 sein eigener, selbsternannter Nationalsozialist. Er hatte über Züchtung geschrieben, *Gehirne muss man züchten, große Gehirne, die Deutschland verteidigen, Gehirne mit Eckzähnen, Gebiss aus Donnerkeil.* Er hatte seine Sprache mit Propagandaparolen, mit »Zucht« und »Rasse« und »Volkskörper« gefüttert. Doch ein Aushängeschild wäre er für die Nazis nicht geworden. Zu unkonventionell, zu unbequem. Am Ende hatte er eher in Richtung eigenwillig interpretierten Nietzsche als in die Nähe von Hitler gedacht.

Sein Irrtum dauerte bis zum Röhm-Putsch, der sogenannten »Nacht der langen Messer«, in der mehr als hundert missliebige Nazis verhaftet und ermordet wurden. Das war ein Schock, war das Ende von Benns Deutschem Traum, war der Anfang seiner inneren Emigration, die ihm die emigrierten Schriftsteller nicht glauben wollten. Alfred Döblin wird ihn noch nach dem Krieg einen »Schuft« nennen.

1934 beginnt Benn, den »Lebensweg eines Intellektualisten« zu schreiben. 1936 flüchtet er als Oberstabsarzt in die Armee. Und das nennt er dann die *aristokratische Form der Emigration.* Fünf Tage nach seinem fünfzigstens Geburtstag steht über Benns gerade erschienenen Gedichtband im SS-Wochenblatt »Das Schwarze Korps« und im »Völkischen Beobachter« ein wüster Angriff unter dem Titel »Der Selbsterreger«. Darin wimmelt es nur so von »Ferkel« und »Schwein« und »Judenjunge« und »warmer Bruder«, und er solle sich doch zu seinen Genossen Kerr, Kästner und Tucholsky scheren.

Jetzt kann er nur noch für die Schublade schreiben. Er wird als Kulturbolschewist herabgewürdigt, wird 1938 auch aus der Reichsschrifttumskammer ausgeschlossen, und das heißt Publikationsverbot bis zum Ende des Tausendjährigen Reichs. Und doch schreibt er noch sechs Wochen vor der Befreiung an seinen Brieffreund Friedrich Wilhelm Oelze, dass er seine damalige Position im Wesentlichen noch aufrecht halte, *und dass ich auch rückblickend das Bleiben in Deutschland für das richtige halte.* Der Untergang eines Volkes sei eine ernste Sache, *die sich nicht mit literarischen Arabesken von Miami aus, auch nicht mit einem an sich vielleicht gerechtfertigten Hass abtun lässt … tua res agitur,* also dich geht es an, deine Sache wird hier behandelt.

1950 schreibt Benn dann den zweiten Teil seines Doppellebens. Er liest den Brief von Klaus Mann nach all den Jahren noch einmal. Und seine Antwort an den Emigranten – die er damals infamerweise im Rundfunk vorgelesen hatte und in der Zeitung veröffentlichen ließ – also seine Antwort sei ein Thema, das er in seinem Lebensbericht nicht umgehen wolle. Denn Klaus Mann, schreibt er, dieser weitgereiste, überaus intelligente, tadellos erzogene junge Mensch, der ihn früher gelegentlich besucht hatte, habe ihm einmal nahegestanden. Und ja, der damals 27-jährige hatte die Situation klarer und richtiger als er selbst gesehen, und seine Antwort an ihn sei *romantisch, überschwänglich, pathetisch* gewesen. Romantisch? Pathetisch? Eher war sie arrogant.

Den Brief von Klaus Mann druckt er ab. Und Benns erster Satz danach heißt: *Dies ist der Brief, niemand wird ihn ohne Rührung lesen.* Rührung ist eigentlich das falsche Wort. Eher liest man ihn mit Hochachtung vor einem so klugen und entschiedenen Nazigegner. Und Benn schreibt: »niemand« würde den Brief ohne Rührung lesen, schreibt nicht: »ich« habe ihn so gelesen. Nein, er verteidigt auch jetzt noch seine Position. Er wollte dabei sein, wenn Geschichte geschrieben wird, wollte sehen, wie ein Volk zum Phönix wird, ohne Gott, ohne Mitleid, das wollte der entfesselte Benn erleben, der an eine geistige Elite glaubte, die in Dimensionen plant, nicht in Arabesken aus Miami. Auch das war arrogant.

In seinem Doppelleben sieht er sich als Opfer. Dabei ist er nicht ohne Selbsterkenntnis, gibt Fehler zu, auch Irrtümer, aber das alles war für ihn Schicksal. Und für Schicksale ist man nicht verantwortlich. *Er entschuldigt sich nicht,* schreibt Ulrike Draesner in ihrem Vorwort, *Klaus Mann ist tot. Er hat sich, ein paar Monate vor Benns Niederschrift von ›Doppelleben‹, in Cannes umgebracht. Mit seinen unverstellten Worten im Ohr, klingt Benn auch 1950 noch – beängstigend. Ein Dichter ist nicht identisch mit seinem Werk. Zum*

Glück. Hier dichtet jemand, schreibt Dichtung und Wahrheit, in einem doppelten Buch der doppelten Buchführung.

Seine dubiose Hoffnung auf ein gezüchtetes Rassevolk war bald zerplatzt. Was aber nach dem Krieg an die Öffentlichkeit gekommen war, wird wie ein Menetekel für alle Ewigkeit an der Wand stehen: Auschwitz. Doch dieses Wort kommt im »Doppelleben« nicht vor. Gegen dieses Wort kommt Benn nicht an. Zu mächtig. Zu schrecklich. Dafür müsste er Trauer tragen. Das will er nicht. Nicht öffentlich. Er verdrängt. Und er weiß, dass er verdrängt. Er wird es mit diesem und jenem Wort in Gedichten zeigen.

Du blühst wie Rosen schwer in Gärten allen,
Du Einsamkeit aus Alter und Verlust,
Du Überleben, wenn die Träume fallen,
zuviel gelitten und zuviel gewußt.

Als Benns »Doppelleben« 1950 erscheint, leitet der Journalist Thilo Koch im selben Jahr eine Rundfunkdiskussion im SFB mit Gottfried Benn und Peter de Mendelssohn über das Thema »Die Schriftsteller und die Emigration«. Benn liest mit seiner sehr ruhigen, warmen Stimme, die nur manchmal einen scharfen Klang bekommt, wenn er fürchtet, auf Widerspruch zu stoßen. Er liest die Passage, warum er 1933 in Deutschland geblieben war, und dass es damals den Begriff der Emigration noch gar nicht gegeben habe. Dem widerspricht Mendelssohn, der Schriftsteller, Historiker und Essayist, der 1933 erst nach Wien, dann nach Paris und London emigrierte. Man hätte doch Anfang der dreißiger Jahre nur durch die Kantstraße gehen müssen, um zu sehen, dass Europa in Aufruhr war. Von überall her kamen doch die Emigranten, aus Polen, Ungarn, Rumänien, Armenien, Italien, Griechenland. Und seit 1918 dasselbe Bild in Paris und London. Emigration, sagt er, sei eine europäische Angelegenheit gewesen.

Das Hierbleiben, sagt Benn, sei doch aber zunächst nicht unmoralisch gewesen, und er fragt: Wovor sollte man denn emigrieren? Emigration, sagt Peter de Mendelssohn, sei immer eine Flucht. Man gehe von einem Ort ja nicht freiwillig fort. Man wird hinausgeworfen oder man laufe vor etwas davon. Man flieht also vor Menschen oder vor deren Ideen. Aber Mendelssohn selbst, sagt Benn, habe doch einmal geschrieben, es habe keinen Sinn zu gehen, denn man könne von außen nichts tun. Sei man erst draußen, sei man ein toter Mann. Aber das seien nicht seine Sätze, sagt Mendelssohn, die lasse er in dem Text, aus dem Benn zitiert, einen Untergrundkämpfer sagen, der im Land geblieben ist. Es sei nicht sein Standpunkt.

Dann möchte Benn ihm gerne etwas Persönliches sagen: *Sie waren ja in einer glücklichen Lage, Sie waren von Ihrer Jugend an viel im Ausland, sprachen mehrere Sprachen*, also Emigration sei für ihn leichter gewesen als für einen, der in Deutschland Beruf und Wohnung hatte. *Dieses Argument kenne ich*, sagt Mendelssohn, *es ist ein Lieblingsargument*. Es ist das einzige Mal, dass er während des Gesprächs heftig wird. Und dann erzählt er, dass er in London einmal einen Industriellen getroffen habe, der zu ihm sagte: *Ja, für Sie war es leicht, zu emigrieren, Sie hatte ja nüscht!* Er aber hätte eine Knopffabrik gehabt, Mendelssohn nur eine Schreibmaschine. Da habe er zu ihm gesagt: *Hörn'se mal, Knöpfe sind viel leichter zu fabrizieren als Bücher. Um Knöpfe zu fabrizieren, braucht man weder Englisch noch Französisch, da muss man die Knopfsprache verstehen, und die ist international*. Er aber hätte eine neue Sprache lernen müssen, um überhaupt zehn Pfennig verdienen zu können. Die Schreibmaschine sei doch nur ein Symbol seiner Unfähigkeit, etwas zu verdienen, nicht seiner Fähigkeit.

Ich hatte weder eine Knopffabrik, noch ein Bankkonto, sagt Benn, *und bin hiergeblieben*. Und nun bittet er Mendelssohn, ihm zu sagen, ob denn mehr Menschen aus Deutschland hätten emigrieren sollen. Aber nein, antwortet der, durchaus nicht. Er wünsche wirklich niemandem, emigrieren zu müssen, denn das sei unsagbar schwierig. Und was, fragt Benn, sei denn das Bitterste an der Emigration gewesen? Dass kein Mensch etwas mit einem

In einer Rundfunkdiskussion sagt Benn 1950 zu Peter de Mendelssohn, dass er im Exil ja in einer glücklichen Situation war: Er kannte das Ausland und konnte Sprachen. »Dies Argument kenne ich«, erwidert Mendelssohn, »es ist ein Lieblingsargument.« Und er klärt Benn gehörig auf.

zu tun haben wollte, sagt Mendelssohn. Viele von ihnen hätten keine Pässe gehabt, er hatte Glück, dass seiner noch für ein paar Jahre gültig war. *Ich konnte wenigstens raus.* Andere blieben gleich an der ersten Grenze hängen. *In keinem europäischen Land gab es eine Arbeitserlaubnis. In den meisten nicht mal eine Einreiseerlaubnis. Man war von den unsinnigsten Zufällen abhängig.* Das hätte sich erst geändert, als die Welt aufwachte und begriff, was in Deutschland los war und dass nicht alle Deutschen Nazis waren. Zuerst hatten die meisten sie doch für Nazis gehalten. Und die wenigsten hätten doch auch die Sprache gesprochen.

Mein guter Freund Hermann Kesten, sagte Mendelssohn in dem Gespräch von 1950, *der schreibt noch heute deutsch, obgleich er gerne englisch sprach und schrieb.* Aber er sagte auch immer: *Du hast es noch gelernt. Ich nicht.* Und mit seinem Freund Klaus Mann habe er immer wieder darüber diskutiert, ob man als Schriftsteller die Sprache wechseln könne. Klaus hätte immer gesagt, das ginge nicht. Und am Ende hat er es doch gekonnt, weil man ja gehört und verstanden werden wollte. Für mich, sagt er, gibt es keine polemische Emigration. Und nein, die Emigration war nicht vergebens. Denn es stimme nicht, wie Benn glaube, dass man von außen nichts tun konnte.

Danach liest Benn noch ein paar Sätze aus seinem Doppelleben vor: *Die erste Hälfte des Jahrhunderts ist zu Ende, die vier Jahrzehnte, in denen ich geistig tätig sein konnte, sind dahin. Und wenn man das Ganze überdenkt, überblickt, kommen Stunden, wo man müde wird, stumpf, von Apathie bedrängt.* Im günstigsten Fall sei man ein Chargenspieler gewesen. Abendfüllende Figuren seien einem nicht zugefallen. Also: *Nicht alt werden, nicht so alt, daß man noch seine eigene Leiche liegen sieht und über sie lacht.* Am Ende bleibt eine sehr persönliche, sehr bittere Lebensbilanz mit der alten, ewigen Kinderfrage nach dem »wozu?«. Und seine späte Antwort darauf steht am Ende seines wohl schönsten Gedichts »Nur zwei Dinge«, das er drei Jahre vor seinem Tod geschrieben hat:

... Ob Rosen, ob Schnee, ob Meere,
was alles erblühte, verblich,
es gibt nur zwei Dinge: die Leere
und das gezeichnete Ich.

»Wenn ich Kultur höre, entsichere ich meinen Browning.«

Hanns Johst wird Hitlers Hofdichter, und Gustaf Gründgens findet sich in Klaus Manns Schlüsselroman »Mephisto« wieder.

Alles ist strategisch vorbereitet: Hanns Johst ist seit dem 1. März 1933 erster Dramaturg am Staatlichen Schauspielhaus am Gendarmenmarkt, der ersten Adresse aller Theater im Reich. Er hat sein neues Stück »Schlageter« zum 10. Todestag des deutschnationalen Märtyrers geschrieben, hat sein Politdrama Adolf Hitler *in liebender Verehrung und unwandelbarer Treue* gewidmet, und die Uraufführung soll am 20. April 1933 stattfinden, dem 44. Geburtstag des Führers.

Wer war Albert Leo Schlageter? Er wollte katholischer Priester werden, hatte sich zu Beginn des Ersten Weltkriegs nach einem Notabitur am Humanistischen Gymnasium in Konstanz freiwillig an die Front gemeldet, brachte es zum Leutnant der Reserve und bekam für seine Tapferkeit und die riskanten Patrouillen 1918 das Eiserne Kreuz Erster Klasse. Er gab das Studium auf, schloss sich verschiedenen Freikorps an, kämpfte im Baltikum und in Oberschlesien mit riskanten Geheimdienstaufträgen. Es wurde nach ihm gefahndet, er tauchte bürgerlich unter und angriffslustig wieder auf, als er während der Ruhrbesetzung gebraucht wird. Der Abtransport deutscher Kohle nach Frankreich soll verhindert werden. Schlageter, mit falschem Pass, führt eine der Widerstandsgruppen an, die am 12. und 15. März 1923 für zwei Sprengstoffanschläge verantwortlich ist, am Essener Bahnhof Hügel und einer Brückensprengung in Kalkum, einem Stadtteil von Düsseldorf.

Es ist möglich, dass Schlageter verraten wurde, als er am 7. April in einem Essener Hotel von der französischen Polizei verhaftet wird. Er und einige Mittäter werden der Spionage und Sprengungen angeklagt. Schlageter bekennt sich schuldig, verteidigt aber seine Kameraden, und als er am 9. Mai 1923 vom französischen Militärgericht zum Tode verurteilt wird, verzichtet er auf ein Gnadengesuch, das sein Verteidiger beantragt. Revision wird abgelehnt, die Franzosen wollen ein Exempel statuieren. Doch Schlageters Eltern bitten um Gnade, der Gefängnispfarrer unterstützt sie, Viktoria von Baden, Schwedens Königin, setzt sich nach einem Gespräch mit der Mutter ebenfalls für deren Sohn ein, das Außenministerium appelliert an den Vatikan, doch der verweigert sich. Am 26. Mai wird das Urteil an Leo Schlageter durch Erschießen vollstreckt. Ein Proteststurm fegt durch Deutschland, und es dauert nicht lange, bis ein Märtyrer erwacht: »Wir wollen sein wie Schlageter« ist das Gedicht der Stunde. Mythen werden gesponnen, Stücke geschrieben, Texte verfasst, und die Rechtsradikalen schwören brüllend auf Schlageters Wahlspruch: »Heil, Sieg und Rache.«

Da schreibt Hanns Johst sein Drama in vier Akten. Bei ihm glaubt sein Held an Deutschland *wie an einen Gott*. Und die Revoluzzer hassen nach dem verlorenen Krieg die Republik, kämpfen gegen die *Judenvorherrschaft,* wollen die *Arschlöcher in Berlin* davonjagen, sind gegen Völkerfrieden und Humanität. Also Sturz der Demokratie! Und Mut zum Mord und zum Blutopfer. *Das Volk muss nach Priestern schreien, die den Mut haben, das Beste zu opfern ... nach Priestern, die Blut, Blut, Blut vergießen ... nach Priestern, die schlachten.* Der Regierungspräsident, Sozialdemokrat, zynisch und machtbesessen, versucht, gemeinsam mit seinen Parteigenossen, die jungen Aufrührer zu bändigen. Sie sind zu allen miesen Tricks bereit. Aber Schlageter ist bereit, *Saboteur, Terrorist, Ehrloser. Verfolgter, Zuchthäusler* zu werden. Ihr Terrortrupp arrangiert Anschläge. Der Sohn des Regierungspräsidenten, August, den der Vater sogar bespitzeln lassen wollte, um mehr aus der Gruppe zu erfahren, ist auch dabei. Sie wollen einen französischen Zug in die Luft jagen. Und *ein paar explodierte Seelen,* finden sie, würden schon ordentlich Staub aufwirbeln. Ein paar Deutsche könnten auch ruhig dran glauben, denn sie selbst würden schließlich auch was riskieren. Also Deutsche möchte Schlageter eigentlich nicht auf dem Gewissen haben, fügt sich am Ende aber.

Dann ziehen sie gegen die *Schweine* los, die Franzosen. Schlageter mit dem Schlachtruf *Deutschland!* voran. Er ist ihr Held, und August hatte seinem Vater schon gesagt, der sei *der erste Soldat des Dritten Reiches*. Festnahme nach dem gelungenen Anschlag. Die Regierenden klagen an, die Terroristen klagen an, und wenn die Franzosen seinen August umbringen, dann würde er die Regierung umbringen. Das Urteil: Lebenslänglich für August, Tod durch Erschießen für Schlageter. Der ruft am Ende: *Deutschland! Ein letztes Wort! Ein Wunsch! Ein Befehl! Deutschland!!! Erwache! Entflamme! Entbrenne! Brenn ungeheuer!!* Da fällt der Schuss.

Und dann der Vorhang. Applaus für Lothar Müthel als Schlageter, Emmy Sonnemann, die bald Göring heiraten wird, Albert Bassermann, Veit Harlan, Hans Leibelt und Bernhard Minetti, der als junger Schlageter nur einmal *Deutschland!* rufen darf. Schließlich bellender Jubel für Hanns Johst, der, eingenebelt vom nationalen Taumel, seinen Führer von der Bühne mit erhobener Rechten grüßt. Dabei soll er noch um die Jahreswende 1932/33 gesagt haben: *Wenn der Adolf jetzt nicht rasch macht, dann schmeiss ich meinen Schlageter ins Feuer.* Jetzt ist sein Held entbrannt, und er selbst der Dichter der Nazis. Diese Gloriole wird ihm niemand mehr nehmen. Und er kann endlich in der Öffentlichkeit der sein, der er in Wahrheit ist, ein Gewaltmensch, den er bisher noch in seinen Texten versteckte.

Am Ende erhebt sich das Publikum – hochrangige NSDAP-Mannen, Wehrmacht, Journalisten des »Völkischen Beobachters«, die das erste Drama der deutschen Revolution feiern werden, dazu viele rechte Dichter aus der Preußischen Akademie der Künste – und sie singen *von der Maas bis an die Memel* gemeinsam das Deutschlandlied *von der Etsch bis an den Belt*, danach das Horst-

Hanns Johst hatte sein Theaterstück »Schlageter« dem Führer in »unwandelbarer Treue« gewidmet. Seinem Freund »Heini« Himmler schlug er vor, Thomas Mann ins KZ nach Dachau zu schicken. Beim Kriegsverbrecher Hans Frank im Krakauer Schloß schlief er unter einem Rubens.

Wessel-Lied. Ob Gottfried Benn wohl mitgesungen hat? Er saß im Publikum. Und er hatte die Wörter gehört, die der Gewaltmensch Johst seine Figuren über Soldaten sagen lässt, die *Reisende in Stahl und Eisen* sind oder *Frontknochen* oder *Dynamitarier*. Und einen Satz wird Benn sicher nicht so schnell vergessen, denn der ist bereits seit der Bücherverbrennung mächtig aktiv: *Wenn ich Kultur höre, entsichere ich meinen Browning*.

Hanns Johst dachte immer stramm rechts und national. Und nationales Bewusstsein hatte nichts mit kosmopolitischem Denken zu tun. Ein Nationalist war das Gegenteil eines Weltbürgers. Denken wie er ist *Ethos der Begrenzung*. Und Humanität gehörte schon gar nicht in sein Vokabular. Rassenhygiene ja. Und Sittlichkeit natürlich. Dass Johst sich später schon mal ein Alibi von seinem Freund Heinrich Himmler besorgt, weil er ein paar Tage mit einer Geliebten verbringen will und nicht weiß, wie er seiner Frau die Reise erklären soll, nun ja. Sittlichkeit gilt eigentlich auch mehr für Frauen. Das hatte auch Himmler schon als Schüler begriffen, als er im Aufsatz schrieb, dass aus jungen Mädchen *sittenreine Frauen* werden müssten, *das letzte Wort gerne den Männern überlassend*. Für Männer ist Sittlichkeit die Forderung nach nationalem Bewusstsein. Um das zu erreichen, darf man kein Intellektueller sein. Der Intellektuelle, schreibt Johst 1924 in »Wissen und Gewissen«, sei oft auch *der rassemäßig Versprengte, der Jude etwa oder in Grenzländern der Mischling, geneigt, die Verpflichtung einer Nation gegenüber zu entwerten*.

Sechs Jahre zuvor sah das mit dem Intellekt offenbar noch etwas anders aus. Da hatte er Thomas Mann kennengelernt. Das war im November 1918 in München im Bühnenclub, wo Arbeiter mit Autoren diskutierten. Auch Thomas Mann sprach an jenem Abend, wie er im Tagebuch schreibt, *mit wirklicher Bewegung* über seine Haltung im Krieg und über seinen *Kosmopolitismus*, und danach wurde lange diskutiert. *Lernte den jungen Hans Johst kennen*, schreibt Thomas Mann weiter. *Bekam immerhin viel Sympathie, ja Liebe zu spüren*. Und dass der berühmte Autor sich auch noch so *stark gepackt* von seinem Stück »Propheten« zeigte, beglückte den fünfzehn Jahre jüngeren Dramatiker mit der völkischen Ideologie schon sehr. Da waren Thomas Manns »Betrachtungen eines Unpolitischen« – mit denen der jahrelange Bruderzwist zwischen dem nationalkonservativen Thomas und dem frankophilen Heinrich Mann beginnt – seit knapp zwei Jahren auf dem Markt.

Und darin steht: *Deutschtum, das ist Kultur, Seele, Freiheit, Kunst und nicht Zivilisation, Gesellschaft, Stimmrecht, Literatur*. Das wird Johst, wenn er die Vorrede zu den »Betrachtungen« gelesen hat, gefallen haben. Ja, sie mögen sich, die ungleichen Autoren, sie besuchen einander in München oder Oberallmannshausen, wo Johst sich 1918 ein Haus am Starnberger See gekauft hat. Nach einem Besuch 1920, *buchstabierte* er, wie der Jüngere schreibt, *Thomas Manns Wesen*, fand den Glauben an ihn, trotz ihrer Differenzen, zurück und gewann ihn *menschlich lieb*. Und dieses ungewöhnlich freundschaftliche Wort tauchte bei Thomas Mann noch einmal in höchstem Ton auf, als er Johst für sein Königsdrama beglückwünscht und schrieb: *Ich liebe Sie sehr, Herr Hanns Johst und freue mich Ihres Dasein*. Er stelle Jugend dar, Kühnheit, Radikalismus und stärkste Gegenwart, *ohne etwas mit jener gallo-juedisch-internationalistischen ›Geistigkeit‹ zu schaffen zu haben, von der das deutsche Geistesleben sich eine Weile tyrannisieren lassen zu muessen glaubte.*

So euphorisch ist Harry Graf Kessler nicht, als er am 1. April 1922 mit dem Erbprinzen und Hanns Johst in Gera in der Loge sitzt und den »König« anschaut. Gute Regie, schreibt er, *zerhackt, eckig, symbolisierend wie das Stück*. Es geht um einen König, der die Welt verbessern will und seinem Kammerherrn befielt, eine Dirne durch die Stadt zu jagen, also anklagend, am laufenden Pranger. Aber der Kammerherr verkleidet die Dirne und führt sie dem König als Mätresse zu. *Damit ist schon alles gesagt: der König hat die Welt auf den Kopf stülpen wollen, und statt dessen stülpt ihn die Welt auf den Kopf*. Aber das sei bereits in den ersten vier Szenen erledigt. Der Rest sei ziemlich schwerfällig. Und Kessler stellt sich vor, wie geistvoll Voltaire diesen Einfall *zum Symbol erhoben* hätte. Das zerknitterte Gesicht von Johst habe ihm aber sehr gefallen, *obwohl er offenbar aus ziemlich flachem politischem Wissen reaktionär orientiert ist* und für Ludendorff schwärmt. Aber sonst sei er frisch, ehrlich, nicht verrannt, gibt seine politische Beschränktheit zu und könne sehr farbig und amüsant erzählen.

Dann wird am 24. Juni 1922 Außenminister Walther Rathenau ermordet, was Thomas Mann als *schweren Choc* empfindet. Und dieser Schock ist für ihn der Auslöser, sich öffentlich für die Weimarer Republik auszusprechen. Nach dreihundert politischen Morden von Rechtsextremen an politischen Linken in drei Jahren, findet Thomas Mann, dass er nun nicht mehr schweigen kann. In seiner Rede zum 60. Geburtstag von Gerhart Hauptmann wird er sich zur Demokratie bekennen. Demokratie, sagt er, passe zur Kultur besser als Wilhelminismus und *sentimentaler Obskurantismus.* Er sei überzeugt, dass Humanität die Idee der Zukunft und Demokratie eine deutsche Sache ist. Die Rede, in der er sich als politischer Mahner gegen völkisch-antisemitische Umtriebe und für *deutsche Menschlichkeit* ausspricht und die Jugend ermuntert, ihre Verachtung gegen die Republik aufzugeben, diese bald berühmte Rede nennt er »Von deutscher Republik«.

Thomas Mann hat Johst und seine Frau herzlich zu einer Privatlesung geladen. Johst wird diese Einladung nicht annehmen. Er wird – ähnlich wie Jahre später Benn an Klaus Mann – einen offenen Brief an Thomas Mann in der »München-Augsburger Abendzeitung« veröffentlichen. Der Titel: »An einen neuen Republikaner«. Und in diesem Brief, schreibt Rolf Düsterberg in seinem Buch »Hanns Johst: Der Barde der SS«, entpuppt er sich als ein radikaler Vertreter der politischen Rechten indem *er nahezu sämtliche Positionen der antidemokratischen Nationalisten und Völkischen vertritt, die Republik mit ihren Werten der Humanität der Vernunft und des Rechts desavouiert, wirft er Mann Verrat an dessen eigenem Deutschtum vor.*

Und Thomas Mann, schreibt Johst, wolle für die Jugend sprechen? Dass er nicht lache. Die Jugend seien sie. *Wir Jungen sind nicht reaktionär – diese Schlagworte sind billig! Wir sind das lebendige Vermächtnis jener Zeugen, die für Deutschland fielen.* Und die Gefallenen des Ersten Weltkriegs verpflichteten sie zu dem Deutschland, das jetzt nicht mehr existiere. *Die Schlachtfelder aller Zeiten sind und bleiben ewiger Altar. Das Schwert ist uns sakral wie Ihnen und Ihresgleichen der Federhalter.* Johst ist der Fanatiker, der eine Diktatur herbeisehnt, in der er die Rolle des Regisseurs spielen darf, der ein nach Blut dürstendes Volk in den Kampf jagt, wo es sich das verlorengegangene Deutschland mit Knarren und Kanonen zurechtschlachten kann. Thomas Mann ist für den sich aufblähenden Gewaltliteraten Johst nur noch der Repräsentant *redseliger Humanität*. Ein Feigling, der Angst hat *vor dem deutschen Gemüt*. Diese Angst hat Johst nicht. Auch das Gemüt kommt bei ihm nicht zu kurz, wenn er dichtend bekennt, dass er am liebsten mit Kater und Hund und Enten und Hühnern zusammen ist, weil die klüger als Bücher seien, weil sie *Diener des Lebens und nicht des Wortes sind*. Und wenn der Barde in die Leier greift und die Mutter als mythische Macht preist, klingt das so:

Flicht die Sterne
Dir zu Zöpfen.
Wirf die schweren
In den Nacken,
Daß sie Heil'genschein
Dir sind.

Mit seinen Mutterbrust-Poemen dichtet sich Johst schon in den Zwanziger Jahre mitten hinein in die nationalsozialistische Rolle der arischen Gebärerin:

In neun Monden
Werden alle Dinge,

Die in dir wohnten,
Fleisch und Blut
Und Blut und Bein
Und frommes, lebendiges
Zeugnis sein.

Die Freundschaft zu Thomas Mann ist für ihn erledigt. Sein Instinkt hat ihm rechtzeitig signalisiert, der Mann gehört nicht ins Reich, das er, Johst, sich erhofft. Und sein Hass auf diesen *republikanischen* Autor, der 1929 auch noch den Literaturnobelpreis bekommt, wird blühen, bis er zuschlagen kann. Und das kann er, sobald er 1933 im *Dombau des Dritten Reiches* angekommen ist. Da erfährt er, dass Thomas Manns Sohn Klaus in Amsterdam, wie er an Heinrich Himmler schreibt, das *unflätigste* Emigrantenblatt »Die Sammlung« herausbringt. Immerhin publizieren darin die berühmtesten jüdischen Autoren. Wie kann man das stoppen? Indem man Thomas Mann nach Dachau schickt. Sie hätten doch in ihren eigenen Reihen Beispiele famosen Schrifttums von nationalsozialistischen Häftlingen. *Ich erinnere nur an Hitler und Röhm.* Er erwähne das auch nur, damit sie gefeit seien, falls ihnen vorgeworfen werden sollte, sie seien Barbaren. *Wir gehen aber nur gegen das verleumderische Fleisch vor und also nicht gegen den europäischen Geist des Herrn Mann.* Himmler findet, das sei eine ausgezeichnete Anregung, *der ich selbstverständlich nachkomme.* Das schreibt er am 19. Oktober 1933 an Johst. Und beide hatten keine Ahnung, dass Thomas Mann damals schon emigriert war.

Zwei Jahre später, als Johst Präsident der Reichsschrifttumskammer geworden ist, bietet sich ihm doch noch die Chance für einen Fußtritt. Er erfährt, dass eine Biographie über Thomas Mann erscheinen soll, die zur amtlichen Überprüfung vorliegt. Geschrieben hatte das Buch, das bereits im »Börsenblatt des deutschen Buchhandels« annonciert war, ein Schweizer Schriftsteller, der mit André Gide, Alfred Döblin und seit 1917 mit Thomas Mann befreundet war. Johst will wissen, wie der Biograph heißt.

Ferdinand Lion. *Der Name klingt verdammt jüdisch*, sagt er. Und so lässt er das Buch umgehend verbieten.

Am 2. Januar 1948, fast drei Jahre nach dem Ende des Dritten Reichs, schreibt Thomas Mann in Pacific Palisades ins Tagebuch, dass er gut geschlafen habe. Katia sei beim Steuer-Anwalt und würde beim Lunch fehlen. Es sei viel Post angekommen, Bücher, auch eine Einladung des Frankfurter Oberbürgermeisters zur Paulskirchen-Feier im Frühjahr, *bewahre mich Gott*. Und dann: *Grotesker Brief von H. Johst an »Heini« Himmler, veröffentlicht in der Zschr. des Münchener Schutzverbandes ... Nachhaltig irritiert.* Am nächsten Tag, als er über die unmögliche Lage der Deutschen schreibt, *die in Mißerfolgs-Anbetung nun gegen Friedrich, Bismarck, Nietzsche, Wagner wüten,* liest seine Tochter Erika *den unglaublichen Brief von Johst an Himmler* noch einmal vor.

Die schönen Tage als Erster Dramaturg am Gendarmenmarkt sind für Hanns Johst schon Ende 1933 verflogen. Sein »Schlageter« war zwar ein gewaltiger Erfolg, wurde im ganzen Reich gespielt, aber die Kritiken im Ausland waren verheerend und entlarvend: Die Franzosen als »Schweine« beleidigt, die Kultur mit dem entsicherten Browning bedroht, Soldaten aus dem Ersten Weltkrieg als »Dynamitarier« und »Frontknochen« verhöhnt. Was soll noch aus dem Reich werden, das gerade ein paar Monate alt ist und einen dubiosen Reichstagsbrand hinter sich hat, ein Ermächtigungsgesetz, Gleichschaltung der Presse, eine von Faschistenfeinden gründlich gesäuberte Beamtenschaft, zerschlagene Gewerkschaften. Das alles hat im Ausland für Entsetzen gesorgt. Johst fängt nun auch noch mit Säuberungen an. Keine ausländischen Stücke mehr in seinem Theater, er will nur noch Deutschnationales auf der Bühne sehen. Sein Deutschland dürste nach Blut und Boden. Der Rest kann weg.

Und er lässt gleich noch seine »Propheten« von 1922 auf den Spielplan setzen. Die soll der große Jürgen Fehling inszenieren, wer denn sonst. Fehling hatte Theologie und Jura studiert und bei Paul Wegener gelernt. Carl Zuckmayer ist überzeugt, dass er von seiner Mutter her *mit irgendeiner Tropfenzahl von Jordanwasser gewaschen* worden war. Er habe einen Hang zum Düsteren und Dämonischen gehabt und Humor, schreibt er weiter, *wird bei ihm zur Bruighelschen Fastnachtswildheit,* zum gespenstischen Totentanz. Fehling stand auf der Führerliste der »Gottbegnadeten« Künstler. Das hieß nicht, dass er vor den braunen Herrschaften den Kotau machte. Er traute sich, Shakespeares Dritten Richard so zu besetzen, dass man durchaus auch Joseph Goebbels in der Figur hätte erahnen können, bedrohlich, mörderisch. Und Richards Wache trug Uniformen, die auch irgendwie an etwas erinnerten. Waren diese merkwürdigen Zeichen SS-Runen? Aber Shakespeare war ja Ausländer. Diese Inszenierung stammte aus dem Jahr 1934, als Gustaf Gründgens bereits Generalintendant war. Der erzählte über den entfesselten Regisseur – der seine Schauspieler auf die Höhe der Sprache trieb, auf Sturm und Drang und Wildheit – dass er niemandem gestatte, sich *seinen Vergewaltigungen* zu entziehen.

Nun also – noch Ende 1933 unter Johst – die »Propheten«. Es geht um Luther, den Heinrich George spielt, Luther, den Propheten, der bei Johst ein Völkischer ist und sein pathetisches Credo ins Publikum ruft: *Das Schwert eifert, und das Schwert richtet, der Name des Schwerts sei gelobt. Deutschland stürmt sich seinen Himmel! Schlagt zu ... brecht ein ... euch schlägt ein Herz, ein Herz schlägt euch entgegen!* Fehling inszeniert die Figuren durch Märsche, Pauken und Trompeten in ein gewalttätiges Mittelalter-Tableau hinein, in ein Drama, in dem plündernde Juden an einem Baum aufgeknüpft werden. So will Johst es haben, so inszeniert Fehling es, hart, brutal.

Und Hermann Göring tobt, als er davon erfährt. Juden aufhängen! Das steht doch nicht auf dem Programm. Oder richtiger – noch nicht. Noch will man doch das Ausland ruhigstellen, will suggerieren: wir sind ein freies Land.

Sebastian Haffner bestätigt diesen Schein. Die Fassade des normalen Lebens wirke unverändert, schreibt er, *volle Kinos, Thea-*

ter, Cafés, tanzende Paare ..., Spaziergänger harmlos flanierend ..., junge Leute glücklich ausgestreckt an den Badestränden. Die Nazis hätten das in ihrer Propaganda weidlich ausgenutzt: *Kommt und seht unser normales, ruhiges, fröhliches Land. Kommt und seht, wie gut es sogar die Juden bei uns noch haben.* Und Haffner fährt abends um halb zehn in die »Katakombe«, den einzigen Ort, wo Widerstand geleistet wird, mutig und witzig mit dem großartigen Werner Finck, der sie mit seinen doppelsinnigen, versteckten und zerhackten Pointen beglückt und sich selbst immer wieder in schweres Fahrwasser bringt. *In seinen Conférencen kamen die Konzentrationslager vor, die Hausdurchsuchungen, die allgemeine Angst, die allgemeine Lüge.* Haffners traditionsreiches Kammergericht sei ruhmlos gefallen, schreibt er, aber die »Katakombe« steht. In ihr kann er die Totentanzstimmung verdrängen.

Also der Johst musste weg. Der wollte doch auch nur seine eigenen Stücke inszenieren, und das in einer Sprache, die jetzt noch nicht angesagt war. Und antisemitische Pogrome auf offener Bühne, das ging 1933 gar nicht. Außerdem, was hatte Johst sich dabei gedacht, Gustaf Gründgens' Schauspielvertrag am Gendarmenmarkt zu kündigen? Göring ist Preußischer Minister für Wissenschaft, Kunst und Volksbildung. Theater gehört dazu. Nun kündigt er Johst. Der soll für sechs Monate mal raus aus Deutschland, soll durch Europa touren, sich über die Politik in den Hauptstädten orientieren, einen guten Eindruck im Ausland machen, und wenn er zurückkäme, würde man weitersehen.

Göring weiß, wen er haben will. Gustaf Gründgens, diesen brillanten Karrieristen. Der sei *Görings Luxuschampion gegen die engere Kulturpolitik der Partei gewesen*, schreibt der 1939 in die USA emigrierte Zuckmayer in seinen Charakter-Portraits für den amerikanischen Geheimdienst. Er hat sie zwischen 1943 und 1944 verfasst. Man könnte sie auch Führungszeugnisse nennen, die er über die in Deutschland gebliebenen Schriftsteller, Dramatiker und Theaterleute schreibt – wohl für die Zeit »danach«.

Und er urteilt intelligent, fair, humorvoll, hart, auch angeekelt, nicht leichtfertig, setzt Fragezeichen, wo er nicht sicher ist, richtet selten. Bei Hanns Johst tut er es. Zuckmayer hatte von einem Literaturabend in Zürich erfahren, den Johst vor allem für Nazipropaganda nutzte. Und dort hat er dem österreichischen Bundesminister Guido Zernatto, einem Schriftsteller, frech ins Gesicht gesagt: *Interessant so ein Gesicht zu sehen, von dem man weiss dass es in ein paar Wochen zu Brei geschossen ist.* Das war kurz vor der Besetzung Österreichs. Und dann hätte Johst genießerisch hinzugefügt: *... zu Muus zerschlagen.* Nach dem Einmarsch Hitlers konnten Zernatto und seine Frau mit falschen Pässen gerade noch über Ungarn und Frankreich in die USA fliehen. Da schreibt Zuckmayer: *Herrn Johst's Gesicht zu sehen, bleibe uns für den Rest unserer Tage erspart. Hinab mit ihm in die Vergessenheit.*

Gründgens also. Dabei war er für viele Nazis höchst umstritten. Schließlich war er einmal, wenn auch nur kurz, der Schwiegersohn des Staatsfeinds Thomas Mann, soll sich auch in Hafenkneipen mit Matrosen rumgetrieben haben, und war er nicht auch eine Zeitlang Kommunist? Er übernimmt am 26. Februar 1934 die Intendanz am Preußischen Staatstheater und wird ebenfalls zum Staatsschauspieler ernannt. Mehr geht nicht. Für die Künstler ist er ein Garant für Schutz und beste Inszenierungen, für die obersten Faschisten das ideale Alibi: Seht her, selbst eine Berühmtheit wie Gründgens ist aus Spanien – wo er einen Film gedreht hatte – ins Reich zurückgekommen. Warum er nicht im Ausland geblieben ist, wird er seinen Kritikern nach dem Krieg erklären: Weil er fünf Menschen schützen musste: Seine Eltern, seinen Freund, *der sich kommunistisch stark exponiert hatte*, eine jüdische Freundin, und einen Freund, dem er 1944 noch nach Schweden verhalf. *Diese fünf Menschen lebten in meinem Haus in der Hagenstraße. Sie gehörten zu meinem Haushalt.*

Also Göring verkündet, dass Gründgens den Auftrag habe, das Theater am Gendarmenmarkt zum Besten in Deutschland – und damit der ganzen Welt – zu machen. Natürlich, drunter geht es nicht. Dass dieser Coup so reibungslos über die Bühne geht, ist wohl auch Emmy Sonnemann mit zu verdanken, der baldigen Frau Göring. Sie ist Schauspielerin, hat mit Gründgens gearbeitet, mag ihn und wird ihrem Zukünftigen diesen Schauspielgott ans Herz gelegt haben. Gründgens darf sogar darauf bestehen, Hanns Johst in seinem Hause nicht mehr sehen zu müssen. Das geht in Ordnung. Der wurde auf Reisen geschickt. Nein, der eiskalte Ehrgeizling sei Gründgens nicht gewesen, scheibt Zuckmayer, eher hatte er diese *fouché-haften Züge*. Und deshalb sei sein Umschwung *vom radikalen ›Kulturbolschewisten‹ zum Götterliebling der Nazis eher begreiflich,* weil er *›naturgemäßer‹* war als bei anderen Gesinnungshelden.

Marcel Reich-Ranicki, der noch bis 1938 in Berlin lebt, bevor er wegen seiner jüdischen Abstammung nach Polen abtransportiert wird, ist in allen Aufführungen gewesen, in denen Gründgens spielte. Er habe Werner Kraus bewundert, Käthe Dorsch beinahe verehrt und Käthe Gold geliebt. Gründgens aber war für ihn der Antityp der Zeit. *Nicht Blut und Boden verkörperte er, wohl aber das Morbide und das Anrüchige, das Zwielichtige. Nicht die Helden spielte er und auch nicht die Gläubigen, sondern die Gebrochenen, die Degenerierten, die Schillernden.* Er sei genau das Gegenteil von dem gewesen, was den Nazis vorschwebte, kein Heros, nein, der Zweifler war er, der Ironiker und der Skeptiker. Und er habe wirklich in kürzester Zeit aus dem Haus am Gendarmenmarkt das beste Theater in Deutschland gemacht.

Damit, und das sei nicht zu bezweifeln, schreibt Reich-Ranicki, habe Gründgens dem Staat Adolf Hitlers gedient. Aber zugleich habe er, und auch das sei sicher, *jenen gedient, die an der Herrschaft der Nationalsozialisten litten und mitten im Dritten Reich Trost und Hilfe suchten*. Und nicht zuletzt, schreibt er, habe er das Leben von Menschen gerettet, die damals aufs höchste gefährdet waren. So gehörte denn auch er selbst zu denen, die bei diesem Schauspieler *Trost und Hilfe* in den Klassikern fanden. Er hat sie erlebt, Zuckmayer nur davon gehört. Und deshalb schreibt der am Ende seines Geheimdienst-Portraits: *Ich gehöre nicht zu den Calvin's, Cato's oder Robespierre's, die ihn verurteilen und auf die Guillotine schicken würden, – obwohl der St. Just eine seiner besten Rollen war.*

Für Reich-Ranicki war sein »Hamlet« der allerbeste. Denn in diesem Drama habe er, dank Gründgens, *Züge und Umrisse* seiner eigenen Existenz im nationalsozialistischen Deutschland wiedererkannt. Da ist also ein Intellektueller, der Bücher liest und *von des Gedankens Blässe angekränkelt* ist. Und der sagt: *Die Zeit ist aus den Fugen.* Und fragt Rosenkranz und Güldenstern, die ihn bespitzeln sollen, warum sie in dieses Gefängnis gekommen seien? *Ins Gefängnis, mein Prinz?* Und Hamlet antwortet: *Dänemark ist ein Gefängnis.* Und zwar eines *der schlimmsten.* In diesem Polizeistaat, schreibt Reich-Ranicki, werden alle von allen ausspioniert. Minister Polonius misstraut seinem Sohn und hängt ihm einen Agenten an die Fersen. Die Königin soll Hamlet aushorchen und wird dabei vom Minister hinterm Vorhang belauscht. Und so ist denn etwas *faul im Staate Dänemark.* Nachdem er Gründgens gesehen hat, schreibt Reich-Ranicki, *habe ich jede Szene des »Hamlet« anders gelesen als zuvor – vor allem als Tragödie des Intellektuellen inmitten einer grausamen Gesellschaft und eines verbrecherischen Staates.*

Als Gründgens 1936 seinen Hamlet in Berlin spielt, erscheint im selben Jahr im Exil-Verlag Querido in Amsterdam »Mephisto, Roman einer Karriere« von Klaus Mann. Der schreibt am Ende des Buches, wie sein Freund von einst diesen Hamlet wohl interpretiert und gespielt haben mag: *Er hatte beschlossen, die männliche, energievolle Komponente des Dänenprinzen zu betonen.* Hamlet sei kein Schwächling, hatte er zu seinen Kollegen und auch in Interviews zu Journalisten gesagt. *Er ist nichts weniger als feminin – ganze Schauspielergenerationen haben den Irrtum begangen, ihn als femininen Typus aufzufassen.* Doch seine Melancholie habe ja greifbare Gründe. Er tritt als Rächer seines Vaters auf. Er sei ein Renaissancemensch, also aristokratisch und nicht ohne Zynismus.

Die Figur, welche Hendrik Höfgen – also Gründgens – *aus dem Hamlet machte, war ein preußischer Leutnant mit neurasthenischen Zügen*. Aber die tiefe und geheimnisvolle Melancholie, die er als Mephisto gehabt hätte, die fehlen seinem Hamlet.

Oh schmölze doch dies allzu feste Fleisch, Zerging' und löst' in einen Tau sich auf!

Es sei dennoch ein rauschender Erfolg gewesen. *Und der Ministerpräsident, schimmernd in Purpur, Gold und Silber, und seine Lotte, sanft strahlend in Himmelblau, standen nebeneinander in ihrer Loge und spendeten demonstrativen Applaus*. Schön und bleich hätte sich Höfgen in seinem Hamlet-Kostüm verneigt – der Hofnarr vor dem Gewaltigen.

Wer außer dem echten Jongleur Gründgens hätte sich 1936 getraut, diese Rolle an diesem prominenten Ort so klug und kühl und elegant zu spielen? Er tanzte auf dem Vulkan, und der Vulkan spie Feuer. Der »Völkische Beobachter« holte zum Schlag aus. Sein Hamlet sei ohne Gefühl, sei *jüdisch* kalt, *bewußt antifaschistisch* und intellektuell. Das war mehr als ein Angriff. Und dann gab es im Drama noch Hamlets Satz: *Ich habe keine Lust am Manne – und am Weibe auch nicht*. Und Gründgens hatte mit Bewusstsein diesen Satz mit einer pointierten Pause zwischen Mann und Weib gesprochen, und das klar und deutlich ins Publikum hinein. Und das Publikum hatte verstanden und feierte ihn am Ende der Premiere mit Ovationen. Es war ja kein Geheimnis mehr, dass Gründgens homosexuell war. Er hätte den Satz streichen können. Tat er aber nicht.

Dabei war seit 1935 der Paragraph 175 Strafgesetzbuch verschärft worden. Über hunderttausend Männer waren inzwischen auf Rosa Listen polizeilich registriert. Homoerotik war *entartetes Verhalten*, schon *begehrliche Blicke* konnten zur Verhaftung führen. Gründgens wusste, dass es auch für ihn gefährlich werden konnte. Schon Ende 1934 hatte er Göring gebeten, ihn aus der Intendanz zu entlassen. Das kam für den Ministerpräsidenten – der den nicht ausgesprochenen Grund ohne Frage kannte – überhaupt nicht in Frage. Doch nun, nach der Hamlet-Premiere, hatte der »Völkische Beobachter«, wie Gründgens schreibt, diesen *ganzseitigen ungeheuerlichen Angriff auf mich vom Stapel gelassen.* Daraufhin sei er noch am selben Abend in die Schweiz gefahren *mit dem festen Entschluß, nicht mehr zurückzukehren.* Er hatte seinen Vater gebeten, einen Brief mit seinem Entschluss zur Emigration an Göring zu übergeben, sobald er Schweizer Boden betreten hätte. Und was macht Göring? Der ernennt Gründgens zum Preußischen Staatsrat. Damit stünde er ausschließlich unter seinem Schutz. Eine Verhaftung sei also ausgeschlossen. Er möge bitte zurückkommen. Und Gründgens kommt. Und er heiratet Marianne Hoppe, die zum Ensemble am Gendarmenmarkt gehört. Es war während einer Fahrt auf der Gatower Chaussee im offenen Wagen. Da hätte Gründgens sie gefragt: Wollen Sie meine Frau werden? Und sie habe »ja« gesagt.

Es gab in Wahrheit doch nur zwei Möglichkeiten, schreibt Klaus Mann in seinem »Mephisto«: Wenn Göring ihm die Gnade entzog oder wenn sie ihm entzogen würde. *Jedoch schien der Dicke, seinem Mephistopheles gegenüber, von einer Treue, die in nationalsozialistischen Kreisen kaum üblich war und deshalb Erstaunen erregte.* Aber es sei ja auch die Zeit gewesen, als der Stern *des fetten Riesen noch im Aufstieg begriffen* war. *Solange die Sonne des Dicken über ihm leuchtete, brauchte Höfgen die heimlichen Attacken des Hinkenden nicht ernst zu nehmen.* Und so kommt Gründgens denn aus der Schweiz zurück und steht noch rund hundert Mal als Hamlet vor seinem jubelnden Publikum: groß, schlank, mit blonder Perücke, strengem schwarzem Shakespearewams und seinen zwei wichtigsten Requisiten, dem Buch und dem Schwert.

Und Hanns Johst reist. Wie ihm aufgetragen worden war. Reist, nachdem er das Theater am Gendarmenmarkt verloren hatte. Zuerst in die Schweiz, dann nach Frankreich, Dänemark, Schweden, Norwegen, Finnland. Er dankt seinem Freund Himmler für einen zweiten Reisepass für seine Frau, hält Reden zum Lobe des neuen deutschen Reichs und ihrer Repräsentanten, sagt Zweiflern, die

»Etwas ist faul im Staate Dänemark ...« Als Gustaf Gründgens 1936 am Gendarmenmarkt Shakespeares »Hamlet« kühl und kraftvoll spielt, wird er im »Völkischen Beobachter« angegriffen. Er interpretiere die Rolle jüdisch intellektuell und bewusst antifaschistisch.

nach Judenvertreibung und Konzentrationslagern fragen, das seien Lügen und Verleumdungen, die von Emigranten in die Welt gesetzt würden. Und am Ende seines Auftrags schreibt er seinen Bericht: »Maske und Gesicht. Reise eines Nationalsozialisten von Deutschland nach Deutschland«. Diese Reichsverherrlichung widmet er Heinrich Himmler. Es ist eine *Propagandaschrift reinsten Wassers*, schreibt Düsterberg, in der Johst Hitler *in transzendente Sphären hebt und ihm göttliche Verehrung zollt.* Und ganz am Ende greift er dann noch einmal in die arische Leier:

Und Volk und Führer sind vermählt.
Das Dritte Reich vereint, gestählt,
Steht festgefügt im Morgenglanz,
Umbaut als köstlichste Monstranz
Dein glückliches Lächeln, mein Führer!

Hanns Johst reist auch in Klaus Manns Schlüsselroman durch die Welt. Dort unter dem Namen Cäsar von Muck. Hätte der Autor damals schon gewusst, dass dieser Barbar seinen Vater ins KZ Dachau stecken wollte, um den Sohn zu zwingen, seine Feder zu zügeln, er hätte der literarischen Welt einen noch größeren Schurken an den Pranger gestellt als den, der in seinen Dramen die Pointen des Dialogs durch *erwürgte Juden und erschossene Franzosen* ersetzte. Sonst darf der *mondän-poetische Agent der deutschen Diktatur* bei Klaus Mann den Leuten vorgaukeln, *daß er nicht mit Bestechungsgeldern für das Dritte Reich werben wolle, wie etwa sein Chef – der Hinkende – es tat; vielmehr mit kleinen zarten Liebesliedern.* Und als ein besorgter Anrufer aus der Polargegend Cäsar von Muck fragt, wie es denn in Deutschland so sei, da *versucht der seelsorgerische Globetrotter mit aller Andacht ein paar Sätze zu formen, die wie eine Hand voll Märzenbecher, Schneeglöckchen und erste Veilchen in der Dunkelheit drüben erblühen sollten.*

Überall, schreibt Klaus Mann weiter, sei es so nett gewesen, nur in Paris nicht, da habe *der Sänger der Schlacht von den Masurischen*

Sümpfen sich sehr unbehaglich gefühlt. Und von dort aus, wo ja auch die vielen Emigranten leben, intrigierte er *brieflich und telefonisch ein wenig gegen seinen Freund Hendrik Höfgen*, der ja nie sein Freund war. Natürlich ärgerte er sich *auf seiner Propaganda-Tournée im Auftrag des Führers* über die Triumphe seines Nachfolgers, schickte aber Ansichtskarten an *»Freund Hendrik« aus Palermo oder Kopenhagen*, um ihm zu sagen, wie herrlich es sei, in Freiheit herumreisen zu dürfen: *Wir Dichter sind doch alle Vagabunden*, schreibt der Muck im »Mephisto« dem Hendrik aus dem Grand Hotel in Stockholm.

Und da liegt Klaus Mann ziemlich richtig. Denn am 5. März 1934 – da ist Gründgens erst kurze Zeit im Amt – schreibt Johst dem sehr geehrten, lieben Herrn Gründgens: *nur auf Stunden in Berlin, muß ich Ihnen wenigstens schreiben, wie stark mich Ihre Kunst in den »100 Tagen« beschenkte*. Weder Mussolini noch Werner Krauß hätten den Erwartungen standgehalten. Der eine hätte dramatisch zu wenig, der andere theatralisch zu viel gegeben. *Ihre Leistung stand als künstlerische Ganzheit klar und profiliert an sich! Haben Sie Dank!* Er kann sich also gar nicht früh genug den Gegner zum Freund schönschreiben. Und zu den herzlichen Grüßen *Ihres sehr eiligen Hanns Johst*, unterzeichnet er auch schon als Präsident der Reichsschrifttumskammer. Doch zu dem ernennt Goebbels ihn erst im Oktober 1935. Genau in der Zeit, im November 1935, gibt es wieder einen Brief von Johst an Gründgens. Einen echten Jubelbrief. Denn Gründgens hat seinen »Thomas Paine« ins Programm genommen und darin selbst die Rolle des französischen Königs gespielt, des sechzehnten Ludwig.

Also frei war Gründgens nicht. Doch unter seinen hundert Schauspielern hätten sich nur vier bis fünf Parteigenossen in untergeordneten Stellungen befunden. Sein Spielplan allerdings sei eher beschämend gewesen, *wenn man bedenkt, was ich alles nicht spielen durfte*. Aber von Nazi-Stücken, schreibt er weiter, konnte er sich in seinen zehn Jahren Arbeit als General-Intendant ziemlich fernhalten. Für die vier oder fünf faschistisch infizierten Schauspiele hätte es triftigste Gründe gegeben, sie wurden *immer zum Schutz und zur Erhaltung des Hauses oder seiner Schauspieler* inszeniert, und das auch noch in zweitrangiger Besetzung, so dass *jeder Eingeweihte wußte, was gemeint war*, schreibt Gründgens.

Im November 1935 also »Thomas Paine« von Hanns Johst. Thomas Paine gilt als geistiger Gründungsvater Amerikas: Feind der Sklaverei, Freund der Aufklärung, und nach der Unabhängigkeitserklärung Erfinder des Namens: »Vereinigte Staaten von Amerika«. Zurück in England publiziert er nach dem Ausbruch der französischen Revolution seine »Rights of man«, flieht, als er wegen aufrührerischer Schriften verfolgt wird, nach Frankreich. Und weil er dort gegen die Enthauptung König Ludwigs XVI. kämpft, ohne Royalist zu sein, droht ihm dort die Guillotine, der er knapp entkommt, dafür Jahre im Gefängnis sitzt, von Jefferson nach Amerika eingeladen wird, wo sich niemand mehr für den großen Aufklärer interessiert. Das Stück von Johst war 1927 mit großem Erfolg an acht deutschen Bühnen gleichzeitig uraufgeführt worden. Sein Paine, der am Lebenslauf des Originals entlangläuft, ist die charismatische Figur, der einsame Wolf, der Daimon, den ein Volk braucht, um aus Anarchie und Chaos in eine Art goldenes Zeitalter gelenkt zu werden – Paine, der Führer.

Und Johst, der Autor, dankt Gründgens *auf das Lebendigste*, dass sein »Thomas Paine« an so hervorragender Stelle – also dem Theater am Gendarmenmarkt – aufgeführt worden ist. Aber mehr noch als dem Intendanten möchte er *dem Darsteller des Königs danken, der hier den praktischen Beweis erbrachte, daß es keine kleinen Rollen gibt.* Und dann möchte er noch die Gelegenheit wahrnehmen, *Sie meiner aufrichtigen Bewunderung zu versichern. Die Art und Weise, wie Sie Ihr Theater zu erster Stätte des deutschen Theaterlebens geführt haben, wird Sie unvergänglich in das Goldene Buch der Deutschen Theatergeschichte eintragen.*

Die wirklich echten Johst-Briefe bekommt Heinrich Himmler, der ihn in die SS aufnimmt, erst als SS-Oberführer, im Krieg dann als SS-Gruppenführer. Da dankt er mit vielen Ausrufungszeichen und schreibt, dass er so glücklich sei, ein SS-Mann zu sein und jubelt, dass ihn das Leben mit ihrer Freundschaft beschenkt habe, *mein Heini Himmler.* Sonst ist sein Ton aggressiv. Und seine Anweisungen brutal und rücksichtslos. Er, der Präsident der Reichsschrifttumskammer, weist seinen Geschäftsführer an, jenen Autor, der offenbar einen nicht nazikonformen Text abgeliefert hatte, zur Raison zu bringen: *Wenn der Schweinehund aber nur frech ist, bitte ich doch durch den SD* – also den Sicherheitsdienst – *zu veranlassen, dass der Mensch einmal 4 Wochen KZ geniesst, denn derartige Frechheiten dürfen wir uns nicht bieten lassen.*

Mit Himmler wird Johst nun auf Reisen gehen. In den Osten. Er soll der Chronist des Dritten Reichs werden. Gleich nach dem Einmarsch in Polen geht es los. Johst sieht, wie in Lodz die Juden in Güterwagons gepfercht und zur »Umsiedlung« abtransportiert werden. Er erfährt, wohin. In Warschau läuft er am Abend durch die Ruinen der Stadt. *Obdachlose fluten in den Straßen ... Das Opernhaus steht ohne Dach unter schwarzen Wolken ... Alle Häuser sind von der Pflugschar des Krieges durchpflügt ... aufgerissen ... in sich zusammengestürzt ... Kadaver.* Er sei mit dem Reichsführer SS kreuz und quer durchs Land gefahren, und ihnen sei klar geworden, dass die Polen kein staatsbildendes Volk sind. Zwischen Lodz und Warschau sei Himmler immer wieder ausgestiegen, sei auf die Äcker gegangen, hätte an einer Prise Erde gerochen, zerbröckelte die Ackerkrume zwischen den Fingern – und war zufrieden. *Hier würde der deutsche Pflug das Bild bald verändern,* schreibt Johst in seinem Chronisten-Oevre »Ruf des Reiches – Echo des Volkes«.

Generalgouverneur Hans Frank lädt die beiden nach Krakau ein. *Ich saß in achtzehnstündiger Fahrt neben dem Reichsführer, der seinen kleinen BMW selbst steuerte. Es war kurz nach dem Abschluß des Blitzkrieges gegen Polen.* Die Straßen unbefahrbar. Nach vierzehn Stunden kracht der Wagen zusammen. Sie stehen *knietief in Nacht, Nebel, Regen und Dreck.* Ein Begleitfahrzeug nimmt sie auf, bringt sie gegen zwei Uhr nachts in den Burghof von Krakau – wo Hans Frank mit Familie residiert. *Da geschah das Wunder! Die Tür des Schlosses öffnete sich. Fackellicht flammte auf, und wir übermüdeten, verschmierten und schmutzüberkrusteten Soldaten torkelten breite Marmorstiegen empor in riesige königliche Gemächer.* Hans Frank überlässt dem Reichs-Dichter das Präsidentengemach mit Paradebett unterm Baldachin. Hinter ihm hängt ein Rubens, vor ihm ein Gobelin, Kunststücke aus dem Besitz der einstigen Könige von Polen. Und der SS-Barde aus dem deutschen Reich schläft *tief und traumlos.*

Was war auf dem Rubens? Es war das »Bildnis eines unbekannten Jünglings« erzählt Niklas Frank, einer von Hans Franks Söhnen, der sein halbes Leben heftig gegen die Verbrechen seines Vaters geschrieben hat. Das Gemälde sei nie mehr aufgetaucht. Es hing noch eine Zeitlang, als das Reich schon ein Trümmerhaufen war, im Arbeitszimmer seines Vaters. Er nannte es seinen »Andachtsraum«. Da hing er, der Jüngling, hing neben den zwei Raffaels und dem ebenfalls entwendeten Leonardo da Vinci, der weltberühmten »Dame mit dem Hermelin«. Die Raubkunst ist dorthin zurückgegangen, wo sie herkam. Nur der Rubens, der blieb verschollen. Bis heute. Und Niklas Frank kann sich vorstellen, dass seine Mutter ihn eingetauscht haben könnte. Sie tauschte ja alles bei Bauern ein, was nicht nagelfest war, sagt er. Und so sei es durchaus möglich, dass der Jüngling von Rubens noch heute in einer bajuwarischen Bauernstube hängt.

Doch noch frühstücken Himmler, Johst und Frank gemütlich miteinander im Schloss, der Generalgouverneur, der 1946 im Nürnberger Kriegsverbrecherprozess zum Tode durch den Strang verurteilt werden wird. Himmler schluckt vor dem Strang seine Zyankalikapsel. Jetzt aber geht es ihnen noch gut. *Frank und Himmler lachen, daß ihnen die Tränen kollern,* schreibt Johst, als die beiden aus den Anfängen der Kampfzeit erzählen. *Diese Männer haben den Katechismus vom Willen des Führers im Herzen, und mit diesem verwachsenen und bewährten Gefühl für das Richtige packen sie sauber und tapfer zu und meistern, was immer von ihnen verlangt wird.* Er liebe solche Pioniere des neuen Staates, schreibt Johst, *die die Gesetzmäßigkeit unserer Rasse den neuen Provinzen vor Augen führen.*

Und für die reine Rasse sorgte sich sein treuer Freund Himmler. Der hatte, wie er glaubte, eine gute Idee. Das war noch vor Ausbruch des Krieges. Da gab er an die gesamte SS und die Polizei den Befehl aus, dass jeder SS-Mann, bevor er ins Feld geht, ein Kind zeugen soll. Das könnten seine Männer auch *außerhalb der Ehe* tun, wo es *für deutsche Frauen und Mädel guten Blutes eine hohe Aufgabe* sein könnte, *in tiefstem sittlichen Ernst Mütter der Kinder ins Feld ziehender Soldaten zu werden.* Für seinen »Zeugungserlass«, diese gute Idee, wird er aber überhaupt nicht gelobt, vor allem, weil es dann zu viele uneheliche Kinder gebe. Und da hatte Johst den Himmler verteidigt. Er erinnert an den von der SS getragenen und staatlich geförderten »Lebensborn«, in dem unverheiratete Schwangere ihre Kinder anonym bekommen konnten, statt abzutreiben. Die Neugeborenen wurden dann von SS-Paaren adoptiert. Und jeder Krieg, schreibt er, sei ein Aderlass *besten Blutes.* Und was ist dann mit den nichtgezeugten Kindern? Die fehlen und werden dringend gebraucht. Im Übrigen gebe es keine unehelichen, sondern nur deutsche Kinder! Ja, Johst fühlt sich wohl in seiner Rolle als Reichsschreiber, als Glorifizierer der braunen Macht, die nun ihr blutigstes Kapitel vorbereitet. Er schreibt an Himmler: *Welch herrliche Zeit, die uns alle mit ihren heroischen Flügelschlägen überrauscht!*

Der Dichter fliegt mit dem Schreibtisch-Mörder nach Lemberg. Er darf an allen Besprechungen teilnehmen. Er kann alles mit ansehen. Er ist jetzt über den Völkermord informiert. Er findet ihn in Ordnung. Er hört am 4. Oktober 1943 im Rathaus der polnischen Stadt Poznan, die inzwischen eingedeutscht ist und Posen heißt, Himmlers Rede zur Endlösung. Darin sagt der Sätze, die nie vergessen werden dürfen: *Ich meine jetzt die Judenevakuierung, die Ausrottung des jüdischen Volkes ... Von euch werden die meisten wissen, was es heißt, wenn 100 Leichen beisammen liegen, wenn*

500 daliegen oder wenn 1000 daliegen. Dies durchgehalten zu haben, und dabei – abgesehen von Ausnahmen menschlicher Schwäche – anständig geblieben zu sein, das hat uns hart gemacht ... Insgesamt aber können wir sagen, dass wir diese schwerste Aufgabe in Liebe zu unserem Volk erfüllt haben. Und wir haben keinen Schaden in unserem Inneren, in unserer Seele, in unserem Charakter daran genommen.

Und davon hat Hanns Johst gelernt. Wenn er je moralische Skrupel gehabt haben mag, nun hat er sie nicht mehr. Wenige Wochen nach Himmlers Rede denunziert er einen Juden, der am Starnberger See – wo auch Johst lebt – ein Haus hat. Nun sei ihm zu Ohren gekommen, schreibt er an Himmlers Referenten, dass dieser Mann, *frech und rüstig* und *Volljude*, die arme SS-Witwe, *Mutter von sechs Kindern, fünf am Leben*, wegen seiner Geräuschempfindlichkeit schikaniere und Ruhe im Hause fordere. *Dieser edle Mann* trage keinen Judenstern und es heiße, er habe Verbindungen, die ihn schützten. Dem möge der Referent doch einmal zum Wohle für *fünf prachtvolle arische Kinder* nachgehen, und er würde sich freuen – und da greift Johst noch einmal in seine morsche Harfe – wenn des Referenten *indische Weisheit, oh Meister, hier mit jähem Finger eingriffe*.

Dieser Brief hätte den Weg nach Auschwitz freimachen können. Doch in diesem Fall wird der Denunziant vom Referenten über viele Fehler und falsche Informationen in seinem Bericht aufgeklärt, die den Denunzierten freisprechen. Und noch etwas bleibt durch das Ende des Höllenstaats auf der Strecke: Die Biographie. *Himmler wollte immer, daß ich die Geschichte seines Lebens schreibe*. Aber was hätte in diesem Gesang des SS-Barden gestanden? Johsts Äußerungen gegenüber dem Freund, schreibt Düsterberg, seien über all die Jahre von einer Mischung aus Devotion, zur Schau getragenem Selbstbewusstsein und Kriecherei gekennzeichnet gewesen. *Aber sein Kriechertum war weder berechnend noch unaufrichtig, er tat es von Herzen gern, er kroch mit Liebe.*

»Der Hahn verlangte Brot für seine Frauen, aber mir war es, als fragte mich sein Blick: Soll ich krähen, Petrus?«

Viktor Mann ist durch seine Brüder Heinrich und Thomas gefährdet.
In seiner Familienbiographie schreibt er, warum er sie einmal verleugnet.

Er war der jüngste der Brüder Mann. Kein Schriftsteller, wie Heinrich und Thomas. Viktor hatte Agrikultur studiert, heiratete gleich nach dem Examen seine Freundin Magdalena Kilian, die er Nelly nannte, war Sachverständiger für Agrarkredite und träumte von einem Gutshof, den er einmal betreiben wollte. Die zwei Schwestern, Carla und Julia, hatten sich das Leben genommen, die eine 1910 nach einer Liebestragödie, die andere 1927 nach Drogensucht und Lebensekel. Viktor sah seinen Bruder Heinrich selten, aber sie mochten sich. Thomas' Frau Katia mochte ihn nicht, sie fand Viktor *öde* und *gar zu gewöhnlich*, Thomas attestierte ihm, dass er *rührende* Briefe schrieb und ein *drolliges* Interesse an Literatur hätte. Über das 600 Seiten dicke Buch »Wir waren fünf«, das Viktor Mann 1949 kurz vor seinem Tod beendet hatte, schreibt Thomas Mann im Tagebuch, dass es *in seiner Lügenhaftigkeit, gutmütigen Beschönigung, Selbst- und Familienverherrlichung und dabei Talentiertheit ein ganz kurioser Fall ist*. Wo es um ihn selbst gehe, sei es *oft ausgezeichnet*. Heinrich dagegen, schreibt er, habe das Buch seines kleinen Bruders mit Genuss gelesen.

Am 1. Februar 1933 liegt der 42-jährige Viktor Mann zu Hause auf dem Sofa. Er ist krank. Sein Herz. Das alte Kriegsleiden. Gerade hatten Extrablätter und Lautsprecher die Entscheidung des 30. Januar verkündet: Hitler war Reichskanzler geworden. Und da hört er im Radio *den Sieger selbst*. Nein, auf die Worte habe er nicht geachtet. Er hört nur auf die Sprache, auf das Organ und kritzelt ins Tagebuch: *Uns bleibt nichts erspart!* Mit solcher Stimme, fand er, sprachen bayerische Korporäle, Miniaturtyrannen, die ihren Pariahass an jungen Bürgersöhnen, Bauern und Arbeitern ausließen. Auch bessere Unteroffiziere hätten sich diese Sprache angewöhnt. Doch bei denen konnte man schon mal etwas Humor raushören. *Die Hitlerstimme aber schloß jeden Humor aus, auch wenn sie blutige Witze spie.*

Er sei politisch nicht blind gewesen, schreibt Viktor Mann, hatte irgendwie auch mit deutscher Maßlosigkeit und dieser Lust am Irrealen gerechnet, besonders nach der Wirtschaftskrise. Aber getan hatte er nichts, nichts gegen das Kommende, doch wirklich geglaubt hatte er auch nicht an das, was dann kam. Und als es da war und er die Stimme hörte, dachte er: Ach, *wären wir doch* oder *hätte ich doch*. Da schreibt er einen langen Brief an seinen Bruder Thomas. Darin schlägt er ihm vor, die Emigration in die Schweiz vorzubereiten. Mit aller Wahrscheinlichkeit nämlich würde die Agrarpolitik, die bald alle Bauern zu Hinterwäldlern machte, in einer politischen Katastrophe enden. Thomas möge ihn in die Schweiz schicken, damit er in guter Lage, vielleicht im Simmental, südlich vom Thunersee, einen Bauernhof kaufen könnte, *der uns allen im Notfall Heim und Nahrung geben würde*. Er und seine Frau Nelly würden die Wirtschaft führen, Thomas müsse sich um nichts kümmern, hätte Ruhe zum Arbeiten. *Und so weiter*, schreibt Viktor, *der Brief hatte viele Seiten*.

Einige Tage später fährt er nach Bogenhausen in die Poschingerstraße 1 zu *den Tommys*. Da sitzen sie nun am Teetisch vor dem Kamin, und sein Bruder sei von seinem Brief ziemlich beeindruckt gewesen. Nur Katia nicht. Die sagt sofort sehr heftig: Nein. Und das kann Viktor nun gar nicht verstehen, weil sie schon während der Inflationszeit von Emigration geredet hat. Wer sich so ein verbrecherisches Unrecht gefallen lasse, hatte sie damals in der Weimarer Zeit gepredigt, der würde sich auch gegen noch Schlimmeres nicht wehren. Und jetzt, wo das Schlimmere eigetreten ist, *plädierte sie mit einer Verve gegen meinen pfiffigen Vorschlag,* bis er aufgibt. Er ist ihr nicht gewachsen und weiß vielleicht auch nicht, wie sehr sie ihn nicht mag, ihn auch nicht in ihrer Nähe haben will. Und sein Bruder sagt überhaupt nichts mehr. Damit ist Viktors Traum von einem Hof ausgeträumt.

Und das Leben bei Hofe des Dichters ist ja auch im Exil nicht so leicht zu ertragen. Hans Sahl, der 1933 nach Prag geflohen war, nun weiter nach Zürich aufbricht, um für Erika Manns »Pfeffermühle« Texte zu schreiben, erlebte eine Audienz im Hause Mann. *Ich wollte Thomas Mann nie kennenlernen,* schreibt Sahl in seinen Erinnerungen »Das Exil im Exil«, *ich traute mir nicht zu, ihm gewachsen zu sein, aber ich liebte seine Kinder.* Und da ist nun auf der Terrasse der Teetisch gedeckt. Und hinter den Stühlen stehen die Kinder in Erwartung ihres Vaters. Sahl hatte sich den Autor von »Tonio Kröger« eher fragil vorgestellt, zart, leidend. Aber wie er da so mit festen Schritten an den Tisch kommt, wirkte bei aller Sensibilität *sein Gesicht doch eher robust, fleischlich.* Durch ein Kopfnicken signalisiert er den Kindern, dass sie sich setzen dürfen. *Es schien mir, als ob Thomas Mann Wert darauf legte, sogar ein Gespräch mit seiner Familie wie eine Buchseite zu komponieren.* Er erteilt das Wort an jeden, hört zu, kommentiert, niemand kommt zu kurz. *Er verteilte die Portionen seiner Liebe gleichmäßig wie ein Küchenchef, der mit seinem großen Suppenlöffel die Teller auffüllt.*

Es sei alles sehr gepflegt zugegangen. Es durfte sogar gelacht werden. Nur nicht zu laut. Und dann wendet sich *der Monarch* an den Herrn Doktor Sahl. Was er denn von der Lotte Goslar so höre? Seine Tochter Erika habe von ihr erzählt, der Tänzerin, die bei Mary Wigman und Gret Palucca gelernt hatte und nun auch in der Pfeffermühle« auftreten wollte. Gespannte Neugier der Kinder. Doch Sahl, der mit Lotte eng befreundet ist, fällt nichts ein, *was im Rahmen dieser Audienz von Belang gewesen wäre.* Und so erzählt er denn, *um den Felsen zu sprengen,* dass sie gerade einen Tanz beendet hätte, in dem sie zeige, wie er morgens aus dem Bett käme, wenn er noch keinen Kaffee getrunken habe. Der

Tanz heiße »Ein Häufchen Unglück«. Stille. Und die Kinder stoßen sich belustigt unter dem Tisch an. Was wird der Vater sagen? Der sagt: *Vortrefflich*, und Dr. Sahl möge dem Fräulein Goslar seine herzlichsten Grüße ausrichten, er werde sie ja sicher bald auf der Bühne sehen. Dann schaut er auf die Uhr, erhebt sich, trinkt im Stehen seinen Tee aus und geht, *mit der Hand seine Untertanen zum Abschied grüßend*.

Thomas Mann hatte Deutschland noch früher als sein Bruder Heinrich verlassen. Aber nicht als *Überschreiter eines Rubikon*, schreibt Viktor, nein, er begab sich *mit leichtem Gepäck* und Frau Katia auf eine Kunstreise, eine Lesetournee. Am Abend vor der Abreise, das war am 10. Februar 1933, hatte er noch in der Münchener Universität die Ur-Lesung seines Essays »Leiden und Größe Richard Wagners«, für den er rauschenden Beifall bekam. *Auf Wiedersehen, Tommy, sagte ich, Hals und Beinbruch und viel Vergnügen*. Mit Wagner im Gepäck ging es nun im Triumphzug von Amsterdam nach Brüssel und nach Paris. Anschließend wollte er sich noch im Engadin erholen.

Viktor Mann wird bis zum bittersten Ende des Dritten Reichs in Deutschland bleiben. Als Thomas Mann sich noch in der Schweiz erholt, bekommt Viktor in München eine Postkarte, auf der steht, er möge sich in den nächsten Tagen zwischen 8 und 11 Uhr bei der Geheimen Staatspolizei, Zimmer 36 im 1. Stock einfinden. Das war ein Schock. Aber normalerweise wurde man ja früh um vier Uhr aus dem Bett geholt und verhaftet. Doch diese Höflichkeit konnte auch eine *blutige Höflichkeit* sein. Das passierte nicht selten. Und die offene Postkarte war wohl auch eher zur Information für Postboten und Nachbarn gedacht. Merkwürdig, schreibt er, er habe in der Nacht, bevor er ins Wittelsbacher Palais geht, gut geschlafen. Und dann will die Gestapo seiner Abstammung auf den Grund gehen. Er habe nämlich als Sachverständiger der Bayrischen Handelsbank kein Recht auf diesen Posten, falls er ein Nichtarier sei. Und die Anklagen gegen ihn und seine offenbar jüdische Rasse häuften sich.

Nein, mit ihren schmählichen Rassenfallen konnten mir diese Rassenlosen nicht kommen. Er übergibt schweigend »Ahnenpass«, Taufscheine von Mutter und Großmutter aus Brasilien, er hat alles dabei, auch vom »reinen« Vater, breitet alles aus, und plötzlich sind es schon drei Gestalten, die sich über die Papiere beugen. Ja, aber wenn er kein Jude sei, dann sei er ja gar kein echter Bruder von Heinrich und Thomas Mann! Doch, doch, sagt Viktor, sei er, sie seien alle aus der gleichen Herkunft. Thomas Mann kein Jude? Na, so etwas. Alles nur ein Missverständnis. Und da merkt Viktor, dass es ein abgekatertes Spiel ist. Also, er solle den Bruder zurückzuholen, der gehöre nach Deutschland. Heinrich Mann sei verloren. Aber Thomas Mann doch nicht. Der hatte doch seine Leser in Deutschland. Natürlich, mit ihm hätten die Braunen sich gerne geschmückt, wie mit Gustaf Gründgens. Viktor hätte anbieten können, ihn aus der Schweiz zu holen, wäre hingefahren und dort geblieben. Aber sie hätten Nelly nicht mitfahren lassen. Also bleibt er in München, sagt, er sei nur der kleine Bruder, auf den der große nicht höre, und der lebe auch in einer ganz anderen Welt.

Wenig später hätte die Gestapo so ein Spiel schon gar nicht mehr gespielt. Denn da spielte Viktors Nichte Erika in ihrem Exilkabarett »Die Pfeffermühle« in der Schweiz gegen die Nazis, und sein Neffe Klaus ließ in Amsterdam die klügsten Emigranten gegen sie schreiben. Da wollten Heinrich Himmler und sein SS-Barde Hanns Johst den Großdichter, wenn sie ihn denn gehabt hätten, ins KZ stecken, um diesem Lümmel Klaus, der sie international bloßstellte, das Maul zu stopfen. Und als dann der Krieg ausbrach, war Thomas Mann für seinen kleinen Bruder Viktor in München der gefährlichste von allen geworden, weil er seit 1940 aus Amerika über die BBC seine Radiosendungen an »Deutsche Hörer!« sprach. Und da nennt er Hitler eben einen *blödsinnigen Wüterich*, die Nazihorde einen *Raub-Pöbel* und den Krieg eine *mörderische Idee der Rassen-Suprematie und der Versklavung der Völker durch irgendwelches auserwählte Herrengeblüt.*

Da hat Viktor Mann allen Grund, sich ruhig zu verhalten. Er gibt seine Arbeitsstelle bei der Handelsbank auf und meldet sich – um Spitzeln und Denunzianten aus dem Weg zu gehen – bei der Wehrmacht als landwirtschaftlicher Berater, zieht in die Provinz, in ein ländliches Quartier mit netten Wirtsleuten, die seine Familienverhältnisse geahnt und darüber geschwiegen haben. Wenn er in ihrem Gasthof isst, setzen sie ihn, wenn möglich, dorthin, wo niemand ihm gefährlich werden konnte. Aber das klappt nicht immer. Obwohl noch Platz ist, setzt sich ausgerechnet die Familie an seinen Tisch, die er kennt, die auch in Ordnung ist, nur die Frau mag er nicht, die neugierig ist und ärgerlich wird, wenn sie nichts von ihm erfährt. Also fragt er, um allen Fragen aus dem Weg zu gehen, nach dem magenleidenden Herrn Papa, einem verbitterten Major a. D., und nach den Kindern, aber das interessiert die Schmallippige nicht, die nun ohne Überleitung fragt: *Sind Sie eigentlich verwandt mit den Schriftstellern ihres Namens?*

Und da sitzt Viktor Mann nun, schenkt sich langsam ein Glas Rotwein ein, und Hitler schaut ihm dabei von der Wand im Rahmen hinter Glas zu. Was würde sie sagen, wenn er »ja« sagte? Vielleicht nur: Ah, wie interessant. *Sie war kein Naziweib,* schreibt er, das nicht. Aber eine Schwätzerin war sie. Würde sicherlich zu gern erzählen, warum der Herr Mann in die Walachei gezogen ist und so wenig spricht. Also sagt Viktor Mann, nachdem er einen Schluck getrunken hat, das sei wirklich ein guter Rotwein. Aber das interessiert die Frau noch weniger.

Doch Viktor Mann ist vorsichtig. Sein Bruder hält Radioreden, und der 20. Juli ist noch nicht lange her, *der für viel harmloser Versippte mindestens das Konzentrationslager bedeutet hatte.* Wir sind im Herbst 1944. Und der Gefragte ist froh, dass er bisher verschont worden ist. Vielleicht hatte man ihn ja tatsächlich vergessen. Und diesen Zustand wollte er nicht durch dummes Geschwätz zerstören. Nein, er würde der Dame zu keiner Sensation verhelfen. So nimmt er noch mal einen Schluck Rotwein und fragt: *Wie meinten Sie? Mit den Schriftstellern verwandt? Nicht daß ich wüßte. Das sind doch Norddeutsche, nicht wahr? Ich bin aus München.* Und ganz wohl ist ihm nicht dabei, weil er bis zu diesem Augenblick noch nie geleugnet hatte, der Bruder seiner Brüder zu sein.

Da wird plötzlich an einem der großen Fenster, die fast bis auf den Boden reichen, kurz und heftig ans Glas geklopft. Das war der Hahn, der auf Brotreste wartete. Und um ihn herum warteten die Hennen, die Hunger hatten. Und der Hahn, mit seinem blutroten Zackenkamm klopft mit hartem Schnabel noch einmal ans Fenster. *Es war klar: er verlangte Brot für seine Frauen, aber mir war es, als fragte mich sein Blick: »Soll ich krähen, Petrus?«*

»Mir war, als sei ich in Jerusalem an jenem Tag, als man Christus nach Golgatha brachte.«

Otto Flake gerät mit seinen Texten und einer Solidaritätserklärung ins Abseits, und der Emigrant Ulrich Boschwitz schreibt in vier Wochen den Roman seines Lebens.

Anfang 1933 ist der Schriftsteller Otto Flake für ein paar Tage in Berlin. Er nimmt Einladungen wahr, wird für einen Artikel in der »Berliner Zeitung« gezeichnet und macht am Ende noch einen Besuch im Verlag, den Samuel Fischer zu einem der führenden europäischen Häuser mit den wichtigsten Autoren und den größten Werken der Weltliteratur gemacht hatte. Also die Stimmung sei gut, sagt man ihm dort, man sei zuversichtlich und werde versuchen, die Klippen der neuen Zeit zu umschiffen. Die Beziehungen zum Propagandaministerium bezeichneten sie ihm gegenüber als »korrekt«. Das klang alles nicht so recht beruhigend. *Es wurde geflüstert, aber niemand konnte genau sagen, was in den KZ wirklich geschah*, schreibt Flake. Als er wieder in Baden-Baden ankommt, findet er in seinem Haus einen ziemlichen Berg an Post vor. Darunter auch vom Verlag ein Formular mit vielen Erläuterungen. Eine Loyalitätserklärung soll er unterschreiben. Die wirft er gleich in den Papierkorb. Dann beantwortet er seine Briefe. Doch das Formular geht ihm nicht aus dem Kopf. Er fischt es wieder heraus und liest alles noch einmal genau durch: *Es sei im Interesse des Verlags, wenn möglichst viele Autoren unterschrieben. Es sei auch mein Interesse und das meiner Frau, lautete eine mit der Hand hinzugefügte Bemerkung*. Das galt Marianne Hitz, seiner vierten Frau in seiner fünften Ehe, wenn man mitzählen wollte, dass er eine seiner Frauen ein paar Jahre nach der Scheidung noch einmal geheiratet hatte. Und Marianne, die letzte, war nach den nationalsozialistischen Gesetzen eine »Halbjüdin«.

Das hatte Flake aber erst erfahren, als er sich verlobte, hoch oben über der Oos auf der Leopoldshöhe, nahe der Caracalla-Therme und Baden-Badens Casino. Es gab viel Rohkost, weil Rohkost damals in Mode war, danach Braten und viele leckere Kleinigkeiten. *Ich horchte verwundert auf, als von zwei Frankfurter Bankiers und Onkeln die Rede war, die zu Besuch kommen wollten: die Namen klangen jüdisch.* Er wusste nur, dass seine künftige Schwiegermutter eine Hugenottin, nicht aber, dass ihr verstorbener Gatte jüdisch gewesen war. *Marianne war also halbarisch, wie man neuerdings sagte, und wenn die Nationalsozialisten an die Macht kamen, konnten mir Schwierigkeiten entstehen.* Noch war es ein Jahr vor Hitlers Machtergreifung. Aber Eva, Flakes elfjährige Tochter aus älterer Ehe, schwärmte für diese junge Stiefmutter, die ihr 52-jähriger Vater heiraten wollte, obwohl er seit seiner ersten Ehe *nicht mehr für die Vermischung der Rassen* war. Seine erste Frau, Minna Mai, eine Jüdin, war schon in der antisemitischen Zeit vor dem ersten Weltkrieg nach New York ausgewandert. Und Flake hatte, wie er schreibt, so viele intellektuelle Juden kennengelernt, die alle zum Kommunismus neigten, den er verabscheute. *Andererseits, Marianne hatte mir gefallen, als ich noch nichts von ihrer Versippung ahnte: es wäre unfair gewesen, jetzt eine andere Flagge aufzuziehen.* Und so heiratet er im Mai 1932 die schöne Marianne, die ihn bald betrügen wird und die er am liebsten zum Teufel jagen würde, und die sich dann doch immer wieder irgendwie mochten. *Aber sie besaß nicht mehr das stärkste Mittel der Verzauberung, und ich war nicht mehr … bereit, mich formen zu lassen – sie mußte mich nehmen, wie ich war, und das machte ihr zu schaffen.*

Nein, sie klingen nur etwas bedenklich, sind es nicht, die Versippungs-Passagen aus seiner 600 Seiten langen Biographie, die er mit 80 Jahren beendet. Flake ist ein Kosmopolit, ein großer Erzähler, der mit eleganter, leichter, auch lakonischer Hand schreibt, ein Causeur, der nie in Gefühlen schwimmt. Als im S. Fischer Verlag »Das kleine Logbuch« von ihm erschienen war, schwärmte Kurt Tucholsky: *Flake, unser bedeutendster Essayist neben Heinrich Mann, ein deutscher Wegbereiter, eine geistige Wohltat.* Und sein kleines Logbuch passe in jede Manteltasche, schrieb Tucholsky weiter in seiner Rezension. *Ob es auch in jeden Kopf paßt, das ist eine andere Sache.* Das war natürlich ein Ritterschlag für den damals 37-jährigen Elsässer Flake.

Rolf Hochhuth lernt ihn noch Ende der fünfziger Jahre kennen. Er war ein Hüne, sagt er, und er konnte auch kalt sein. Ernst genommen habe der ihn auch erst, als er seinen »Stellvertreter« gelesen hatte. Hochhuth war damals Lektor bei Bertelsmann und kannte die Romane von Flake. Das erste, was er ihm sagte, war: Sie müssen Ihre Memoiren schreiben! Da sagt der: Die sind fertig. Ich weiß nur keinen Titel. Darauf Hochhuth: Ich weiß einen, »Es wird Abend«. Flake ist sofort einverstanden, auch mit dem Untertitel »Bericht aus einem langen Leben«. Als das Buch 1960 erscheint, ist Flakes Frau Marianne – mit der er in Kriegszeiten schon gar keine Ehe mehr geführt hatte – bereits fünfzehn Jahre tot. Die hat der Teufel geholt, sagte er zu Hochhuth. Wäre sie bei ihm geblieben, wäre sie jetzt noch am Leben. Marianne Flake, die ja viel jünger war als ihr Mann, lebte zu der Zeit mit einem Croupier aus der Spielbank zusammen. Am 23. Februar 1945 war Pforzheim, das nahe bei Baden-Baden liegt, von mehr als 300 Bombern der Royal Air Force angegriffen und zerstört worden. Da müsse seine Frau den Tod gefunden haben, glaubt Flake. *Das Haus, in dem der Croupier und wohl auch Marianne gewohnt hatten, stand nicht mehr.* Mehr schreibt er in seiner Biographie zum Ende dieser Ehe nicht.

Flake hatte seit seinem Sanskrit-, Philosophie-, Geschichts- und Germanistik-Studiums in Straßburg als Journalist und Schriftsteller in Mulhouse, Colmar, Paris, München, Berlin, St. Petersburg, Brüssel und Südtirol mal kürzer, mal länger gelebt und gearbeitet, bis er 1928 endgültig nach Baden-Baden zog, wo er bis zu seinem Tod 1963 blieb. Sein Frankreich hatte er dort immer vor der Tür. Und nun, im Herbst 1933, war vom Verlag dieses verdammte Formular gekommen. Also gut, er unterschreibt die Loyalitätserklärung. *Ich war nicht gerade Persona grata bei den Herren Rosenberg und Goebbels. Wenn ich mir durch die Unterschrift Ruhe und meiner Frau Schutz verschaffen konnte, warum nicht.* Er wollte nichts, als in Frieden arbeiten zu können.

Man hatte ihn in Straßburg mal *einen blonden Ahasver* genannt, der vom Elsass ins Rechtsrheinische gewandert oder geflohen war, und dort wurde er dann beschimpft, weil er sich in der Idylle versteckte, sich nicht einmischte, Hitler nicht Paroli bot. *Nun kam es heraus; ich kämpfe nicht direkt gegen Dummheit, Gewalt, Krieg und Hitler-Ideen, nur indirekt, in meinen Büchern, die von Vermenschlichung handelten, doch das genüge nicht.* Aber was, fragt er sich, hätte er denn tun können? Reden halten? Wo? Wie? *Man hatte meine letzten Aufsätze zurückgewiesen, ich hatte meine Erfahrungen schon gemacht.* Und was war denn in Deutschland passiert? Die Professoren, schreibt er, hätten die Studenten doch nicht davon abgehalten, Hitler zuzujubeln. Viele von ihnen haben doch sogar mitgejubelt. Und der Humanismus? Hatte der etwa den braun gewordenen deutschen Michel, die aufplatzende Nazi-Macht und die Brutalität verhindert? Es befand sich inzwischen doch die ganze Zivilisation in diesem euphorischen Zustand, *und darin durfte ich, ein einzelner, eine force majeure erblicken*, eine höhere Gewalt. Aber auswandern? *Ich hatte kein Geld, um draußen zu leben.* Alleine hätte er es schaffen können, nicht aber mit einer verwöhnten Frau und seiner Tochter, die noch zur Schule ging. Er hatte ja versucht, sein Haus zu verkaufen, dann hätte er Geld gehabt. Aber das wollte damals niemand mehr haben, nicht zu seinem Preis. Er hätte es verschleudern müssen. Und wovon hätten sie dann leben sollen?

Im Berliner Rundfunk hält Flake einen Vortrag über »Toleranz, eine Sache von gestern und morgen«. *Für den Augenblick war die Toleranz ausgeschaltet, man konnte es nicht leugnen.* Als er vorm Mikrophon seinen Text spricht, sei vor der Kabine schon der nächste Redner auf und ab gegangen: Alfred Rosenberg, Hitlers Parteiideologe, gnadenloser Antisemit und künftiger Kriegsverbrecher, der im Nürnberger Prozess zum Tode verurteilt und gehängt werden wird. Flake weiß, *es war kein Vorteil, Autor eines jüdischen Verlags zu sein.* Gerade hatte der Reichstag gebrannt und die Juden wurden boykottiert. *An den Villen verschiedener Ärzte klebten Zettel: Judenladen.* In Berlin ist Panikstimmung. Er lernt den Verleger Suhrkamp kennen. Und wieder in Baden-Baden hört er, *daß Suhrkamp als arischer Verbindungsmann dem Verlag gute Dienste erweise und Fischer alles in allem zuversichtlich sei.* Viele beruhigen Flake auch, sagen, so schlimm werde es schon nicht werden, die Partei mache gerade die Kinderkrankheiten durch und mausere sich bald.

So hat er denn die Loyalitätserklärung unterschrieben und ahnt nicht, dass es eine große Dummheit war. *Ich merkte es, als einige Tage später Goebbels in den Zeitungen die Kolonnen der Unterzeichner aufmarschieren ließ, hinter einem von ihm gedichteten Text; aus der Loyalitätserklärung war nun ein Treuegelöbnis geworden.* Flake steht an 23. Stelle von 88 Namen zwischen Unbekannten, aber auch den Nazigrößen Arnolt Bronnen, Hanns Johst, Agnes Miegel und Börries von Münchhausen. Für diese Unterschrift wird er von den Emigranten Thomas Mann, Bertolt Brecht und Alfred Döblin scharf kritisiert. Und Kritik gibt es auch vom Fischer-Verlag gleich im November nach der Unterschrift. Sein Roman »Noras Töchter« entspreche nicht den Anforderungen der Zeit. Ist also schon aus der Zeit gefallen. *Sein Heidelberger Individualistenmilieu stelle erledigte Zustände dar.*

Da bläst bereits der Wind der Anpassung. Flake lässt Gottfried Bermann Fischer – den Schwiegersohn des Verlagsgründers, der seit 1933 das Haus führt – wissen, dass er bereits einen Ersatzverlag gefunden habe. Was nicht stimmte. Er hatte bei Zsolnay nur angefragt, aber noch keine Antwort bekommen. Also der Fischer-

Verlag solle sich überlegen, ob er ihn als Autor verlieren wolle. Da telegrafiert ihm Bermann, dass sie den Roman im Februar drucken werden. Und als der große Samuel Fischer am 15. Oktober 1934 stirbt, gehört Flake zu den wenigen Autoren, die zu seiner Beerdigung auf den jüdischen Friedhof in Weißensee kommen. Da hat er schon, trotz der verteufelten Loyalitätserklärung, die er dieses verehrten Verlegers wegen unterschrieben hatte, verloren. Dabei hätten die Nazis den blonden Zweimeter-Mann aus Lothringen sicher gerne als Vorzeigegermanen in ihrer Sammlung gehabt. Aber für diese Rolle ist Flake nicht geeignet. Und so sinken denn von Jahr zu Jahr Ansehen und Einnahmen. Die werden schlechter *als die eines Anfängers*.

Er musste daran denken, wie *unverantwortlich viel* er noch kurze Zeit vor dem Dritten Reich herausgebracht hatte, um so viel wie möglich zu verdienen, weil man schon ahnte, dass es eine *große Stockung* geben könnte. Zu der Zeit hatte Flake in Herrenalb Gerhart Hauptmann getroffen, der mit Frau und Sohn im Kurhof abgestiegen war und ihn zur kalten Ente und Pilsner Bier einlud. Nach dem Essen musste er Frau Hauptmann davon überzeugen, dass er mit ihrem Mann noch ein Bier im »Goldenen Kreuz« trinken wollte, ein letztes. Es war so eine Marotte, dass sie dann sagte: »Gerhart, das erlaube ich nicht!« Und wenig später erlaubte sie es dann doch. »Aber nur eins!« Das musste er versprechen. Und beide wussten, dass er es nicht einhalten würde. Es wurden also viele, und der Abend wurde lang. Und wenn Hauptmann dann anfing, über Politik zu reden, musste man schon sehr geduldig sein, schreibt Flake. *Er hatte kein Organ für die konkreten Mächte im Staat, redete von ihnen wie von platonischen Ideen und war als Mann mit tiefem Nationalgefühl bereit, das, was ist, mit dem, was sein soll, gleichzusetzen. Wer so denkt, muß den jeweiligen Machthaber verteidigen, den verhängnisvollen Wilhelm II. oder den noch verhängnisvolleren Hitler.*

Inzwischen war es unbestimmt, was aus dem Verlag werden würde. Bermann Fischer hatte Deutschland mit den Rechten und den bereits gedruckten Werken unerwünschter Autoren verlassen, der übriggebliebene Teil des Verlags blieb in Berlin unter dem alten Namen und neuer Leitung. Viele Autoren, schreibt Flake, waren abgesprungen. *Ich erhielt verschiedene Angebote, mich zu übernehmen, von Cotta, Gurlitt, Bruckmann und Rowohlt.* Blieb dann aber bei Fischer. Flake hatte Lust, einen großen Roman zu schreiben, wusste aber, dass er sein Thema nur in vergangenen Jahrhunderten suchen könnte. Mit Rowohlt hatte er über ein Epos geredet, von Calvin bis zum französischen Hugenottentum. Aber wenn er daran dachte, wie die Nazis mit den Klassikern umgingen und sie umdeuteten, grauste ihm: Bei Lessing verschwiegen sie den »Nathan«, bei Schiller die Humanität. *Mit Goethe war beim heißesten Bemühen nicht viel anzufangen. Einige willige Oberlehrer wiesen ihm daher die Schuld am Tode Schillers nach und machten ihn für den Selbstmord Kleists verantwortlich.*

Dann flaut langsam Goebbels *Priesterhetze* ab, und die Juden sind an der Reihe. Sie hatten in Baden-Baden keinen Zutritt mehr zum Kurhaus, zum Kurgarten, zum Theater. Als seine Frau einen Maskenball im Kurhaus besuchte und alle Preisrichter ihr den ersten Preis zusprachen, kam einer und gab zu bedenken, dass sie nur halbarisch sei. Da bekam sie den zweiten Preis. Und die Kulturkammer will von jedem den Ahnenpass sehen. Das heißt für Flake, elende Briefwechsel mit Ämtern, Pfarrern und Bürgermeistern führen. Als der PEN-Club in Basel ihn zu einer Lesung bittet, sagt er zu. Und erfährt, dass er dazu die Erlaubnis der Reichsschrifttumskammer braucht. Die lässt ihn wissen, dass seine Reise unerwünscht sei.

Erwünscht dagegen scheint ein Text zu sein, der in der nächsten Auflage von »Meyers Konversationslexikon« über Flake stehen soll. Er ist empört und schreibt einen Brief an die Kammer: *Ich darf Sie bitten, zur Kenntnis zu nehmen, daß ich Protest erhebe* ... Nicht gegen den Satz, dass er »weltmüdes Ästhetentum« pflege. Das sei ein Urteil, und gegen Urteile wolle er keine Stellung nehmen. Der nächste Satz allerdings sei kein Urteil, nicht mal ein getarntes, sondern eine Denunziation, dass nämlich sein Roman »Anselm und Verena« von 1935 eine »versteckte Persiflage der Rassentheorie berge«. Der Autor dieses Textes, schreibt Flake, wäre kaum in der Lage, hierfür den leisesten Beweis anzutreten. Und gleich im nächsten Satz würde ihm unterstellt, dass er in seinem Roman »Die Töchter Noras« von 1934 für zügellose Erotik einträte. Der Verfasser dieses Satzes verschweige allerdings, dass er, der Autor, vor der Hemmungslosigkeit warne. Der Inhalt und damit die Absicht seines Buches seien ins Gegenteil verkehrt worden.

Er geht noch weitere Bücher durch, fragt dann, ob die Schrifttumskammer nicht dazu da sei, *die Lebensrechte der Autoren zu wahren*. So mache es aber ganz den Eindruck, dass er heute noch geduldet und morgen vielleicht schon unerwünscht sei. Dass er vom alten Humanismus herkomme und mit einer Halbarierin verheiratet sei, das wüssten sie ja wohl. Und der letzte Satz seines Briefes heißt: *Wie die Dinge liegen, ist der Text in »Meyers Lexikon« dasselbe wie ein vom Staat aufgedrückter Stempel, ein der Nation vorgeschriebenes Urteil: das für mich unannehmbar ist*. Der Inhalt dieser 8. Auflage des Lexikons musste mit der Zensur-Abteilung der NSDAP abgestimmt werden. Die frischen Lexika wurden deshalb der »Braune Meyer« oder der »Nazi Meyer« genannt, die nach 1945 von den Alliierten konfisziert wurden. Zehn Jahre später wird A. R. Meyer Flake erzählen, dass er Glück gehabt habe, denn sein Brief hätte ihn um ein Haar ins Konzentrationslager gebracht.

Was soll Flake nun schreiben? Er beginnt mit einem Roman, der im Elsass spielt, um 1900 herum. Aber schon am Ende des ersten Kapitels ist er im Ersten Weltkrieg angekommen. Er bricht das Vorhaben ab, *weil meine Ideen über die Ereignisse von 1914 nicht gedruckt worden wären*. Da tagt in Baden-Baden die Deutsch-Französische Gesellschaft. Flake wird schon nicht mehr eingeladen. Als er hört, dass im Mittelpunkt der Veranstaltung der französische Schriftsteller Alphonse de Châteaubriant steht, wäre er auch nicht, wie er schreibt, hingegangen. Denn Châteaubriant, der 1911 noch den Prix Goncourt gewonnen hatte, war 1935 nach einer Deutschlandreise zum Faschisten mutiert. *Er war ein nicht gerade imposanter, kleiner Mann, der wie eine Gestalt aus der »Education sentimentale« aussah,* schreibt Flake, *er bewunderte die deutsche Landschaft und fand von ihr mühelos zur Bewunderung des Hitlerschen Genius.* Nun wurde er von den Veranstaltern umworben und verhätschelt und überall im Auto herumgefahren. Da beschloss Flake, endgültig die Flucht in die Vergangenheit anzutreten.

Er begibt sich in die innere Emigration und schreibt seinen wohl wichtigsten Roman, der im 19. Jahrhundert spielt. So entsteht in Vorkriegs- und Kriegszeiten sein »Fortunat«, die Biographie des Jacques Fortuné Kestenholz, Sohn einer badischen Magd und eines russischen Adeligen. Es wird der Bildungsroman eines intellektuellen Autors, eines Historikers, der den unehelichen Knaben aus der Provinz in einem Jahrhundert aufwachsen lässt, in dem er zum anerkannten, ja, berühmten Arzt in der Metropole wird. Flake schreibt eine Weltchronik, ein Sittengemälde, einen Gegenentwurf zum Nazireich, in dem die Geistesgrößen aus dem Land gejagt wurden, die in einem anderen Jahrhundert ihren Geist sprühen lassen konnten – wie Bankier Rothschild und Fürst Pückler, Schriftsteller, Landschaftsarchitekt und Weltreisender, wie Florence Nightingale, die Begründerin der modernen Krankenpflege, oder Louis Bonaparte, König von Holland, der dem Land eine Verfassung gab, für Religionsfreiheit sorgte und in Amsterdam den Grundstein zum Rijksmuseum legte. Flakes Roman in zwei Bänden – »Berge und Täler bleiben stehen« und »Menschen begegnen sich« – ist auch der Traum eines verfemten Intellektuellen, der versucht, seine zwei Länder, die alte Heimat Frankreich und die neue Heimat Deutschland, zu einem Stück Europa verschmelzen zu lassen. »Fortunat« bleibt im Schreibtisch liegen, bis er 1946 erscheinen kann.

Die Zeiten verdüstern sich, Flakes Einkünfte schmelzen, die Monatsraten des Verlags sind von 700 auf 500 Mark herabge-

Otto Flake, Kosmopolit und großer Erzähler, unterschreibt eine Loyalitätserklärung, weil er glaubt, dann in Ruhe schreiben zu können. Diese Hoffnung geht nicht auf. Er kann von Glück sagen, dass er wegen eines heftigen Briefs nicht ins Konzentrationslager kommt.

setzt worden, die Ernährungslage wird von Tag zu Tag schlechter, er magert ab, verliert dreißig Pfund, die Schwiegermutter kommt nach Baden-Baden zur Kur, geht ins Hotel, weil er sie nicht bei sich zu Hause ertragen kann. Sie hat sich gleich erkundigt, ob er noch Radio London höre. *Darauf stand die Todesstrafe – sie hatte mich in der Hand. Ich erklärte, London hätte ich längst aufgegeben.*

Dann kommt die Nacht vom 9. auf den 10. November 1938, die Nacht der Judenpogrome, die sogenannte »Reichschristallnacht«. Die fünfjährige Diskriminierung der Juden endet ab sofort, nun beginnt die systematische Verfolgung. *Die Juden sollen einmal den Volkszorn zu verspüren bekommen*, schreibt Goebbels am 10. November ins Tagebuch. *Nun wird das Volk handeln*. Das Volk? Die SA wird handeln. Die rückt an. Ihre Gewalttäter zerschlagen die Fensterscheiben aller jüdischen Geschäfte, sie stürmen jüdische Wohnungen, zertrümmern die Einrichtungen, zerschmettern grölend Gläser und Porzellan, prügeln und bespucken ihre Besitzer. *Juden bei Widerstand sofort über den Haufen schießen*, heißt es in einem Telegramm von Goebbels im Auftrag Hitlers. Und sie plündern nicht nur, die SA-Vandalen, sie schießen auch. Und alle Synagogen des Landes sind sofort anzuzünden. Die Feuerwehr darf nicht eingreifen. Nur arische Häuser sind zu schützen, falls die Flammen übergreifen. Die Polizei hat sich aus allem rauszuhalten. Und an jedes zerstörte jüdische Geschäft soll ein Schild mit folgendem Text aufgestellt werden: »Rache für Mord an vom Rath. Tod dem internationalen Judentum. Keine Verständigung mit Völkern, die judenhörig sind.« Und das war der Vorwand: Der Tod des Legationsrats Ernst Eduard vom Rath aus der Deutschen Botschaft in Paris. Der siebzehnjährige polnische Jude Herschel Grynszpan hatte erfahren, dass seine ganze Familie, die in Deutschland lebte, vertrieben worden war. Da gab er am 7. November im Palais Beauharnais, dem Sitz der Botschaft, fünf Schüsse auf vom Rath ab, der am 9. November an seinen Verletzungen starb. Grynszpan war am 8. November verhaftet und vermutlich im KZ Sachsenhausen ermordet worden.

Otto Flakes Frau Marianne ist gerade von einer Reise nach Baden-Baden zurückgekommen. Da bricht der 10. November an. *Ich ging ahnungslos am Morgen in die Stadt und wurde Zeuge des Umzuges der Juden. Die Männer standen in Lastwagen, ich erkannte einen Anwalt.* Vor ihm steht ein Metzger, schlägt mit der Faust gegen den Wagen und verflucht Juda, *mir war, als sei ich in Jerusalem an jenem Tag, als man Christus nach Golgatha brachte.* Er fragt bei Nachbarn an, ob die Frau des Doktors auch geholt worden sei. Nein, nicht. Das bedeutet, dass sie durch ihren arischen Ehemann geschützt ist. *Damit beruhigte ich Marianne, die blaß geworden war.* Er erfährt, dass Juden ohne diesen Schutz, sich innerhalb einer Stunde zum Abtransport bereit machen mussten. Mit fünfzig Pfund Gepäck und hundert Mark. *Der alte Doktor Sack*, schreibt er, *der mich oft in der Dunkelheit besucht hatte, schenkte mir einen silbernen Federhalter in Ganskielform mit einer russischen Inschrift, ein Andenken an seinen Vater. Ich gab das Geschenk dreizehn Jahre später den Erben zurück.* Dann hört er noch, dass Juden in die Synagoge gebracht und gezwungen worden sind, dort das Horst-Wessel-Lied zu singen. *Nachts kamen sie nach Dachau,* und da brennt ihre Synagoge schon lichterloh.

In diesen Novembertagen von 1938, blüht in der Emigration ein Talent auf: Ulrich Alexander Boschwitz. Nein, die Pogrome hat er nicht miterleben müssen, aber sie sind die Initialzündung für das größte Werk in seinem kurzen Leben. Er war noch rechtzeitig mit seiner Mutter geflohen, 1935, als die »Nürnberger Gesetze« verkündet wurden, jene Gesetze, von denen das wichtigste das »Rassengesetz« war, das »Gesetz zum Schutze des deutschen Blutes und der deutschen Ehre«. Das hieß: Verbot einer Mischehe und Verbot außerehelichen Verkehrs zwischen Juden und Nichtjuden. Verstöße wurden als »Rassenschande« mit Gefängnis oder Zuchthaus bestraft. Todesurteile galten nur für Männer, denn für Hitler war die Frau »sexuell unmündig«.

Es gibt einen berühmten, bitteren Fall, den Fall von Leo Katzenberger. Er stammte aus einer jüdischen Familie und hatte mit zwei Brüdern in Nürnberg ein Schuhwarenhaus mit mehreren Filialen gegründet. Die durften sie gerade noch bis zu den 38-er Pogromen führen. Katzenberger engagierte sich nun in der israelischen Kulturgemeinde. In einer der Mietwohnungen seines Anwesens lebte schon seit 1932 die Tochter seines alten Geschäftsfreundes, Irene Seiler. Sie kannten sich lange, er besuchte sie, es war eine väterliche Freundschaft. Mit einem Juden? Das konnten sich der Orthopädiemechaniker Kleylein und seine Frau nun gar nicht vorstellen. Sie denunzierten Katzenberger wegen Rassenschande mit einer Arierin.

Der Fall landet vor dem berüchtigten Nürnberger Sondergericht. Das Urteil, das Landgerichtsdirektor Oswald Rothaug fällen wird, steht von Anfang an fest. Die von Irene Seiler eidesstattlich bestrittene Anklage bringt sie wegen Meineids zwei Jahren ins Zuchthaus. Und in diesem Drama wüster Rechtsbeugung wird Katzenberger zum Tode verurteilt. Am 3. Juni 1942 wird er unter der Guillotine enthauptet. In Stanley Kramers 1961 gedrehtem Film »Das Urteil von Nürnberg« ist die Szene des Kreuzverhörs mit der ehemals Angeklagten als Zeugin und der Aussage des geläuterten Richters – mit Spencer Tracy, Burt Lancaster, Judy Garland und Maximilian Schell – der Höhepunkt dieser beeindruckenden Rekonstruktion des Nürnberger Juristenprozesses von 1947.

Neben den Rassegesetzen war es Juden verboten, die Hakenkreuzfahne zu hissen, womit sie ein Geschäft oder eine Firma als »arisch« hätten tarnen können, sie durften nicht wählen, und das »Frontkämpferprivileg« galt auch nicht mehr für ehemalige Kriegsteilnehmer. Der Vater von Boschwitz, ein gutsituierter jüdischer Kaufmann, war an der Front ums Leben gekommen, kurz bevor sein Sohn Ulrich Alexander am 19. April 1915 geboren wurde.

Nun hat der 20-Jährige, der seinen Vater nie kennenlernte, eine Odyssee mit seiner Mutter hinter sich, zunächst von Berlin nach Schweden und Norwegen. Dann reisen sie mit dem Geld seines erfolgreichen ersten Romans – der im schwedischen Verlag Bonnier erscheint, wo später auch der Emigrant Peter Weiss publiziert –

nach Paris. Ein paar Semester wird er an der Sorbonne studieren, dann geht es weiter nach Belgien, Luxemburg, zurück nach Paris, und da hört und liest Ulrich Boschwitz 1938 von den November-pogromen, die bei ihm einen Schreibrausch auslösen. In nicht mehr als vier Wochen entsteht in geradezu genialer Hast und einem Hochgefühl seiner Begabung die Geschichte des vermögenden Kaufmanns Otto Silbermann, der, wie einst des Autors Vater, im Ersten Weltkrieg gekämpft und für seinen Mut mit dem Eisernen Kreuz ausgezeichnet worden war. Silbermann ist ein geachteter Bürger in Berlin, verheiratet mit einer nicht jüdischen Frau, und plötzlich heißt es: Alle Juden werden verhaftet. Silbermann hört die SA-Barbaren vor der Tür brüllen, dann Sturm klingeln. Seiner arischen Frau werden sie nichts tun, sie wollen ihn, er flieht durch den Hinterausgang.

Silbermann kauft sich auf dem Weg ins Ungewisse eine Zeitung, liest vom Mord am Legationsrat in Paris, mit dem die Juden, wie es hieß, dem deutschen Volk den Krieg erklärt hätten. Da habe also ein siebzehnjähriger Junge, Grynszpan, anstatt sich das Leben zu nehmen, mitten ins Deutsche Reich geschossen. Und ins Herz von Silbermann. Denn er, »Der Reisende«, wird vom Autor Boschwitz nun in schwindelerregendem Tempo durch dreihundert Seiten gejagt. Ziellos. Im Zug. Von Berlin nach Hamburg, nach Aachen, Dresden, Dortmund, durchs ganze Reich. Und immer in Gefahr, denunziert oder entdeckt zu werden. Dieser Roman ist der erste große Exilroman, der gleich nach den November-Pogromen von einem 23-jährigen Juden geschrieben wurde. 1939 erschien er in englischer Übersetzung in London, später auch in Amerika, in deutscher Sprache, also im Original, erst 2018. Und das ist dem Verleger Peter Graf zu verdanken. Er hatte von des Autors Nichte erfahren, dass das Originaltyposkript ihres Onkels nicht im New Yorker Nachlass sei, sondern im Deutschen Exilarchiv der Nationalbibliothek in Frankfurt.

Dort liest der Verleger Peter Graf den Roman. Als er die Bibliothek am späten Nachmittag wieder verlässt, sei es schon dunkel gewesen, schreibt er im Nachwort, *es nieselte, und alles, was ich auf dem Weg zu meinem im Frankfurter Bahnhofsviertel liegenden Hotel wahrnahm, erschien mir unglaublich trist und verstärkte meine von großer Traurigkeit grundierte Stimmung, die die Lektüre ausgelöst hatte*. Er wird den Roman, der nicht lektoriert war, mit Zustimmung der Familie Boschwitz bearbeiten. Das hatte der Autor auch vor. 1939, kurz vor Ausbruch des Krieges, war er noch mit seiner Mutter von Paris aus ins englische Exil gegangen. Wie fast alle aus Nazi-Deutschland Geflüchteten, wurden sie interniert. 1940, kurz nach Kriegsbeginn, wird Ulrich Boschwitz als »feindlicher Ausländer« nach Australien abgeschoben und wieder interniert. Dort redigiert er dann seinen Roman gründlich.

Aufmachen, Jude, aufmachen, brüllt die Nazi-Meute und schlägt mit den Fäusten gegen die Haustür. Da beginnt Otto Silbermanns Reise in den Abgrund. Noch glaubt er, sich selbst und vielleicht auch einen Teil seines Vermögens retten zu können. Er überlegt, wie so ein Antisemit nach den Pogromen wohl denken mag. Vielleicht würden viele arme Antisemiten jetzt sogar gerne mit ihm, einem vermögenden Juden, tauschen. *Aber warum sollten sie tauschen?*, korrigiert er sich gleich. *Sie nehmen mir einfach das Geld weg und sind dann reiche Antisemiten*. Silbermann will mit seinem Prokuristen alles Geschäftliche bereden. Er hat ihn zu seinem Sozius gemacht, um die Firma zu erhalten, ahnt aber schon, dass der seine Position ausnutzen könnte, er hatte ja ihm gegenüber nicht mal einen Hehl daraus macht, ein Nazi zu sein.

Er trifft seinen Kompagnon Becker im Café. Der findet, es sei klüger, ihn nicht mehr mit in die Firma zu nehmen. Ob er denn von den Judenverfolgungen gehört habe, fragt Silbermann. *Ach so, diese Zwischenfälle*, sagt Becker. *Man hat uns in der Wohnung überfallen. Ich konnte gerade noch fliehen*. Aber das interessiert Becker gar nicht. Der erzählt von seiner Geschäftsreise und den beiden Nazis, die Silbermann ja von weitem noch gesehen habe, *famose Kerle*, aber *Stinkantisemiten*, die hätte er ihm nicht vorstellen können. Frech und jovial klärt er seinen Chef, den er nun hemmungslos lächelnd enteignet, über dessen ziemlich aussichtslose Lage auf. Die Minimalsumme, die er ihm auszahlt, wird Silbermann von nun an in einer Aktentasche mit sich herumtragen. Im Exil könnte er sich damit vielleicht eine neue Existenz aufbauen. Aber wenn er erwischt wird, sagt Becker, der Usurpator, nimmt man ihm auch das wenige ab, das schon zu viel ist. Also bitte, warum sollte er ihm da mehr geben? Nein, es ist keine Karikatur, die Boschwitz hier beschreibt. Sein Becker ist einer der vielen November-Nazis, die lustvoll den Teufelspakt mit Hitler, Goebbels und Konsorten eingegangen sind: Die neuen Herren beseitigen die Feinde, und die reine Rasse profitiert davon.

So beginnt denn Silbermanns Reise durchs Reich. Einmal sitzt er in einem Coupé der ersten Klasse, müde, abgespannt. Da öffnet sich das Abteil: *Heil Hitler,* rufen zwei muntere Herren. *Heil Hitler,* sagt Silbermann, der diese schöne, gerade Nase hat. Er ist froh, dass man ihm den Juden nicht ansieht. Ob er gesehen habe, sagt der eine zum anderen, dass die ganze erste Klasse voller Juden stecke? *Halb Israel ist auf der Tour.* Als die beiden kurz darauf in ihr Schlafwagenabteil gehen, zieht Silbermann die Gardinen zu, legt sich hin, die Füße auf seine Zeitung und denkt noch vor dem Einschlafen: *Die ganze erste Klasse ist voll von Juden ... Wenn das nur gutgeht ...* Er wird in Zukunft die erste Klasse meiden. Er wird die zweite oder die dritte nehmen.

An irgendeiner Haltestelle steigt ein höflicher Mensch zu, der einen ängstlichen Eindruck macht, und nicht nach erster Klasse aussieht. Der bittet um Entschuldigung, wollte ihn nicht stören, er solle doch weiterschlafen. Nein, nein, sagt Silbermann, er sei schon wieder ziemlich frisch. Er merkt, dass er dem anderen überlegen ist, fragt leise: *Sind Sie Jude?* Sein Gegenüber schreckt zusammen. Wieso er das frage. *Sehe ich so aus?* Nein, nicht unbedingt. Aber er habe einen so aufgeregten Eindruck gemacht. Und damit weiß Silbermann, dass er einer ist. Aber er sei doch keiner, sagt der Entdeckte und fragt: *Sind sie Arier?* Nein, sagt Silbermann, er sei auch Jude. Lilienfeld erzählt nun seine Geschichte, er hatte eine Tischlerei, sie haben sein Geschäft zerstört, er konnte gerade noch fliehen. Nun sei man der dreckige Jude und die anderen die Arier. *Die leben friedlich und wir werden gehetzt.* Da korrigiert Silbermann ihn. *Seien Sie froh, dass Sie nicht zu der neuen Gemeinschaft gehören! Eine schlechtere, dümmere und brutalere lässt sich nicht denken. Eine gute Minderheit ist immer noch besser als eine schlechte Mehrheit.* Lilienfeld wird in Dortmund aussteigen. Er wird versuchen, sich von einem Schlepper ins Ausland bringen zu lassen. Am Ende sagt er: *Ich komme mir vor, als wäre ich gezeichnet.*

Auch Silbermann ist gezeichnet. Auch er hat Angst. Und sie überkommt ihn wieder, als er allein und nicht mehr der Überlegene ist, als er wieder auf einem Bahnsteig steht und auf einen Zug wartet. Wohin? Irgendwohin. Warum eigentlich. Warum lässt er sich nicht einfach fallen, wenn der Zug einfährt. Dann wäre alles vorbei. *Fallen lassen, dachte er, ganz einfach fallen lassen ...* Da brüllt ein Schaffner: Zurücktreten! Und der Zug fährt ein, und Silbermann ist wieder hellwach. Er wollte sich das Leben nehmen? Wegen der Nazis? Doch nicht wegen der Nazis! Und das mit dem Rest seines Vermögens, seinen sechsunddreißigtausend Mark in der Tasche. *Wie soll man denn Selbstmord begehen, wenn man eine Brieftasche voller Leben bei sich trägt?* Und so fährt er wieder, Silbermann, der Reisende:

Ich bin überhaupt schon ausgewandert.
Ich bin in die Deutsche Eisenbahn emigriert.
Ich bin nicht mehr in Deutschland.
Ich bin in Zügen, die durch Deutschland fahren.

Und er lehnt sich zurück. Eben sah er sich noch unter den Rädern, nun singen ihm die Räder das Lied der Hoffnung. *Ich bin in Sicherheit, dachte er, ich bin in Bewegung.* Und doch weiß er, der Tod ist ihm auf den Fersen, er muss nur schneller sein als der Tod.

Ulrich Boschwitz zeigt seinen Lesern, was er, ein 23-Jähriger

Emigrant, in Paris gewusst hat, was so viele Deutsche am Tatort gesehen und nicht gewusst haben wollen. Boschwitz weiß, wie die Juden geplündert wurden, er kennt die Raubzüge der Nazimeute, die in den Novembertagen ihren niedersten Instinkten freien Lauf ließen. Sein Silbermann erlebt in den Zugfahrten, wie Parteimitglieder reden, wie ein Junge aus dem Waggon geholt wird, weil er Leo Cohn heißt, wie er selbst sich nicht traut, in Hotels zu übernachten, weil er dort seinen Pass vorzeigen muss, in dem ein großes, rotes J steht, weshalb er lieber die Nächte in Zügen verbringt. Und er weiß, dass die Grenzen dicht sind. Auch die nach Belgien, wohin er möchte. Belgien und dann Paris. Aber Europa will sie nicht haben, die Juden.

Eine junge Frau, die Silbermann im Zug kennenlernt, bittet ihren Bräutigam, ihm den Schleichweg nach Belgien zu zeigen. Er wird die beiden gut dafür bezahlen. Doch der Kommunist, der schon im Gefängnis gesessen hat, darf sich nicht erwischen lassen. Er wird Silbermann ein Stück begleiten, den Rest muss er alleine schaffen. Es ist eine beklemmende Szene, wie er erschöpft aber hoffnungsvoll durch den Regen läuft, er ist schon auf Belgischem Boden, der Wald lichtet sich, es wird dunkel, das Glück wächst, Ende des Schattendaseins. *Jetzt werde ich wieder ein Mensch!* Und dann Geräusche, Taschenlampen, Lichtkegel, zwei Männer, Grenzwächter, nie allein, immer zu zweit. Silbermann bietet Geld, viel Geld, einer alleine hätte es vielleicht genommen. *Je suis juif!* Sie wissen, dass er Jude ist. Es nützt nichts. *Il faut retourner!* Also zurück ins Reich. Er weiß, das ist das Ende. Und Boschwitz lässt 1938 seinen Silbermann sagen: *Für einen Juden ist eben das ganze Reich zu einem Konzentrationslager geworden.*

Aber der Autor schreibt keine Schwarz-Weiß-Figuren. Sein Silbermann lernt auch freundliche Menschen kennen und in eine Dame, die mit »Heil Hitler« ins Abteil kommt, verliebt er sich sogar ein wenig. Sie ist offen, neugierig, bereit zum Plaudern, ihr kann er sogar sagen, dass er Jude ist, kann sie nach ein paar Sätzen, die sie so unbedacht dahinwirft, fragen, ob sie es witzig fände, wenn man sie anspeien würde. Was er denn für unmögliche Einfälle habe! Keine Einfälle, sagt er, das ist die Wirklichkeit. Da fragt sie ihn, warum sich die Juden im Reich denn das alles gefallen ließen. Sie meine das im Ernst, *warum wehren Sie sich nicht? Warum fliehen Sie nur?* Und er entgegnet mit dem Stolz seiner Vernunft, dass die Juden schwerlich die letzten zweitausend Jahre überlebt hätten, wenn sie Romantiker wären. Überleben heiße überwinden. *Es ist keine Kunst, sich in eine Gletscherspalte hineinzustürzen, wohl aber ist es eine Kunst, über die Berge zu kommen.* Zum Leben, sagt er ihr, gehöre Mut, zum Selbstmord nur Verzweiflung. Aber gibt es denn überhaupt keine Möglichkeit, sich zur Wehr zu setzen? Doch, sagt er, er könne sich vor den D-Zug werfen. Der müsse dann stehenbleiben, bis seine Leiche weggeschafft sei. *Glauben Sie wirklich, ich, Otto Silbermann, könnte in die Weltgeschichte eingreifen? Sie sind eine Romantikerin.*

Nächste Fahrkarte, nächstes Ziel, Küstrin, Anruf vom Bahnhof aus beim Schwager, wo Silbermanns Frau im Moment lebt. Er möchte sie sprechen. Sie ist nicht da. Kann er kommen? Nein, er solle sich unterstehen! Natürlich, er ist ja in der NSDAP. *Wenn die Partei dahinterkommt, dass ich mit einem Juden versippt bin und ihn sogar bei mir wohnen lasse, kann ich meine Koffer auch gleich packen.* Und dann purzeln dem Nazi die miesen Sätze nur so aus dem Maul: Silbermann sei egoistisch, er solle vernünftig sein, seine Frau nicht in Gefahr bringen, ihn auch nicht, es ist halt wie es ist, da sei nun mal nichts zu machen. *Du kompromittierst uns!* Da hängt Silbermann ein. Er kompromittiert? Er?

Also nach Berlin. Er denkt an seine Frau. Bereut sie vielleicht schon, dass sie mit einem Juden verheiratet ist? Sie schütteln ihn schon von sich ab. Er bringt Unglück. Bloß weg mit ihm. Dann sind sie wieder frei. Er hat auf seinen Fahrten begriffen, dass ein jüdischer Charakter anders ist als ein arischer Charakter. *Ich habe nämlich nicht das Recht, ein gewöhnlicher Mensch zu sein. Von mir wird mehr verlangt.* Und nun fährt er wieder im Zug und raucht, und die Landschaft jagt an ihm vorbei, und er denkt, dass das ja nicht ewig so weitergehen kann. *Warum wird man nicht festgehalten, verhaftet, verprügelt? Sie treiben einen bis an die Grenze der Verzweiflung.* Aber soweit ist es noch nicht. Noch wird er im Berliner Bahnhof von hinten angesprochen: Silbermann! Die Stimme kennt er. Silbermann, *Sie leben noch?* Es ist Hamburger, ungefähr sechzig, schwerhörig und sieht auch noch jüdisch aus. Ein Hitlerjunge hatte ihm die beiden Vorderzähne ausgeschlagen, weil er den Arm vor der Parteistandarte nicht ausgestreckt hat. Nun ist er selig, Silbermann getroffen zu haben. Er klammert sich fest an ihn. Bei ihm fühlt er sich sicher. *Sie sehen doch aus wie ein Goi.*

Und mit Hamburger wird er plötzlich zum Goi – es ist das jiddische Wort für einen Nichtjuden – für den er sich später schämen wird. *Sprechen Sie bitte nicht so laut*, sagt er, als sie auf dem Bahnhofsplatz einen SA-Mann sehen. Also gut, Silbermann wird mit ihm ins Restaurant gehen. Dort wird Hamburger angestarrt. Er erzählt, wer aus seiner Familie schon verhaftet worden sei, und dass es sein Geschäft schon nicht mehr gibt, und er sich nicht traut, von seinem Konto noch etwas abzuheben, man würde ihn doch sicher sofort festnehmen. Und jetzt kommt die bestellte Gänsekeule, beide haben ja Hunger, und Hamburger schmatzt mit seinem kaputten Kiefer, und er redet einfach zu laut, klopft Silbermann auch noch auf die Schulter und sagt: *Wir bleiben zusammen.* Und da sagt Silbermann gereizt: *Sie kompromittieren mich ja.* Hamburger hat begriffen, er lässt den Rest seines Essens stehen, steht auf, nimmt Hut und Mantel und kleidet sich an. Silbermann will ihn zurückhalten. Er habe es nicht so gemeint. Es sei ihm einfach so rausgerutscht. Er habe ihn wirklich nicht kränken wollen. Aber er hat ihn gekränkt, so wie der Schwager Silbermann gekränkt hatte. *Sie haben ja recht*, sagt Hamburger nun auch noch lächelnd zu ihm. *Natürlich kompromittiere ich Sie.* Nein, Silbermanns Entschuldigungen halten ihn nicht mehr zurück, er verabschiedet sich, sagt: *Auf ein anderes Mal also* ... Und beide wissen, dass es kein anderes Mal geben wird. Und Silbermann wird ihn nicht zurückholen, er bleibt sitzen, sieht ihm nur nach, *auch noch froh, ihn los zu sein*. Er schaut sich im Lokal um. *Was trennt mich denn eigentlich noch von euch*, fragt er sich. *Wir gleichen uns auf geradezu beängstigende Weise.*

Also zum Bahnhof. Wohin sonst. Er kauft sich ein Billett zweiter Klasse nach München. Auf der Fahrt überlegt er, ob er nicht in Leipzig aussteigen soll. Und von dort nach Dresden. Dabei mag er die Sachsen doch gar nicht. Lieber zurück nach Berlin? Er steigt aus. *Er sah Züge einfahren, ausfahren, hörte Tuten, Schrillen, Räderrattern, Worte, nahe und ferne, laute und leise ... Er fiel um.* Und wacht im Krankenhaus auf. Wo ist er? In München? Oder schon Berlin? Und wo ist seine Aktentasche mit den fünfunddreißigtausend Mark? Er zieht an der Klingelschnur, brüllt nach seinem Geld. Er solle sich beruhigen, alles sei in Verwahrung. Glaubt er nicht. Sie sind Jude?, fragt die Schwester, sagt, er sei sicher hier. Er glaubt es. Und glaubt es auch nicht. Er geht lieber. Im nächsten Zug wird jemand dem schlafenden Silbermann die Tasche mit dem Geld stehlen. *Nun gibt es für mich keinen Zeitgewinn mehr, dachte er, mit dem Geld hab' ich auch mein Zeitkonto verloren.*

Ulrich Boschwitz entlässt seine Leser nur selten aus dem gnadenlosen Tempo, mit dem Silbermann versucht, seinem Schicksal zu entkommen und den Tod zu überholen. Etwas Ruhe gestattet der Autor erst, als sein Protagonist in Berlin noch einmal in seine Wohnung geht, als er sich ins Bett legt und von alten Zeiten träumt, als er mit der Familie im Tiergarten spazieren ging, als sie nach Potsdam fuhren und Schloss Sanssouci besichtigten, als er nach kurzem Schlaf Wasser einlaufen lässt und eine halbe Stunde wohlig und warm in der Wanne liegt. Da atmet man noch einmal durch.

Dann tritt Silbermann die Bremse wieder los, stürmt zur nächsten Polizeiwache. Ob er Deutscher sei? Ja. Dann habe er mit deutschem Gruß zu grüßen. Er sei Jude. Dann sei er auch kein Deutscher. Aber Silbermann klagt an: klagt die SA-Meute an, die seine Wohnung zertrümmert, die Profiteure, die ermutigt wurden, seinen Besitz zu stehlen, die Partei, die in zwei Tagen aus einem angesehenen Bürger einen mittellosen Flüchtling gemacht, der alles verloren habe, seine Frau, seine Reputation, sein Geld, seine Identität. Am Ende wird der Reisende festgenommen. Er landet in einer Zelle, die er sich mit einem Antisemiten teilen muss, der Silbermann auffordert, mit ihm gegen die Juden zu hetzen. Der aber legt sich auf seine Pritsche und ergibt sich nicht der verlorenen Freiheit, sondern dem Wahn, doch noch zu entkommen. Er kennt doch alle Züge, alle Zeiten: *Um sieben Uhr geht ein Zug nach Aachen ... um acht Uhr zehn ein Zug nach Nürnberg ... um neun Uhr zwanzig einer nach Hamburg ... um zehn Uhr einer nach Dresden ... Es gibt soviel Züge ... so unendlich viel Züge ...*

Die Korrekturen, die Ulrich Boschwitz in Australien gemacht hatte, gibt er einem Internierten, der auf dem Weg nach England ist, für seine Mutter mit. Als auch Boschwitz 1942 aus dem Lager entlassen wird, weil er nach Zweifeln und Bedenken bereit ist, in der britischen Armee gegen die Nazis mitzukämpfen, wird er seiner Mutter vor der Abfahrt noch einen Brief schreiben. Er sei sicher, dass sein »Reisender« mit den Änderungen, die sie erhalten wird, Erfolg haben könnte. *I really believe there is something in the book, which may make it a success.* Doch bei seiner Mutter sind die Korrekturen nie ankommen, und der Roman wird erst 76 Jahre nach dem Tod des Autors in deutscher Sprache erscheinen. Denn das gecharterte Passagierschiff M.V.Abosso, mit dem Boschwitz auf dem Weg nach England ist, wird am 29.Oktober von einem deutschen U-Boot torpediert und geht unter. 362 Passagiere ertrinken, unter ihnen der hoffnungsvolle 27-jährige Autor Ulrich Alexander Boschwitz.

»Wir sind durchs Rote Meer gekommen, wir werden auch durch die braune Scheiße kommen!«

Wie Gerhart Hauptmann und Victor Klemperer am 13. Februar 1945 die Bombardierung von Dresden erleben.

Gerhart Hauptmann, der Großdichter, der Patriarch in langem Gehrock oder Tweed mit Knickerbockern, Weste und Uhrenkette, sah nun aus wie der alte Goethe. Die Haare schlohweiß und wehend, das Gesicht gezeichnet von Erfolgen, Ehrungen, aber auch von Bitterkeit und Enttäuschungen. Die Kritik an seiner Haltung zum Dritten Reich, und dass er zu feige war für ein kritisches Wort, hatte ihn verstört. Er war doch kein Nazi. Knut Hamsun war einer, den er so verehrt hatte. Der feierte Hitler als Befreier von den Juden, schrieb, Deutschland müsse *sich wehren können, wenn es von einer fremden Rasse überwältigt wird.* Er hatte sogar Goebbels seine Literaturnobelpreis-Medaille geschenkt. Und drei Tage später war er von Hitler auf dem Obersalzberg empfangen worden. Das war im Juni 1943.

Und Hauptmann? Einmal, wird er später erzählen, als er wieder mal in Berlin gewesen sei, er wohnte dann ja immer im Adlon, meldete man ihm, dass Goebbels hochkomme. Mit einem »Heil Hitler!« war er dann auch schon da und rief, er bringe ihm frohe Botschaft. Der Führer wolle ihn kennenlernen, morgen Nachmittag um zwei. *Das tut mir aber furchtbar leid*, sagte Hauptmann, *morgen fahre ich nach Hause, nach Agnetendorf.* Er hätte sich nichts Böses dabei gedacht, wollte gewiss auch nicht demonstrieren, nein, er wollte wirklich nach Hause. *Na denn, Heil Hitler!*, stieß Goebbels hervor, und draußen war er, *bevor ich mich entschuldigen konnte. Ich bin nun mal kein Diplomat.*

Wolfgang Leppmann fragt in seiner Hauptmann-Biographie: Kein Diplomat? Wollte er damit sagen: aber auch kein Hitler-Gegner? Das, schreibt er, weise *die kleine Episode als wahr und als ›reinster Hauptmann‹ aus. Zugleich umreißt sie mehrere Aspekte seiner Stellung zum Nationalsozialismus. Hauptmann kann weder den Nazis noch den Antinazis zugerechnet werden; vielmehr ist seine Haltung gegenüber der ›Bewegung‹ und ihren Führern durch Naivität und Bequemlichkeit und ein schier unglaubliches Verkennen der politischen Realitäten gekennzeichnet.* Kein Wunder also, dass der sonst so scharfzüngige Propagandaminister auf diese Absage keine Antwort wusste.

Dann hatte Hauptmann sich aber später von Goebbels zum Abendessen einladen lassen, gemeinsam mit Gustaf Gründgens und der Schauspielerin Käte Gold. Danach schrieb der Minister ins Tagebuch, wie anregend und frisch der Achtzigjährige auf ihn gewirkt habe. *Und dem Kriegsgeschehen steht er mit warmem Herzen und fast jugendlicher Leidenschaft gegenüber.* Nun muss so ein vom Reichspropagandisten geschriebener, entlarvender Satz ja nicht stimmen, aber im Zweifel wird Hauptmann diesen Eindruck wohl hinterlassen haben. Und war es nur Unwissenheit, dass er ein Jahr später, im Januar 1944, den Generalgouverneur von Polen, Hans Frank, bei sich zu Hause in Agnetendorf auf dem Wiesenstein empfängt, Frank, den gefürchteten Judenschlächter von Krakau. Der hatte sich von seinem Adjutanten, einem SS-Sturmbannführer, beim berühmten Dichter ankündigen lassen. Offenbar hatte Frank die Reise gemacht, um wieder bei seinen adeligen Freunden von Richthofen Kunstschätze aus dem Krakauer Schloss abzuladen. Vielleicht war schon sein Lieblingsraub dabei, eine meisterlich geschnitzte Madonna aus dem 16. Jahrhundert. Im nächsten Jahr – aber da ist er bereits auf der Flucht – werden noch ein Rubens, jenes Bildnis eines unbekannten Jünglings, zwei Raffaels und Leonardo da Vincis »Dame mit dem Hermelin« zum Raubgut gehören, die Frank sich zuvor über seinen Schreibtisch im Schloss der einstigen polnischen Könige hatte hängen lassen. Da macht er Hauptmann nur noch einen kurzen Besuch mit reichlich Alkohol.

1944 aber hatte Frank Zeit, war vier Tage in der Gegend, blieb einmal sogar volle sieben Stunden auf dem Wiesenstein. Viele Flaschen Wein wurden aus dem Keller geholt, und der selbsternannte »König von Polen«, der ein Henker war, hat sich prächtig mit dem Literaturnobelpreisträger unterhalten. *Es liegen bewegte Tage hinter uns*, fand auch der Dichter nach Franks Abreise und schreibt weiter ins Tagebuch: *Der Generalgouverneur ein Mann tiefmenschlicher Absichten, gebildet durchaus und im leidenschaftlichen Trieb sich fortzubilden: beherrscht die Konversation in Frz., Ital., Engl. außer in Deutsch. Historisch überaus kenntnisreich und auch in diesem Fach leidenschaftlich fortstrebend.*

Hatte Hauptmann wirklich keine Ahnung, wer dieser Mann war? Hat er Frank in sieben Stunden weinseliger Unterhaltung nicht einmal nach seiner Arbeit in Krakau gefragt? Er las kaum Zeitungen, hatte er immer gesagt, und er hielt sich für einen unpolitischen Menschen. *Ein Künstler darf kein Politiker sein.* Das war so ein Satz, den er gern gebrauchte. Aber in seiner geradezu unangreifbaren Position kein kritisches Wort gegen die Nazis zu wagen – ist politisch. Und die rechte Hand zu heben, wenn es opportun scheint, ist eine politische Demonstration. Mit dieser Haltung verharmloste er die Nationalsozialisten und machte sich zu ihrem Komplizen. Und da er sich ja nicht als ein Nazi sah, sendete ein weltberühmter Dramatiker wie er ein Signal aus, das die Existenz des Dritten Reichs legitimiert.

Anfang 1933 hatte er mit Unterstreichungen und durchaus kritischen Anmerkungen Hitlers »Mein Kampf« gelesen, hatte im Mai 1933 aber auch dessen sogenannte »Friedensrede« im Radio gehört, fand sie großartig und glaubte, man werde sie *noch nach einigen hundert Jahren hören!* So etwas spricht sich doch herum. Und noch 1941 wird Hauptmann ins Tagebuch schreiben: *Er ist tatsächlich seit Menschengedenken das größte politische Ereignis Deutschlands.* Da waren seine vielen jüdischen Freunde lange schon vor diesem Hitler und seinen Schergen geflohen und im Exil oder hatten sich das Leben genommen – wie Ernst Toller, Walter Hasenclever, Kurt Tucholsky und Egon Friedell.

Dabei war Hauptmann 1934 tief bewegt, als sein Verleger Samuel Fischer und sein befreundeter schlesischer Textilfabrikant Max Pinkus starben. Da hatte er 1937 ein Requiem beendet, einen Abgesang auf die große Zeit deutsch-jüdischen Bildungsbürgertums. »Die Finsternisse« nannte er das Stück, in dem nach der Beerdigung eines reichen Fabrikanten und Kommerzienrats das Leichenmahl im Haus des Toten eingenommen wird. Zwischen den jüdischen Trauergästen sitzen nur zwei »Arier«, ein adeliger Dichter und dessen Gattin. *Hauptmann hat seinem Hang zur Selbststilisierung hier freien Lauf gelassen,* schreibt Wolfgang Leppmann in seiner Hauptmann-Biographie. Er habe sich zu einem Freiherrn gemacht, der auf einem Schloss residiert und sich, *falls es einer Identifikation bedürfte, durch eine Schwäche für guten Wein und für das Wort ›Mysterium‹* zu erkennen gegeben.

Mit an der Tafel sitzt auch der Schatten des ewigen Juden Ahasver, der durch die Welt wandert und nicht sterben kann. Er stimmt ein bitteres Klagelied an: *Ich würge an der Speise des Lebens. Die unversöhnliche Grausamkeit stopft sie mir in den Mund. Ich schlafe Tags unter marternden Träumen. Ich wandere nachts von Grabstätte zu Grabstätte, gefoltert von lechzendem Todesdurst. Oft schwebt ein taubenflügliger Engel auf mich zu. Endlich! jauchzt es in mir. Aber er bringt einem andern den Tod.* Der Freiherr will gehört haben, dass jemand an der Tafel Kritik an seinen Glaubensgenossen hatte, ja, auch sie hätten Fehler gemacht. So zieht denn am Ende einer der Trauernden die Bilanz des Abends: *So schwimmen wir hin, verfolgt, gemartert, getötet, ahasverisch und ruhelos, aber unsterblich durch die Ewigkeit!*

Das Stück konnte natürlich nicht publiziert werden. Das getippte Exemplar lag seit 1937 am Wiesenstein gut versteckt in einer Schublade. Doch Anfang 1945, in den Wirren der letzten Kriegstage, verbrennt Hauptmann das Manuskript in Panik, weil er fürchtet, bei ihm könnte es eine Hausdurchsuchung geben. Erhalten war aber der Durchschlag des Typoskripts. Und so wird Hauptmann kurz nach dem Krieg und kurz vor seinem Tod die Erlaubnis zur Publikation geben. Am 1. Oktober 1946 wird Hans Frank, der Henker von Polen, zum Tode verurteilt und in der Nacht zum 16. Oktober durch den Strang hingerichtet. Da war der Nobelpreisträger schon vier Monate tot. Aber er hatte ja keine Zeitungen gelesen. Er hatte wohl auch nichts mehr vom Prozess gegen die Kriegsverbrecher gehört, der bereits im November 1945 in Nürnberg begonnen hatte.

Doch noch sind wir am Beginn des Jahres 1945. Da war der Krieg auch nach Agnetendorf gekommen, und auf dem Wiesenstein wurden Flüchtlingsfrauen aus Oberschlesien mit ihren Kindern einquartiert, die schreckliche Dinge erzählten, die man nicht hören wollte. Das brachte Unruhe ins Haus. Und Hauptmanns Frau lag mit schweren Gallenschmerzen und Verdacht auf ein Darmgeschwür im Bett. Hauptmann ist schwer besorgt, denkt an den Tod, kann nicht schlafen, und sein Bronchialkatarrh will und will sich nicht bessern. Einer von Hauptmanns vier Söhnen organisiert die Reise nach Dresden. Sie müssen wieder gesund werden, sollen sich im Sanatorium erholen. Und natürlich muss auch die unentbehrliche Sekretärin Annie Pollack mit und die Zofe für Madame. Trotz der angespannten Kriegslage sorgt der Gauleiter dafür, dass Hauptmann in einem Holzgasauto nach Oberloschwitz gefahren wird, wo man den Dichter im Gartenhaus unterbringt. Von dort aus kann er auf der anderen Seite der Elbe ganz Dresden überblicken, die Augustusbrücke, die Hofkirche, die Kuppel der Frauenkirche. Wie eins jener großen Gemälde von Canaletto liegt die Stadt in kalter Sonne vor ihm. Und hier oben diktiert er am 13. Februar 1945 in den Morgenstunden sein letztes Gedicht.

Die Zauberblume

Entrückt dem Wein, den du, Hafis, mir schenktest,
hielt mich ein schwarzer Dämon fest,
und jenen goldnen Nachen, den du lenktest,
stieß er hinab ins Meer von Mord und Pest …

Der ganze Sinn seines Lebens habe sich in qualvollen Widersinn verkehrt. Aus Segen sei Fluch geworden, und was ihm Wahrheit schien, habe sich in Lüge verkehrt. Doch heut früh hätte ihm ein *holder Knabe* eine Zauberblume durchs Fenster gereicht.

da schwinden hin die ärgsten der Gespenster,
und Gott, der Gute, stellt sich wieder her.

Es ging ihm nicht gut, er hatte eine schlimme Nacht hinter sich, die sich im schwarzen Dämon seines Gedichts spiegelt. Aber das Ende ließ dann doch hoffen, und das Wetter war schön, die Sonne schien, also ging er draußen ein paar Schritte, dachte dabei an seinen toten Freund, den Schauspieler Rudolf Rittner, der zwei Jahre zuvor gestorben war. Rittner war der glanzvolle Interpret seiner Rollen, war Fuhrmann Henschel, war Moritz Jäger aus den »Webern«, und seinen Florian Geyer hatte wohl erst der große Menschendarsteller zu Ruhm gebracht. In dieser Rolle war er von Lovis Corinth gemalt worden. Kurz danach hatte Corinth auch Alfred Kerr portraitiert, elegant im Abendanzug, Kerr, den Freund, der ihn 1933 bis über den Tod hinaus verflucht hatte. Ja, der Tod begleitet Hauptmann an diesem Vormittag auf seinem Gang.

Und dann war am Ende jenes Tages eingetroffen, was viele befürchtet hatten: ein Angriff auf das bis dahin fast unversehrte Elbflorenz. Überall hörte man in der Ferne dumpfes Brummen und Grollen. Gegen zehn Uhr heulen die Sirenen bis hoch ins Sanatorium. Hauptmann erlebt an jenem Abend von der geschützten Seite der Elbe aus den Untergang Dresdens. Horst Bienek, der 1930

Am 13. Februar 1945 ist Gerhart Hauptmann wegen eines Bronchialkatarrhs im Sanatorium Dresden-Oberloschwitz. Am Morgen schreibt er sein letztes Gedicht, am Abend sieht er, wie das Elbflorenz nach der Bombardierung im Feuersturm untergeht.

in Gleiwitz geborene Schriftsteller, war ein Hauptmannverehrer. Für ihn verkörperte der Dichter das Schicksal Schlesiens. Und Bienek war für seine Chronik Oberschlesiens mit Literaturpreisen ausgezeichnet worden. In seinem Roman »Feuer und Erde«, der 1982 erscheint, wird der greise Hauptmann das Inferno erleben. Seine *Blicke wurden vom Feuerschein hinuntergezogen in die Stadt, wo rote Christbäume niederschwebten in einer Art Quadrat und dabei die Türme der Kirchen, die Kuppel der Oper und die Fassade der Brühlschen Terrasse schwarz aufscheinen ließen. Und aus dem wolkenlosen Himmel fielen silberne Kreuze, gingen nieder über der erleuchteten Stadt und zogen hinter den Türmen wieder hoch ... Das Feuer war heller als die Sonne.* Als sein Hauptmann spät in der Nacht den Luftschutzkeller verlässt, sieht er, dass der Schnee im Park vom Feuersturm geschmolzen ist.

Am Morgen dieses schicksalhaften 13. Februar 1945 war auf der anderen Seite der Elbe der Befehl gekommen, die letzten noch in Dresden zurückgebliebenen Juden zu evakuieren. Das hieß: Deportation für alle, die bis jetzt durch ihre »Mischehe« vor Auschwitz geschützt waren. Unter den etwa siebzig Betroffenen mit dem gelben Stern war der Romanist Victor Klemperer. Er hatte sich diesen Augenblick am Abgrund zum Hades immer wieder vorgestellt, hatte gehofft, dass er beim Abtransport Haltung bewahren würde vor der Gestapo, vor allem aber Haltung vor seiner Frau, die das Elend der Nazi-Jahre mit ihm durchgestanden. *Schade,* hatte er geschrieben, *dass mir der Jenseitsglaube fehlt. Ich trenne mich so schwer von Eva.* Nun warten sie gemeinsam im ›Judenhaus‹ auf den Abend und seinen Abtransport.

Und am Abend heulen dann die Sirenen, und kurz nach 22 Uhr bricht die Katastrophe über Dresden herein. Bomber auf Bomber warfen ihre mörderische Fracht ab, *die Häuser stürzten, der Phosphor strömte, die brennenden Balken krachten auf arische und nichtarische Köpfe, und derselbe Feuersturm riß Jud und Christ in den Tod,* wird Klemperer später schreiben, der in jener brennenden, taghellen Nacht mit seiner Frau aus dem ›Judenhaus‹ flieht.

Er trägt die schwere graue Tasche mit seinen Manuskripten und ihrem Schmuck. Sie rennen um ihr Leben. Im Chaos fliehender, schreiender Menschen werden sie getrennt. Wo ist Eva? Er hastet weiter. Er denkt, sie ist geschickter und mutiger. Sie wird es schaffen. Und wenn nicht? Aber sie finden sich wieder. Und sie reißt ihrem Mann den gelben Stern vom Mantel. Es ist vorbei! Jetzt wird gelebt – nach dieser Jagd durchs Flammenmeer. Und dann? Endlich Schlaf. Und endlich wieder wohlige Wärme. Im Ofen brennt das Hitlerbild. *Es ist eine Freude zu leben*, schreibt er im Mai 1945. Er wünscht sich *einen Garten und Musik für Eva und Rauchen und Alkohol für uns beide.*

Klemperer hatte ein Tagebuch geführt, viele hundert Seiten lang. Seine Frau hatte es Stück für Stück zu einer Freundin gebracht, die nicht in Dresden wohnte. Da hat es überlebt. Dieses Tagebuch war zu seiner *Balancierstange* geworden über dem Abgrund aus Angst, Ekel und Ödnis, aus Hunger, Depressionen und Überfällen der Gestapo-Rollkommandos. Ein Jude führt Tagebuch zwischen 1933 und 1945, weil er eine »arische« Frau hat, die ihn liebt und schützt und dafür von Nazis bespuckt wird. Der angesehene Professor verliert mit 53 Jahren seine Schüler, seinen Posten, sein Gehalt, seine Bücher, sein Haus, seine Rechte. Warum lernen Sie nicht Englisch, wird er gefragt. Sie haben doch jetzt Zeit.

Auf mehr als 1400 Seiten zieht Klemperer seine Leser in den Sumpf des Dritten Reichs hinein. Eines Abends, noch Anfang 1933, besucht eine Freundin sie, eine Ärztin. Sie erzählt, wenn nach Versammlungen die Verletzten ins Krankenhaus gebracht werden, sieht man gleich, welcher Partei jemand angehört, auch, wenn er schon ausgekleidet im Bett liegt. Die mit Kopfwunden von Stuhlbeinen oder Bierseideln sind Nazis, die mit einem Stilett-Stich in der Lunge sind Kommunisten. Ab 1935 abonniert der Professor wieder eine Zeitung. Beim Lesen wird ihm übel. Aber *man muß wenigstens wissen, was gelogen wird.* Am Anfang gibt es auch noch Witze. Ein Assistent aus der Universität erzählt ihm den besten zum Reichstagsbrand. *Hitler zu Moses: Nicht wahr? Den Dorn-*

busch haben Sie selber angezündet? Für diesen Witz war der Arier, der ihn erzählt hatte, zehn Monate ins Gefängnis gekommen.

Dann erfährt Klemperer, dass seine Bücher aus dem Lesesaal entfernt wurden. Im »Stürmer« steht: *Wer mit dem Juden kämpft, ringt mit dem Teufel.* Alle schimpfen, schreibt er. *Aber alle sagen ›Heil Hitler‹.* Frau Lehmann wagt sich im Juli 1938 erst bei Dunkelheit zu Eva Klemperers Geburtstag. Es könnte sie doch jemand sehen. Und kein Nachbar traut sich, auf ihre Katze aufzupassen. Jeder wisse doch, das ist die Katze von einem Juden. In Ulm, hört er, haben sie einem Rabbiner den Bart angezündet. Der Mob jagt ihn um den Marktbrunnen und schlägt ihm auf die Hände, wenn er das Feuer ersticken will. Klemperer schreibt: *Einen halben Tag lang meinte ich, nun müßte der Mut zum Selbstmord aufgebracht werden.* Aber er schreibt weiter: *Beobachte, studiere, präge dir ein, was geschieht.* Er will Zeugnis ablegen. Bis zum Ende. Seine Geheimformel heißt LTI. Das war eine Parodie auf BDM und HJ und NSDAP und SA und SS, auf all die Nazi-Stempel im Dritten Reich. LTI heißt Lingua Tertii Imperii, Sprache des Dritten Reichs. Sein SOS-Ruf an sich selbst.

Als der Krieg ausbricht, schnüren neue Verordnungen Klemperer das Leben zu. Radioverbot, Zeitungsverbot, Autobusverbot, Zigarettenverbot, Bibliotheksverbot, Zwangsablieferung seiner Schreibmaschine, keine Kleiderkarten, kein Fisch, kein Obst, und die Apothekerin lässt Klemperer einfach stehen im Laden, bedient zuerst, wer nach ihm kommt. Einer sagt: Aber der Herr war vor mir da. Ja, und?, fragt sie. 1940 werden Klemperers in ein ›Judenhaus‹ eingewiesen. Ab September 1941 muss er den gelben Stern tragen. *Und alle Welt mustert meinen Stern. Tortur – ich kann mir hundertmal vornehmen, nicht darauf zu achten, es bleibt doch Tortur.* Im Dezember kommt abends ein Bekannter strahlend zu ihm nach Hause. Er habe unterwegs den Heeresbericht gelesen. Es geht ihnen miserabel in Afrika, sagt er. Aber das würden sie doch nie zugeben, sagt Klemperer, bei ihnen wird doch nur gesiegt. Aber indirekt geben sie es zu. Da habe gestanden:

»Damit du weißt, wie ein Jude aussieht«, sagt ein Vater zu seinem Sohn und zeigt mit dem Finger auf Victor Klemperer. Der Romanist hat in seinen Tagebüchern alles festgehalten, was er im Dritten Reich erlebt. Die Bombardierung Dresdens rettete ihm das Leben.

Unsere heldenhaft kämpfenden Truppen. Heldenhaft klinge wie Nachruf. Darauf könne er sich verlassen.

Und einmal erzählt der nette Krämer, ein Protestant, der den überwachten Klemperers immer mal etwas aus seinem Geschäft vorbeibringt, folgende Geschichte, die er von absolut glaubhafter Seite gehört habe. Also, ein SS-Obersturmführer hatte seine schwangere Frau in Halle oder Jena in eine Privatklinik zur Entbindung gebracht. Im Zimmer sieht er über dem Bett ein Christusbild. Nehmen Sie das Bild da herunter, hätte er zur Krankenschwester gesagt, ich will nicht, dass mein Sohn als Erstes einen Judenjungen sieht! Sie werde das an die Frau Oberin weiterleiten, sagt die Verschreckte. Am nächsten Morgen ruft die Oberin dann den Herrn Obersturmführer an. Er habe einen Sohn bekommen, seiner Gattin gehe es gut, und das Kind sei sehr kräftig. Nur sei sein Wunsch in Erfüllung gegangen. Der Junge sei blind zur Welt gekommen.

Ostern 1942 notiert Klemperer als Bilanz im ›Judenhaus‹: Vier Selbstmorde. Strick und Veronal. Am 29. Mai 1942 öffnet sich ein neuer Höllenkreis. Ein Gestapo-Rollkommando klingelt Sturm. Klemperer öffnet die Tür und erhält sofort eine klatschende Ohrfeige. *Mein Herz setzte aus, ich litt an schwerer Atemnot und Schmerzen, ich hatte wieder das Gefühl, dem Tod nahe zu sein.* Er sieht, wie einer der Kerle im Wohnzimmer seine Frau anspuckt, wie er ›Judenhure‹ brüllt, und sie bleibt dabei ganz ruhig. Von da an gehen sie dauernd zum Fenster und gucken, ob auch kein Auto kommt. Aber sie kommen wieder, die *besoffenen Affen*. Schränke werden aufgerissen und leergefegt, Kommoden, Regale, alles wird rausgeschmissen, Zuckerstücke in den Teppich getreten, Tabletten zertrampelt, Betten verwüstet, Kleider zerrissen, Wäsche durchwühlt, die kümmerlichen Vorräte mitgenommen, und überall liegen die Hustenpillen herum. Und was ist das? Ein Buch von Alfred Rosenberg, »Mythus des 20. Jahrhunderts«, hier bei einem Juden? Einer der Wüstlinge schlägt Klemperer das heilige Buch der Nazis auf den Kopf, immer wieder auf den Kopf. Eva Klemperer, die »Arierin«, sagt, es sei ihr Buch.

Einmal kommt Klemperer mittags auf der Straße eine Familie entgegen. Vater, Mutter, Kind. Der Vater bleibt stehen und sagt belehrend zum Sohn mit Blick und ausgestrecktem Zeigefinger auf Klemperer, der den gelben Stern trägt: *Damit du weißt, wie ein*

Jude aussieht. Einmal sagt sein jüdischer Nachbar zu ihm: *Wir sind durchs Rote Meer gekommen, wir werden auch durch die braune Scheiße kommen!* Und einmal klingelt die Nachbarin bei ihnen. Ob sie mit einem Judenstern aushelfen könnten? Ihr Mann würde vom Gefängnis ins KZ überführt. Ins Futter seiner Mütze habe sie Abschiedsgrüße eingenäht. Ob er den Brief finden wird?, fragt sie. *Alle, mit denen wir voriges Silvester zusammen waren, sind ausgelöscht durch Mord, Selbstmord und Evakuierung.* Wann ist er an der Reihe? Und da kommen die Bomber.

»Das Dritte Reich bringt sich um. Doch die Leiche heisst Deutschland.«

Kriegstagebücher von Ernst Jünger, Heinrich Böll und Erich Kästner

Es ist Sommer, es ist Krieg, und am 19. Juli 1941 geht Ernst Jünger mit Oberst Hans Speidel in Paris auf den Flohmarkt. Hauptmann Jünger, der seit fünf Monaten wieder Tagebuch führt, das später unter dem Titel »Strahlungen« erscheinen wird, fühlt sich in jenem märchenhaften Durcheinander von Bildern, Büchern, Tand, Gerümpel und Kleinodien *einige Stunden in jener Stimmung*, schreibt er, *in der man Aladin und die Wunderlampe liest*. Hier sei der Umschlagplatz von Dingen, die Jahre und Jahrhunderte auf Böden und in Rumpelkammern ihr träumerisches Leben geführt hätten.

Speidel, der 1940 am Frankreichfeldzug teilgenommen und an der Einnahme von Paris beteiligt war, logierte im Pariser Hotel »George V.« Nach ihm nannte er die »Georgsrunde«, zu der Jünger gehört und Friedrich Sieburg. Der ist auch am 14. Oktober 1941 anwesend. Jünger attestiert ihm das Rüstzeug eines *Weltjournalisten* mit ausgeprägtem Selbstbewusstsein. *Horoskopisch möchte man auf einen mittleren Jupiter und eine gute Sonne schließen*. An diesem Abend erklärt Sieburg den Herren, dass er die Niederlage Frankreichs für unheilbar halte. Er glaubt allerdings noch *an eine lange Vorherrschaft dieses Landes in Dingen des Geschmackes und der Kultur*.

Jünger ist im luxuriösen »Hôtel Raphael« an der Avenue Kléber untergebracht, nicht weit vom Arc de Triomphe. Und Speidel, ein literarisch interessierter, magna cum laude promovierter Historiker, ist froh, den fast gleichaltrigen und ähnlich weltläufigen Jünger in seiner Nähe zu haben. Speidel hatte ihm einen Panzerschrank ins Büro stellen lassen, weil er ihn, der offiziell für die Briefzensur zuständig war, auch noch für die Geheimakten zwischen Militär und Partei einsetzte.

Im Oktober 1941 fahren sie gemeinsam unter dem Schutz von zwanzig Polizisten, wie Jünger schreibt, zum Botschafter Fernand de Brinon, der sich ein Jahr zuvor zum Anwalt der französischen Kollaborateure mit dem Deutschen Reich gemacht hatte und nun der offizielle Repräsentant des Vichy-Regimes ist.

Sie sind zum späten Frühstück ins kleine Palais – Ecke Rue Rude und Avenue Foch – geladen, das Brinons vermögender, jüdischer Frau gehört. Und Jünger notiert, dass es den Botschafter nicht hinderte, sich beim Speisen über die Youpins, also die Juden, lustig zu machen. Brinon wird 1947 vom obersten Gerichtshof in Versailles wegen Kollaboration mit den Deutschen zum Tode verurteilt und erschossen. Aber am 8. Oktober 1941 werden seinen Gästen die köstlichsten Weine aus Pouilly, der Bourgogne und Champagne serviert. Und hier sitzt Jünger neben der Schauspielerin Arletty, die vier Jahre später als Garance in Marcel Carnés »Kinder des Olymp« weltberühmt werden wird. Und ebenfalls hier lernt er den Schauspieler und höchst produktiven Dramatiker Sacha Guitry kennen, der einen gewaltigen Siegelring mit seinen goldgeprägten Initialen auf dem kleinen Finger trägt und ihm erzählt, dass Octave Mirbeau, dieser schillernde Romancier der Belle Époque, 1917 in seinen Armen gestorben sei und ihm noch kurz vor seinem Tod ins Ohr geflüstert habe: *Ne collaborez jamais!* Das wird er Jünger am Tisch des Kollaborateur-Anführers wohl auch nur zugeflüstert haben.

An diesem Vormittag aber ist das Fundament für eine Reihe höchst erfreulicher Begegnungen mit französischen Intellektuellen und Künstlern gelegt. Ein paar Tage später sind Jünger und Speidel bereits privat bei Sacha Guitry, dem König des Boulevards, eingeladen, der natürlich tout le monde kennt. Im Garten ein weiblicher Torso von Rodin, *aufgewirbelt von höchster Lust*. In der Bibliothek Briefe von Mirbeau, dem Schriftsteller Léon Bloy, der sich in der Nachfolge biblischer Propheten sah, und Debussy. Danach schreiten die Herren die Bibliothek ab. Guitry zeigt ihnen das Manuskript von Gustave Flauberts »Education Sentimentale«. Dann geht's zu Tisch: *Der Salat wurde auf einem silbernen, das Eis auf massiv goldenem Geschirr serviert, das der Sarah Bernhard gehört hatte.* Und zwischendurch präsentiert der Hausherr mit höchster Schauspielkunst einen gewaltigen Strauß von Anekdoten seiner Begegnungen mit den Göttern der Zeit.

Jünger, der Kultur-Flaneur, schwelgt nur so im Tagebuch. Trifft Gaston Gallimard, den Verleger von André Gide und Paul Claudel. Verabredet sich mit Jean Cocteau in der kleinen Kellerwirtschaft an der Rue de Montpensier. *Cocteau war liebenswürdig, leidend, ironisch, delikat. Er beklagte sich, daß man seine Stücke sabotiert, Tränengasbomben auf die Bühne schleudert, Ratten laufen läßt.* Einmal, erzählt er Jünger, hätte ihm ein indischer Gaukler sein Taschentuch aus einer Entfernung von zwanzig Schritten in Brand gesteckt. Und er wird ihm von einer Verhandlung erzählen, bei der er zuhören konnte: Ein junger Mensch hatte Bücher gestohlen. Es seien auch welche von ihm, Cocteau, dabei gewesen. Vor allem aber ging es um eine seltene Ausgabe von Verlaine. Der Richter hätte gefragt, ob der Angeklagte den Preis des Buches gekannt habe. Da sagte der: Den Preis nicht, aber den Wert. Und was er denn sagen würde, wenn man ein Buch von ihm, das er geschrieben, entwenden würde? Ich würde stolz darauf sein, hatte er geantwortet.

Im Dezember 1941 ist Jünger nachmittags im Deutschen Institut. Und dort erlebt er Louis-Ferdinand Céline, den er bei dieser ersten Begegnung im Tagebuch noch fehlerhaft Merline nennt. Also Céline, der 1932 mit seinem großen Roman »Reise ans Ende der Nacht« berühmt und mit seinem Antisemitismus und der Kollaboration mit den Deutschen berüchtigt wurde. Und den Berüchtigten lernt Jünger nun kennen. Er beschreibt ihn als groß, knochig und stark, *doch lebhaft in der Diskussion oder vielmehr im Monolog.* Er hätte gleich sein Befremden, ja, sein Erstaunen darüber ausgesprochen, *daß wir Soldaten die Juden nicht erschießen, aufhängen, ausrotten.* Wir hätten doch die Bajonette zur Verfügung und machten nichts draus. Wenn die Bolschewiken in Paris wären, sagte er, die würden von Haus zu Haus gehen und die Einwohnerschaft durchkämmen. Und wenn er die Bajonette hätte, er wüsste, was er täte. *Es war mir lehrreich,* schreibt Jünger, *ihn derart zwei Stunden wüten zu hören, weil die ungeheure Stärke des Nihilismus mir an ihm einleuchtete.* Solche Menschen hörten nur auf eine Melodie. *Sie gleichen eisernen Maschinen, die ihren Weg verfolgen, bis man sie zerbricht.* An diesem 7. Dezember erfährt Jünger auch noch von der Kriegserklärung Japans. Vielleicht, schreibt er, wird 1942 das Jahr sein, *in dem mehr Menschen als jemals zugleich zum Hades hinübergehen.*

Jünger liest viel, weiß viel, fädelt griechische Mythologie oder Erinnerungen an Proust-Lektüre in seine mit leichter Machohand geschriebenen Erzählungen ein. Er findet: *Gespräche zwischen Männern müssen göttergleich, wie unter Unverletzlichen geführt werden.* Er geht im Bois de Boulogne oder in Vincennes spazieren, trinkt nachmittags Tee bei der Gräfin Podewils, ist abends schon mal im Palais Rothschild zu finden und liest spät vorm Lichtlöschen wie immer in der Bibel. Am Ende der Bücher Mose erinnert ihn der fürchterliche Fluch an Rußland: *Dein Himmel, der über deinem Haupte ist, wird ehern sein, und die Erde unter dir eisern.* Und es passiert schon mal, dass er nachts in einem Anfall von Traurigkeit aufwacht. Dann wird ihm die ungeheure Entfernung der Menschen untereinander bewusst. *Wir sind wie Sterne durch endlose Raumtiefen einander fern,* schreibt er. Doch das, glaubt er, wird sich nach dem Tod ändern. *Das ist das Schöne am Tode, daß er mit dem körperlichen Lichte auch diese Entfernung löscht. Wir werden im Himmel sein.*

Aber noch geht Jünger ins Madeleine-Theater, schaut sich ein Stück von Sacha Guitry an. Sehr vergnüglich, Verwechslungen wie im Spiegelkabinett, Beifall, *C'est tout à fait Sacha!* Er lernt Carlo Schmid kennen, der als Kriegsverwaltungsrat bis 1944 in Frankreich stationiert ist und nach dem Krieg zu den Vätern des Grundgesetzes und des Godesberger Programms der SPD gehört. Schmid hatte Machiavelli und Malraux übersetzt, und Jünger unterhielt sich mit ihm über Charles Baudelaires »Les Fleurs du Mal«, die Schmid gerade ins Deutsche übertrug:

Im Tempel der Natur, in Säulengängen,
Durch die oft Worte hallen, fremd, verwirrt,
Der Mensch durch einen Wald von Zeichen irrt,
Die mit vertrauten Blicken ihn bedrängen ...

Den Nationalsozialismus bezeichnete Carlo Schmid schon damals – und das nicht hinter vorgehaltener Hand – als *Philosophie von Viehzüchtern, angewandt am verkehrten Objekt*.

Dann wieder sitzt Jünger mit dem Schauspieler Jean Marais und dem Verleger Gallimard bei Madame Boudot-Lamotte, wo Cocteau – vor allem wohl für seinen Liebhaber Marais – sein neues Stück vorliest, »Renaud et Armide«. Es war ja die Zeit der Ausgehverbote im besetzten Paris, als Cocteau sein geheimnisvolles Versdrama schrieb, diese Meditation über die Liebe einer Unsterblichen, die sich durch einen Kuss des Sterblichen opfert und als Dunst überm Meer auf ewig verschwindet. Und diesem Zauberstück, schreibt Jünger, sei Cocteaus Stimme, *die geistigen Wohllaut mit Geschmeidigkeit verbindet, trefflich gewachsen*. Und auch er, Jünger, wird in Paris wenigstens ein amouröses Abenteuer haben, auch wenn er jener bezaubernden, verheirateten Kinderärztin mit jüdischen Wurzeln in seinen Tagebüchern unterschiedliche Namen gibt. Mal ist sie Camilla, mal die Doctoresse, mal Charmille, und weil Jünger ein großer Träumer ist, der seine nächtlichen Traumbilder oft und gern im Tagebuch erzählt, wird er auch erotische Erinnerungen in Schlafträume verwandeln. Und er weiß sehr wohl, dass er in diesem, seinem zweiten Weltkrieg, zwischen Luxus, Liebe, dem Umgang mit Künstlern wie der *haute Collaboration* zum größten Teil *von den Kulissen des Komforts* umgeben ist.

Ernst Jünger trifft Jean Cocteau, der »leidend, ironisch, delikat« war, trifft den Schauspieler Sacha Guitry, speist mit dem Repräsentanten des Vichy-Regimes oder trinkt Tee mit der Gräfin Podewils. Jünger hat im Zweiten Weltkrieg wie ein Kunstflaneur in Paris gelebt.

Doch die Wirklichkeit bricht immer wieder in die schönen Pariser Tage ein. Am 7. Juni 1942 schreibt Jünger: *In der Rue Royale begegnete ich zum ersten Mal in meinem Leben dem gelben Stern, getragen von drei jungen Mädchen, die Arm in Arm an mir vorbeikamen.* Die Abzeichen waren am Tag zuvor ausgegeben worden, und jeder Empfänger hatte einen Punkt von seiner Kleiderkarte dafür abliefern müssen. Und es häufen sich Attentate der Resistance. Als Vergeltung werden Geiseln erschossen. Das hieß Ausgangssperre am frühen Abend. Jünger geht durch die verödeten Straßen von Paris. *Alles lag tot im Nebel.* Er erlebt den Kampf um die Vorherrschaft zwischen Heer und Partei in Frankreich. Seine Aufgabe: Er muss die Abschiedsbriefe der Geiseln übersetzen, die in Nantes erschossen worden sind. *Eine Lektüre, die mich kräftigte.* Der Mensch scheine im Augenblick, in dem man ihm den Tod verkündet, *aus dem blinden Willen herauszutreten und zu erkennen, daß der innerste aller Zusammenhänge die Liebe ist. Außer ihr ist vielleicht der Tod der einzige Wohltäter auf der Welt.*

Er schreibt zwei Tage später, dass ihm in den Briefen der Todeskandidaten aufgefallen sei, dass die häufigsten Worte *Mut* und *Liebe* sind. Vielleicht noch häufiger sei das Wort *Lebewohl.* Und er glaubt zu erkennen, dass sie ihre Rolle als die des Opfers begriffen haben. So schreibt Jünger sich den Tod unschuldiger Geiseln aus dem Kopf. Er schläft schlecht. Er träumt. Er sieht im Traum *eine Menge von nackten Menschen, unter denen es Opfer und Henker gab.* Eine der berühmtesten Stellen im Pariser Tagebuch ist die, als er am 23. Februar 1942 am Nachmittag den scheidenden Oberbefehlshaber General Otto von Stülpnagel im Palais Talleyrand zum Tee trifft. *Merkwürdig ist an ihm die Mischung von Zartheit, Grazie, Souplesse, an einen Vortänzer bei Hof erinnernd, mit Zügen, die hölzern und melancholisch sind.* Es geht noch einmal um die Geiselfrage. Der General möchte eine genaue Schilderung von Jünger haben. Die läge ihm am Herzen. Ohne die Unterstützung des Oberkommandos, *für spätere Zeiten.* In so einer Lage, schreibt Jünger, gebe es immer auch eine überzeitliche Seite. Und in der habe sich schon Pilatus befunden. *Mit fürchterlicher Wut verlangt der Demos von ihm das Blut Unschuldiger und jubelt den Mördern zu. Und aus der Ferne droht der Blitz des Imperators, der in göttlichen Ehren steht.* Da sei es schwer, die Senatorenwürde aufrecht zu erhalten – *man spricht das Urteil, indem man sich die Hände wäscht, oder verschwindet, wie hier* … Jünger wird einen solchen Bericht anfertigen. Und er wird ihn nach dem Attentat auf Hitler vom 20. Juli 1944 sofort vernichten. Zu gefährlich.

Ende 1942 schickt der General der Infanterie, Carl-Heinrich von Stülpnagel – er ist der Nachfolger seines Vetters Otto von Stülpnagel in Paris – also der schickt Jünger in den Kaukasus. Er soll sich dort um die Moral der Truppe kümmern. Weg aus Paris? Er fühlte sich miserabel, hatte einen Magenkatarrh und träumte auch noch, dass er eine Schildkröte am Angelhaken hatte und ein ekliges Seeungeziefer über ihn weglief. Als der Arzt, der ihn behandelt, hört, dass er nach Russland muss, will er kein Honorar von ihm haben. In Kiew wird Jünger im Palasthotel einquartiert. Am Waschbecken keine Handtücher, auf dem Schreibtisch keine Tinte, aus den Wasserhähnen kommt kein Wasser. *Das gleiche galt für die Spülungen. Daher erfüllte auch ein böser Duft das ganze Palacehotel.* Weiter nach Rostow. *Gang durch die Stadt; es wiederholen sich die Bilder der Entzauberung.* Nachmittags werden die Urlauber, die auf ihre Züge warten, wieder eingesammelt und an die Front geschickt. *Es heißt, daß die Russen nördlich von Stalingrad durchgebrochen sind.*

Nach Woroschilowsk. *Impfung gegen Fleckfieber.* Gang durch die Stadt, Gespräch mit dem Major von Oppen, Stadtmuseum, Markt, Besuch des Pestinstituts. *Die Pest soll alle zehn Jahre wiederkehren, so trat sie 1912, 1922 und 1932 auf und hätte demnach jetzt wieder ihre Zeit.* Und jeder knabbert Sonnenblumenkerne und bläst die Schale fort. Abfahrt mit fünfzehn Stunden Verspätung zur 17. Armee mit dem Kurierzug. In Beloretschenskaja gießt es in Strömen. *In diesen russischen Jahren fallen nicht nur Menschen, es fallen auch Bücher; sie gilben wie Blätter vor dem Froste, und man wird merken, daß ganze Literaturen im Stillen dahingesunken sind.* Victoria, die Tochter eines Arztes, hat Schiller gelesen. *Oh, Schiller, prima!* Sie spricht etwas Deutsch, erzählt von ihren Klassenkameradinnen, die als Partisaninnen ausgebildet werden, sobald sie über sechzehn sind. Ihre vierzehnjährige Freundin hat man erschossen am Fluss aufgefunden. Am Abend Informationen von Major K. Er hört von brutalen Kämpfen. Auf russischen Befehl sind Kopfpreise für lebende Gefangene ausgesetzt.

Kurinskij, Nawaginskij, Apscheronskaja. *So liefert dieser Krieg wohl noch auf Generationen Stoff zu Erzählungen für Kind und Kindeskind. Und immer wird man hören, wie auf den Erzähler einer der guten Treffer in dieser fürchterlichen Lotterie gefallen ist. Freilich berichten nur die Überlebenden, wie ja auch die Geschichte von ihnen geschrieben wird.* Und dann der 31. Dezember 1942 in Kutais. Silvester. Von Feiern kann keine Rede sein. *So erzählte der General Müller von den ungeheuerlichen Schandtaten des Sicherheitsdienstes nach der Eroberung von Kiew.* Erzählt von Gifttunneln, in welche die Züge, vollgestopft mit Juden, gefahren sind. *Das sind Gerüchte, doch sicher finden Ausmordungen im größten Umfang statt.* Und er hört die Zahlen und denkt an das Leid, und ein *Ekel ergreift mich dann vor den Uniformen, den Schulterstücken, den Orden, dem Wein, den Waffen, deren Glanz ich so geliebt habe.* Das alte Rittertum wie zu Zeiten Napoleons, schreibt er, sei tot. Der Mensch habe im Krieg jenen Stand erreicht, den Dostojewski im Raskolnikow beschrieben habe – sie sind Ungeziefer, die Menschen. Am 19. Februar 1943 ist er wieder in Paris.

Und da gibt es wieder diese schönen Tage für Jünger. Der 4. Oktober 1943 ist so einer. Da wird er George Braque im Park von Montsouris besuchen, in seinem Atelier, das voll von kleinen Gegenständen war, von Masken, Vasen, Gläsern, Götzen und Muscheln. *Ich hatte den Eindruck, daß es sich dabei weniger um Modelle im üblichen Sinne handelt, als um Talismane, um eine Art von Blitzableitern oder Magneten zur Sammlung von Traumsubstanz.* Braque sei damals um die sechzig gewesen, mittelgroß, kräftig, volles weißes Haar, blaue Leinenjacke, bequeme Hausschuhe, in Brand gehaltene Pfeife, *die Augen von schönem Email.* Sie hätten über Vorbilder und Modelle gesprochen, die Braque scheut. Und wie er seine *Traumrealität* umsetze, das erklärte er so: Er hätte neulich einen Hummer in eins seiner Bilder eingefügt, und er wusste nicht, wie viele Beine so ein Tier hat. Als er dann bei Tisch ein Exemplar vor sich gehabt und die Beine gezählt hätte, hatte er die Anzahl exakt getroffen. Und er brachte das, schreibt Jünger, *zu der Auffassung des Aristoteles, nach dem jeder Species ein Zahlenverhältnis zugeordnet ist.* Und genau an diesem für Jünger so schönen 4. Oktober 1943 in Paris verkündet Heinrich Himmler im tausendzweihundertneunzig Kilometer entfernten Posen die *Endlösung*, die Ausrottung des jüdischen Volkes. Und der Reichsführer SS wird behaupten, *dabei anständig geblieben zu sein.*

Am 20. Juli 1944 hatte Claus Schenk Graf von Stauffenberg bei der Besprechung im Führerhauptquartier Wolfsschanze einen scharf gemachten Sprengsatz deponiert, der Hitler nur leicht verletzte. *Gestern abend wurde der Anschlag bekannt*, wird Jünger am 21. Juli 1944 schreiben. *Die höchst gefährliche Lage gewinnt damit noch eine besondere Zuspitzung.* Am Tag darauf erfährt er *die Schreckensnachricht, daß Heinrich von Stülpnagel gestern auf der Fahrt nach Berlin die Pistole auf sich richtete.* Stülpnagel gehörte zum militärischen Widerstand um Graf Stauffenberg. Als er sich an jenem 21. Juli beim Oberkommando der Wehrmacht in Wünsdorf bei Berlin melden soll, weiß er, was das heißt und versucht, sich zu erschießen. Doch der Schuss misslingt, und von Stülpnagel erblindet. Er wird im Lazarett verhaftet, am 30. August zum Tode verurteilt und noch am selben Tag hingerichtet. Da ist Jünger schon nicht mehr in Paris, und seinen Geheim-Bericht über die Geiselerschießungen hat er längst verbrannt.

Er hatte sich am 5. August noch einmal die Haare bei seinem Friseur schneiden lassen. *Sein Abschiedswort*, schreibt Jünger, *entsprach dem Geiste seines Standes und seiner Sympathie für mich: »J'espère que les choses s'arrangeront.«* Er hofft also, dass alles gut gehen wird. Am 8. August geht Jünger noch einmal hoch zu Sacré Cœur, um einen Abschiedsblick auf Paris zu werfen. *Ich sah die Steine in der heißen Luft zittern wie in der Erwartung neuer historischer Umarmungen. Die Städte sind weiblich und nur dem Sieger hold.* Doch der letzte Eintrag im Tagebuch gilt am 13. August seiner amour: *Spaziergang mit Charmille an den Ufern der Seine.*

Im Juni 1940 wird Heinrich Böll nach Polen abkommandiert. Da ist Hitlers völkerrechtswidriger Überfall schon zehn Monate her. Böll versteht sehr gut, dass die Polen *Fremde sind und uns nicht Freund sein können, und damit ist die Lage klar.* Sie wirkten zwar alle ziemlich niedergedrückt, *aber hinter der Schwermut ihrer Augen*, schreibt er, *lauert der Haß und ein toller Fanatismus, der zweifellos wilder als je wieder aufflackern würde*, sobald kein Militär mehr in der Nähe sei. Nein, glaubt er, sie haben die Hoffnung noch lange nicht aufgegeben, einmal wieder frei zu sein. *Manchmal sieht man an einer kleinen Kirche, in einer Haustür oder am Ufer eines trüben Flüsschens eine Gestalt, die in ihrer phantastischen Armut, in ihrer abgründigen Trauer und der schlummernden, verhaltenen Leidenschaft wie ein Sinnbild vom Schicksal Polens ist.*

Von Bölls Kriegstagebüchern sind nur die aus den Jahren 1943 bis 1945 erhalten. Am 7. Juli 1944 war er im Osten Ungarns stationiert. Abends macht er einen Spaziergang durch Debrecen, ist vielleicht auch in der katholischen Kirche St. Anna gewesen, sicher aber in einem Café, wo er Whisky getrunken hat, Whisky mit zwei Ausrufezeichen und dick unterstrichen im Tagebuch. Und Wein und Kuchen hat's auch gegeben, *ach, Anne-Marie ich liebe Dich ...* Sie ist seine Frau, die er so schmerzlich vermisst. Am 11. Juli ist er dann schon in Szentes, südöstlich von Ungarn.

Puszta im Regen
Regen, Regen, Regen,
im Lazarett!

Am 12. Juli Inspektion beim Arzt und einer grässlichen Krankenschwester. Am 13. notiert er, dass er sich aus der Bibliothek Ernst Jüngers »In Stahlgewittern« ausgeliehen hat, *ein tolles Buch*. Sechs Tage später scheint er noch immer im Lazarett zu liegen. In einem Feldpostbrief berichtet er nach Hause, dass er Bücher über den Krieg gelesen habe, von Rudolf Binding und Ernst Wiechert. Doch beeindruckt hat ihn offenbar nur Ernst Jünger, der ja im Ersten Weltkrieg die ganzen vier Jahre *ununterbrochen an der Westfront im furchtbarsten Feuer* gestanden hat. Wieder schreibt er übers »Stahlgewitter«: *ein tolles Buch*. Und das möchte er selbst besitzen, *weil es das Buch eines Infanteristen ist, real und nüchtern, erfüllt von der Leidenschaft eines Mannes, der alles sieht und alles auch mit Leidenschaft und Härte erlebt*. Also ganz anders als Böll im Zweiten Weltkrieg. Da heißt es eher lapidar und gottergeben:

Die Russen
Ich werde verwundet
(Durchschuß durch beide Backen)
Dumpfe Nacht nach Gemetzel
Gott helfe mir!

Und immer wieder sehnsüchtige Rufe nach seiner Frau, die er am 30. Mai 1942 während seines Urlaubs im Kölner Rathaus geheiratet hatte:

Anne-Marie
Mein Leben, mein
Paradies! Gott
Helfe uns!

Das sind die Wünsche. Die Realität sieht so aus:

Trommelfeuer mit
Granatwerfern –

Artillerie Ju Flieger
Das Drama beim
Essenholen.
Vollkommen verschmutzt
und verelendet.
Ach, Anne-Marie!

Schreie, Flüstern, kaum Sätze, Wörter reichen aus, um diesen Irrsinn, diesen Krieg, diese Angst und diese Verlorenheit zu ungewollt expressiver Lyrik zu machen. In den schmalen Jahreskalendern, die Böll fürs Kriegstagebuch benutzte, war kein Platz für Texte. Hier wird nicht – wie bei Jünger – Leidenschaft komponiert, sondern Entsetzen in kürzester Form beschrieben.

Sein Vater, schreibt René Böll im Vorwort zu den Kriegstagebüchern von 1943 bis 1945, hatte eine Publikation in seinem Testament noch konsequent ausgeschlossen. Doch kurz vor seinem Tod habe er dem Sohn die Notizbücher übergeben. Sie sollten wohl nicht publiziert, aber für wissenschaftliche Zwecke zur Verfügung gestellt werden. Das habe sein Vater testamentarisch eingeräumt. Und damit, schreibt René Böll, habe er die Entscheidung letztlich an die Familie delegiert. Und welch ein Glück, dass dieses ungewöhnliche Dokument im Faksimile publiziert wurde. Und jede Eintragung, die oft schwer zu entziffern ist, weil sie in der Nacht, in depressiver Stimmung, nach einer Verwundung, einem Angriff, im Bunker oder nach einem Traum notiert wurde, nun »entziffert« unter jedem Blatt steht.

Träume. Immer wieder Träume. *Ich soll Ansager im Radio spielen*. Träume, wild und verworren. *Träume von Bunker nachts Angst*. Er träumt von seinem Vater. Geht im Traum mit seiner Schwester Gertrud Kuchen und Zigaretten kaufen. Er träumt von einer Hochzeit. *Es wird getanzt. Mutter ist auch da sie muß mit einem Fahrrad los, das eine viel zu kurze Übersetzung hat*. Er träumt vom Direktor des Kaiser-Wilhelm-Gymnasiums in Köln, auf dem er Abitur gemacht, und von seinem Schulfreund Caspar, dem *mit dem Schlauchboot*. Er träumt auch, dass er mit Anne-Marie im Erholungsheim ist. *Traum: die Putzfrau mit dem häßlichen Gesicht und den krummen Beinen weint*. Er träumt von den Bäumen *der Bolschewisten*. Und immer sind diese Träume wild und verworren, sie kommen bei Schmerzen in der Lunge oder bei *Angst und Sehnsucht nach Anne-Marie*.

Im November 1943 fliegt Böll mit der Ju bis Odessa, von dort auf die Krim. Trommelfeuer, Granatwerfer, drei Panzer sind vor ihrer Linie erledigt worden:

Gedanken während
der Feuer nie
vergessen!

Ein paar Tage später:

Blut, Dreck, Schweiß
und Elend; das Gejammer
der Verwundeten und Sterbenden ...
Vorne bei irrsinniger
Kälte. Das Fluchen
der russischen Kutscher.
Die Stukas ...
Die entsetzlich
kalte, elende Nacht ...
Morgens Trommelfeuer,
das Schlimmste bisher
die »Stalin-Orgel«

Und wieder verletzt. Beide Hände sind verbunden, und seine Strümpfe, die er nun schon seit fast vier Wochen anhat, riechen nach altem Blut. Am Fuß war er auch durch einen Granatsplitter verletzt worden. *Meine armen, armen Füße, 4 Wochen nicht gewaschen!* Und weiter: *Geld besitze ich so viel, daß ich 100 Mark gäbe*, wenn er sich nur baden und rasieren könnte. Zu rauchen habe er genug, nur Streichhölzer fehlen. Er hat kein einziges mehr. Das gesamte Gepäck der Truppe sei nämlich verloren gegangen. *Ich besitze nur noch das kleine Sturmgepäck*. Zwei Tage später der nächste Brief von der Krim. Er will nur alle grüßen und sagen, dass er gesund sei *bis auf ein irrsinniges Heer von Läusen, das mich fast verrückt macht*. Ach, und dann die Russen. Am Abend zuvor seien alle *vollkommen besoffen* gewesen, man hörte nur noch ihr barbarisches Johlen und Grölen. *Ich hoffe, hoffe, hoffe jeden Tag auf die Erlösung aus diesem Elend. Auf Gott allein*.

Eine Erlösung ist auch ein Medikament, das sie hin und wieder vor Kämpfen bekommen: Pervitin, auch »Hitler-Droge« genannt oder »Panzerschokolade«. Sie wurde massenhaft an die Ostfront gebracht und verteilt, obwohl Ärzte schon damals vor den Folgen dieser Droge warnen. Pervitin macht müde Soldaten wach und munter, putscht sie auf, nimmt ihnen Angst und Schrecken, und wer hat sie nicht, diese Angst und diesen Schrecken. Man muss nur genug von dem Teufelszeug, das abhängig macht, haben. *Vielleicht könnt ihr mir noch etwas Pervitin für meinen Vorrat besorgen*, schreibt Böll schon im Mai 1940 aus dem besetzen Polen an seine Eltern und Geschwister. Vor allem, wenn er nachts Wache schieben muss, ist es lebensnotwendig, hellwach und aufmerksam zu sein. Ein paar Wochen später bittet er wieder: *Schickt mir nach Möglichkeit bald noch etwas Pervitin und von den Hillhall- oder den Kamil-Zigaretten*.

Einmal trinkt er mittags mit Leutnant Spieß, der ihm ein Freund geworden ist, im Bunker *einen wunderbaren Cognac und wir träumen zusammen vom Leben*. Doch eine Stunde später sind sie – und auch die anderen der Kampftruppe – aus ihren Löchern rausgekommen, um sich ein bisschen in der Sonne zu wärmen und ihre Läuse auszuschütteln. Und da muss sich Leutnant Spieß etwas zu weit vorgewagt haben, vielleicht, um sich so richtig strecken zu können, und sofort trifft ihn eine verirrte Kugel in den Kopf. Er sei sofort tot gewesen, schreibt Böll nach Hause. Der

Heinrich Bölls wird 1939 aus der Universität heraus einberufen und erlebt den Krieg von Anfang bis zum Ende. »Die Russen – Ich werde verwundet – Gott helfe mir!« Sätze im Staccato. In Polen, in Ungarn, auf der Krim. Und immer Sehnsucht nach seiner Frau: »Anne-Marie – mein Paradies!«

Leutnant sei immer sehr traurig gewesen, auch als sie beide eine Stunde zuvor noch ihren Cognac tranken und vom Leben träumten. Er habe nicht daran geglaubt, irgendwann wieder aus diesem Dreck rauszukommen, *den er ebenso verfluchte, wie wir alle.*

Mit diesem Freund, Dr. jur. Spieß, mochte er reden. Er kam auch aus Köln, Köln-Nippes, und sie waren gleich zusammen in dem Loch auf dem verwüsteten Sonnenblumenfeld, aus dem sie mühevoll einen regendichten Bunker gemacht hatten. *Wir verstehen uns beide gut,* hatte er im November 1943 beglückt nach Hause geschrieben, *obwohl keiner sich bewegen kann, ohne dem anderen in die Rippen zu stoßen.* Nun ist er tot. Mit wem soll er jetzt reden? Wenn er im Lazarett liegt, kann er wenigstens lesen. Ach, schreibt er nach Hause, er möchte noch einmal einen *richtigen lebendigen alten* Roman lesen, einen Mauriac, einen Dostojewski am liebsten, *noch einmal eintauchen in die Flut von menschlichen Möglichkeiten und Leidenschaften, ach, der »Idiot«, ich glaube, es gibt kaum ein faszinierenderes Buch.*

Die Romane von Dostojewski hatte Böll schon als Schüler gelesen, seit Anfang der 1930er-Jahre. In einem seiner Feldpostbriefe schreibt er, dass er sich so sehr nach einem Dostojewski sehne, *manchmal dünkt mich, er sei der König, der christliche König aller Armen und Leidenden und Liebenden – und woraus sonst besteht die Gemeinde Gottes hier auf Erden als aus Armen, Liebenden und Leidenden.* Jetzt notiert er im Tagebuch, was er im Lazarett liest: »Die rote Lilie« von Anatole France, »Wera Feodorowna« von Alja Rachmanowa, noch einmal Dostojewskis »Spieler«. Und dann kommt wieder so ein wunderbarer Satz: *ich habe tolle Sehnsucht nach Gedichten von Rilke.* Es sind aber die Feldpostbriefe des jungen Soldaten Böll, die den späteren Schriftsteller ahnen lassen, den unbestechlichen Autor der deutschen Nachkriegsliteratur, der dem Trauma der Nazizeit eine klare, kraftvolle Sprache geben wird und dafür 1972 mit dem Nobelpreis für Literatur ausgezeichnet wird.

20. Juli 1944: *Morgens Sport mit dem kleinen Stabsarzt.* Und dann groß, dick und unterstrichen: *Attentat auf Hitler während*

wir im Konzert sind. Da ist Böll bereits nach seiner Verwundung vom 31. Juni im Dresdner Reservelazarett V angekommen. Ziemlich gewagt schreibt er von dort nach Hause, dass in den letzten Tagen eine unbeschreibliche Erregung geherrscht habe *wegen des Attentats auf den Führer, es war ganz toll.* Die meisten fragten gar nicht mehr nach Hintergründen oder politischen Ursachen, *sondern nur, ob der Krieg aus ist oder nicht.*

Als Hitler am 19. Februar 1933 in Köln eine Rede gehalten hatte, war Heinrich Böll ein Schüler und fünfzehn Jahre alt. Er liest damals gerade in Xenophons »Anabasis« über den »Zug der Zehntausend«, den Xenophon – offenbar als Kriegsberichterstatter – miterlebt hat, also all die Entbehrungen des griechischen Söldnerheeres, das von Babylon aus völlig entkräftet auf der Hügelkette ankommen wird und das Meer sieht ... Da schreibt der junge Heinrich an den Rand des Buches: *Adolf Hitler redet in Köln; Faschisten Kanone Hitler sabbert; ein abgerutschter Sozialist, genannt Hitler (N.S.D.A.P.) macht sich unliebsam laut – Tod den Braunen.* Sechs Jahre später wird Böll den ganzen Krieg, den diese »Faschistenkanone« angezettelt hat, mitmachen müssen.

Sie war ihm zutiefst zuwider, diese aufgenötigte Existenz als Soldat der Wehrmacht, der er nicht entkommen konnte. *Alles ist Scheiße,* heißt es in einem seiner Feldpostbriefe. Und das war von Anfang an so. Schon das Leben in der Kaserne mit den überfüllten Stuben, den Gewaltmärschen, den eingebildeten Austeilern in der Bekleidungskammer, die voll von stinkenden Stiefeln war. Ein Albtraum, in dem man *unrettbar schwermütig* wird. Und wenn sie dann, wie Soldat Böll schreibt, eines Tages wieder heimkehren aus dem Krieg, wenn die Köpfe kahl und die Herzen müde sind und die Finger zittern, dann klebt ihre ganze Jugend, all ihre gestohlenen Jahre, in der Uniform, *der alten grauen Uniform, die dann irgendwo auf einer Bekleidungskammer liegt und einen armen Rekruten vielleicht bei seiner ersten Übung schmückt.*

Und erst die überfüllten Stuben! *Ach, wieviel Ausbildungsherren mit all ihrer grauenhaften Rekrutenqual sind schon durch diese Stuben in den alten Kasernen gewandert, denk nur einmal! Und ich hänge nun wieder mitten darin, vollkommen und unrettbar verloren* ... schreibt er an seine Anne-Marie. Es ist diese Fremdbestimmung, die ihn zur Verzweiflung bringt, weil sie ihn hindert, ein eigenes Leben zu führen, eine Existenz, die er bestimmt und nicht der Staat, eine Existenz ohne Waffen, ohne Drill, ohne dieses Heer von Läusen, das sich nicht abschütten lässt, und mit der Frau, die er liebt. So besorgt er sich denn schon mal *eine Pulle Cognac (fabelhaft, 2 Mark),* damit er Zorn und Verzweiflung über dieses Schattendasein hinunterspülen kann.

Böll wird den Krieg und seine vielen Verwundungen überleben, und er scheute sich nicht, die Verfallsdaten seiner Urlaubsscheine zu fälschen, um damit den Aufenthalt bei seiner Frau zu verlängern. Und einmal, im Februar 1945, erklärt er einem Major, dass er gerade unterwegs zu seiner Truppe war, als er vom Tod seiner Mutter erfuhr und zu ihrer Beerdigung müsse. Da wird ihm Urlaub genehmigt. Allerdings sei seine Mutter, wie er später schreibt, damals schon vier oder fünf Monate tot gewesen. *Mutters Begräbnis*, so steht es im Kriegstagebuch, war am 7. November 1944.

Am 2. Mai 1945 notiert Böll:
Hitler Tod
Gott sei ihm gnädig

Erich Kästners Bücher wurden 1933 als entartet und »wider den deutschen Geist« verbrannt, er wurde ein paar Mal von der Gestapo verhaftet und verhört, sein Konto wurde gesperrt und erst ein Jahr später wieder freigegeben, er wurde aus dem Schriftstellerverband ausgeschlossen, galt als Kulturbolschewist, und das hieß Publikationsverbot. Dennoch blieb Kästner in Deutschland. Als am 27. Februar der Reichstag brannte, war er gerade in der Schweiz, in Zürich, im Urlaub, wo er emigrierte Kollegen traf, die entsetzt waren, dass er zurückfahren wollte. Zurück ins Nazireich? Um Himmelswillen! Sie schlugen vor, ihn über die »Grüne

Grenze« zu schleusen, er solle in Berlin alles regeln und illegal zurückkommen. Er sei doch berühmt, sei beliebt, hätte hier in Frieden arbeiten können. Aber er nahm den Zug und fuhr zurück. Warum? Ja, auch wegen seiner Mutter. Aber nicht nur ihretwegen. *Ich blieb, um Augenzeuge zu sein.* Luiselotte Enderle, seine Lebensgefährtin Lotte, schreibt in ihrer Biographie über Kästner: *Der rechthaberische Bürger wollte Zeuge des Unrechts werden, das am bürgerlichen Recht geschah. Und zwar am Ort der Tat.* Also sammelt Kästner am Ort der Tat Material und schreibt es in der Gabelsberger Kurzschrift auf, die nach Franz Xaver Gabelsberger kursiv geschrieben wird. So entsteht »Das Blaue Buch«, sein geheimes Kriegstagebuch von 1941 bis 1945. Und weil Kästner immer wieder gefragt wurde, warum er denn nur geblieben sei, und weil diese Frage für ihn eine Frage war, die er nicht mehr beantworten wollte, schrieb er sein berühmtes Epigramm:

Notwendige Antwort auf überflüssige Fragen

Ich bin ein Deutscher aus Dresden in Sachsen.
Mich läßt die Heimat nicht fort.
Ich bin wie ein Baum, der, in Deutschland gewachsen,
wenn's sein muß, in Deutschland verdorrt.

Am 19.3.1941 hört Erich Kästner zwei neue Witze: Der Lehrer diktiert das Thema für den Klassenaufsatz: *Hätte sich Werther auch im Dritten Reich erschossen?* Fritz gibt schon nach ein paar Minuten sein Heft ab, hat nur geschrieben: *Nein, aber Goethe!*

Im zweiten brennt eine Synagoge. Da sind Sie jetzt wohl verzweifelt, was?, sagt einer der Brandstifter zum Juden, der dabeisteht. Nein, sagt der. Wenn es nämlich einen Gott gibt, gibt es auch eine Gerechtigkeit. Und wenn es keinen Gott gibt – wozu brauchen wir dann eine Synagoge?

Am 1. September 1941 tritt die »Polizeiverordnung über die Kennzeichnung der Juden« in Kraft. Juden müssen ab sofort den gelben Stern sichtbar und in »Herznähe« an ihrer Kleidung tragen. Ende Oktober schreibt Kästner ins Tagebuch, dass man den Stern »Pour le Sémite« nennt, also nach dem hohen preußischen Verdienstorden »Pour le Mérite«. Seit Tagen, notiert er, würden Juden abtransportiert. *Sie müssen in ihren Wohnungen alles stehen und liegen lassen und dürfen pro Person nur einen Koffer mitnehmen.* Ein jüdisches Ehepaar, das bei ihm im Haus wohnt, hätte ihn gefragt, ob er Möbel, Bücher, Bilder und Porzellan von ihnen kaufen wolle. Sie hätten so schöne, ausgesuchte Dinge. Aber das Geld würden sie ja sicherlich auch nicht mitnehmen dürfen. *Neulich wurde ein ehemaliger Rechtsanwalt, der den Judenstern mit der Aktentasche verdeckt haben soll, fünf Stunden mit dem Gesicht zur Wand aufgestellt.*

18. Februar 1943. Dass Generalfeldmarschall Paulus und weitere vierzehn Generäle in russische Gefangenschaft geraten sind, schreibt Kästner, wisse in der Bevölkerung niemand. Und es würde wohl auch niemand glauben. Über Stalingrad hätte im Januar in der Zeitung gestanden, dass die Soldaten völlig entkräftet herumlagen. Wenn aber ein Offizier vorübergekommen sei, wären sie in deutscher Disziplin hochgeschossen, um den Vorgesetzten zu grüßen. *Von den Judenerschießungen im Osten erzählte jemand, dass vorher ein SS-Mann mit einem Pappkarton von einem zum anderen geht und ihnen die Ringe und Ohrringe abzieht.*

Am 31.7.43 klebt Kästner eine Meldung aus der Frankfurter Zeitung ins blaue Buch. Das Führerhauptquartier gibt bekannt, dass Führer Hitler dem Duce Mussolini zum 60. Geburtstag durch Feldmarschall von Kesselring eine Sonderanfertigung der Werke von Nietzsche mit einer herzlichen Widmung übersandt habe.

24.8.43. In der Nacht zuvor habe es von halb eins bis drei Uhr schwerste Angriffe auf Berlin gegeben. Großangriffe in drei Wellen. Die Engländer hätten eine Bombenlast von zwei Millionen Kilogramm abgeworfen. Kästner und Lotte Enderle sehen das schauerliche Spektakel durchs Kellerfenster der Villa von Erich Stückrath, dem Herausgeber der »Spandauer Zeitung«. Der Blick ging von Babelsberg aus über den Griebnitzsee in Richtung

Berlin. *Die glitzernden »Christbäume«, der Flakhagel, drei abstürzende Flugzeuge, die Jagdflieger, die, im Scheinwerferkreuz, rote Erkennungsraketen abwarfen, die Mondsichel, die über dem Wald hochstieg und immer wieder von den Schöneberger und Charlottenburger Brandwolken verdeckt wurden, – ich bekam von diesem »kleinen Welttheater«, obwohl wir doch in der Proszeniumsloge saßen, weiche Knie.* Wieder in Berlin hatte Lotte Enderles Wohnung nasse Decken. Der Dachboden samt vierter Etage waren verschwunden, überall Absperrungen wegen der Blindgänger, am Kurfürstendamm stehen Möbel vor zerstörten Häusern, es gibt kein Gas mehr, das Telefon ist außer Betrieb. *Die Schöneberger Gasanstalt soll in die Luft geflogen sein.*

1.9.43. *Ein neues Tischgebet von uns: »Komm, Herr Jesus, sei unser Gast, und iss mit uns, wenn du Marken hast.«*

11.9.43. Kästner holt seine Mutter vom Zug aus Dresden ab. Gegenüber hören sie aus einem langsam anfahrenden Zug, wie ein bürgerlich gekleideter Mann auf drei festgenommene Engländer zeigt und brüllt: *Das sind englische Flieger! Schlagt sie tot, die Hunde!*

7.2.45. Kästner fährt mit seiner Lotte an die Havel. Kommt doch am Sonntag für eine halbe Woche aufs Land, hatte ihr Freund aus seinem Berliner Geschäft per Telefon durchgegeben. *Abgemacht? Wir freuen uns!* Textilkaufleuten, schreibt Kästner, als schriebe er an einer Satire, verwehre das Schicksal, Not zu leiden. Bei Dunkelheit dränge man ihnen an Überflüssigem auf, was es nicht gibt. Ja, nachts kämen nicht nur Diebe, sondern auch Lieferanten. *Sie bringen Butter, Kaffee und Kognak, weiße Semmeln und Würste, Sekt und Wein und Schweinebraten, und sie brächten auch den Kreisleiter der NSDAP, wenn der essbar wäre.* Es ist Fasching, alle sind vergnügt, man lacht und tafelt an der Havel, *und die russischen Panzer stehen, bei Frankfurt und Küstrin, an der Oder.* Sie trinken Sekt und tanzen, *und noch gestern saßen wir, in Charlottenburg und Wilmersdorf, im Keller, während zwölfhundert Flugzeuge ihre Bomben ausklinkten.* Sie rauchen und pokern, *und ringsum ziehen die Trecks, auf der Flucht aus dem Osten ins Ungewisse.* Sie verkleiden und maskieren sich und machen ein bisschen Kabarett, *und nicht weit von hier, in Brandenburg und Oranienburg, beginnen die Häftlinge zu hoffen und die Lagerkommandanten zu zittern.* Und dann gehen sie in Kostüm und Maske und mit vollem Glas nach draußen und schauen in Richtung Potsdam, wo die Leuchtkugeln langsam nach unten gleiten und die glitzernden Christbäume fallen, und man weiß, schreibt Kästner, *dass das Schiff sinkt.*

In der Vorbemerkung zu seinem Tagebuch »Notabene 45« notiert Kästner im Frühjahr 1961, dass er sich im Wirrwarr des letzten halben Kriegsjahres bis zur Befreiung wie eine Ameise unter Millionen fühlte, die alle im Zickzack durcheinanderliefen. *Ich war eine Ameise, die Tagebuch führte. Ich notierte, was ich im Laufen sah und hörte. Ich ignorierte, was ich hoffte und befürchtete, während ich mich tot stellte.* Später habe er dann die aus der Kurzschrift rückübertragenen Texte geändert, *doch am Inhalt kein Jota.* Er habe auch die Irrtümer im Tagebuch gelassen, auch Gerüchte, die am Ende nicht stimmten, und seine Fehldiagnosen seien ebenfalls erhalten. *Es sind Beobachtungen aus der Perspektive einer denkenden Ameise.*

Natürlich habe er auch an einen Roman gedacht. Doch den habe er nicht geschrieben. Und dafür hatte er einen triftigen Grund: Das Tausendjährige Reich tauge einfach nicht für die große Form. *Man kann eine zwölf Jahre lang anschwellende Millionenliste von Opfern und Henkern architektonisch nicht gliedern. Man kann Statistik nicht komponieren.* Wer das versuchen wollte, brächte am Ende nur ein *deformiertes blutiges Adressbuch, voll erfundener Adressen und falscher Namen* zustande. Also nicht das kolossale Zeitgemälde. Nur die kleinen Dramen sind für Kästner möglich, die kleinen Bilder aus diesem gigantischen Gewalt- und Schlachtengemälde.

Und noch etwas schreibt er unter dem Datum des 7. Februar: *Freisler sei beim Verlassen des Adlon-Bunkers umgekommen, den er zu früh verlassen hatte. Wollte er rasch ein Dutzend Todesur-*

»Ich blieb, um Augenzeuge zu sein«, schreibt Erich Kästner, der von der Gestapo schikaniert wurde und Publikationsverbot hatte. Das erweiterte Hitler fürs Ausland, als er erfuhr, dass Kästner unter Pseudonym das Drehbuch zum Film »Münchhausen« geschrieben hatte.

teile unterschreiben? Warum hatte er es so eilig? Ja, Roland Freisler hatte es eilig, dieser berüchtigte Straf- und Scharfrichter des Dritten Reichs, der in Schauprozessen seine Stimme wie ein Fallbeil auf die Angeklagten niedersausen ließ. Aber er rannte am 3. Oktober 1945 nicht, um aus dem Bunker rauszukommen, sondern hinein, und zwar in den Luftschutzkeller des Volksgerichtshofs in der Bellevuestraße. Da traf ihn bei einem schweren US-Luftangriff ein Bombensplitter. Aber Kästners Vermutung, dass Freisler wohl wieder Todesurteile unterschreiben wollte – 2600 hatte er ja schon hinter sich – die stimmt. Er hatte die Akte eines Todeskandidaten unterm Arm, die nun mitzerrissen wurde.

8. Februar 1945. Ja, die Nachricht, Freisler sei dem »Luftterror zum Opfer gefallen«, habe sich bestätigt. Aber andere Parteigrößen, schreibt Kästner, fielen ohne Fremdeinwirkung. In Breslau sei der zweite Bürgermeister wegen Feigheit öffentlich hingerichtet worden. Und mit derselben Begründung habe Himmler den Polizeipräsidenten von Bromberg umbringen lassen. Und der soll ein hoher SS-Offizier gewesen sein. *Die Ersten hängen die Zweiten. Das ist die vorletzte Maßnahme. Wer vollzieht die letzte? Wer hängt die Ersten?* Am 9. Februar wird die Bevölkerung im Rundfunk aufgefordert, Deserteure aus dem Osten festzunehmen. Man müsse *diesen Schweinehunden mitleidslos* entgegentreten. Und dann soll Kästner der Reichsschrifttumskammer Angaben über »Inhalt und Art« seiner verbrannten Manuskripte machen.

Denn ein Jahr zuvor, im Februar 1944, war seine Wohnung bei einem Luftangriff zerstört worden. Tausende Bücher, Manuskripte, Möbel, alles war verbrannt. Da zog er zu seiner Freundin Lotte Enderle. Und ausgerechnet einen Tag nach der Katastrophe, am 16. Februar 44, war seine Mutter aus Dresden gekommen, um ihm seine Wäsche zu bringen. Die Post hatte es abgelehnt, ihr Paket noch zu befördern. Da war sie mit dem Zug gekommen. Und der Anhalter Bahnhof war gerade von einer Bombe getroffen worden. Also läuft Kästner hin zum Görlitzer Bahnhof. Da seine Mutter anschließend wieder zurückfahren musste, wollte

Kästner mit ihr solange in ein Lokal gehen. Aber sie wollte partout das zerstörte Haus sehen. Vom Haus, sagte er ihr, sei nichts mehr übrig, verschwunden, Trümmerhaufen. Ob auch das Klavier kaputt sei, wollte sie wissen. Ja. Und auch die Teppiche? Ja. Sie wollte trotzdem hin. Und die Busse und Stadtbahnen fuhren doch nur irgendwie zufällig und auch nur Teilstrecken, und so dauerte es zwei Stunden, bis sie dort waren, wo nichts mehr war – außer Schutt und Asche. In ihrem nächsten Brief schrieb sie an ihren Sohn, dass sie tagelang geweint habe.

Er schreibt nun den Brief über »Inhalt und Art« seiner verbrannten Manuskripte. Und weil es keinen Sinn hat, das Schreiben abzuschicken, weil die Strecke zwischen der Sybelstraße, wo er ja nun bei seiner Lotte wohnt, und der Schrifttumskammer in der Hardenbergstraße, *so viel Zeit verbraucht, als lägen die Straßen nicht im gleichen Charlottenburg, sondern in verschiedenen Erdteilen, machte ich einen kleinen Spaziergang und gab meinen Brief eigenhändig ab.* Der junge Mann, der seinen Vorgesetzen vertritt, liest und scheint informiert zu sein. Er sagt, dass Kästner doch gar kein Schaden entstanden sei, denn er habe schließlich im Inland wie im Ausland Publikationsverbot. Da *seien die zwei verbrannten Manuskripte, finanziell betrachtet, völlig wertlos. Deshalb sei mir kein gewerblicher Schaden erwachsen. Und deshalb hätte ich keine Ansprüche zu stellen.* Kästner erklärt dem Ersatzmann, die Null-Bewertung seiner Manuskripte gelte vielleicht im Augenblick, könne sich aber morgen schon geändert haben. An der literarischen Börse sei der Kurs seiner Texte momentan nicht notiert, aber das hätte natürlich nichts mit ihrem Wert zu tun. Der Wert aber lasse sich durch den Vergleich mit seinem früheren Umsatz seiner Bücher einfach berechnen. Und der sei, *wenn auch nicht unschätzbar so doch schätzbar.* Und weil der junge Mann drauf keine Antwort hat, möchte Kästner die Auffassung der Kammer schriftlich bekommen, *da ich beabsichtige, mich juristisch zu verwahren.* Dabei weiß er doch längst, dass diese Auseinandersetzungen völlig sinnlos sind. *Le jeu est fait. Rien ne va plus.*

12. Februar 45. *Der Gräuelpropaganda, die seit Tagen forciert wird, ergeht es wie jeder heftigen Propaganda, der nicht widersprochen werden darf: Man widerspricht ihr.* Es sind vor allem Nachrichten über Vergewaltigungen, die grassieren. Und man bezweifelt ja gar nicht, dass es auch in Berlin passieren kann. Aber ein Bajonett im Leib sei schlimmer, so wird dann argumentiert. *Die Friseuse, die neulich Lotte Dauerwellen legte*, schreibt Kästner, *fasste ihre Ansicht über Wert und Rang des Missbrauchtwerdens drastisch zusammen, als sie erklärte: »Lieber einen Russen auf dem Bauch als ein kaputtes Haus auf dem Kopf!«* Zigaretten kosten auf dem Schwarzmarkt pro Stück nicht mehr 2,50 Reichsmark, sondern 3,50. Kästner traut sich kaum noch »pro Stück« zu schreiben. *Es müsste allmählich »pro Exemplar« heißen.*

14. Februar 45. In der Zeitung liest er täglich von Exekutionen und aufgehängten Bürgermeistern. Sie glaubten offenbar nicht mehr an den Endsieg. Und Militärausweise müssen vorgezeigt werden, und Deserteure werden überall verhaftet. *Es dürfte nicht ratsam sein*, schreibt Kästner, *sie alle an die Bäume zu hängen. Soldaten sind rar. Es wäre fahrlässiger Verschleiß von Heeresgut.* Und täglich schießen Gerüchte ins Kraut.

15. Februar. Wieder heftige Luftangriffe auf Dresden. Und keine Nachricht von den Eltern, die ja in der Stadt leben. Er mag gar nicht daran denken, dass die beiden alten Leute vielleicht irgendwo in den Trümmern hocken. Es macht ihn krank, auch weil er weiß, dass seine Mutter die zwei Manuskriptmappen mit seinen Texten, *trotz Furcht und Tod und Teufeln, eisern umklammert hält.* Die Vorstellung, dass täglich etwa zehn- bis fünfzehntausend Flugzeuge ihre Bomben über Deutschland abwerfen, und dass die Menschen ohne Gegenwehr, *wie das Rindvieh auf den Schlachthöfen*, in der Falle sitzen, das bringt ihn schier um den Verstand. *Wann werde ich Nachricht haben?*

Am 23. Februar wird Kästner sechsundvierzig Jahre alt. *Was für ein Geburtstagsgeschenk!* Die Eltern leben, sind gesund. Am Morgen, schreibt er, waren zwei Briefe und zwei Postkarten angekommen. Alle an diesem einen Tag. Seinem Geburtstag. Schmutzig und völlig zerknittert waren sie. Die Wohnung steht also noch. Allerdings sind die Fenster vom Druck des Feuersturms zerborsten und die Zimmer voller Ruß. Deshalb schlafen die Eltern auf dem Korridor. Die Mutter auf dem Sofa, und der Vater hat sich Stühle zusammengeschoben. Am 26. hört er, dass Dresden ausradiert sei. *Der Feuersog des brennenden Neuen Rathauses habe aus der Waisenhausstraße fliehende Menschen quer durch die Luft in die Flammen gerissen, als wären es Motten und Nachtfalter. Andere seien, um sich zu retten, in die Löschteiche gesprungen, doch das Wasser habe gekocht und sie wie Krebse gesotten.* Und überall Leichen. Zehntausende, schreibt er. In den Trümmern, unter den Trümmern. *Und die Eltern leben! Trauer, Zorn und Dankbarkeit stoßen im Herzen zusammen. Wie Schnellzüge im Nebel.*

Römische Generäle, schreibt Kästner, hätten sich ins Schwert gestürzt, das ihnen entgegen gehalten wurde, wenn die Niederlage nicht mehr zu verhindern war. Solch einen Selbstmord begehe gerade das Dritte Reich. *Das Dritte Reich bringt sich um. Doch die Leiche heißt Deutschland.* Und die Gauleiter in Königsberg und Breslau? Sie hätten Order, bis zum Endsieg durchzuhalten. Und niemand will die Flüchtlinge haben. Es heißt, viele seien umgebracht worden. Die Menschen seien hart geworden. Amputierte Soldaten auf Krücken sollen bloß nicht in Bahnen und Omnibusse steigen. Am 1. März schreibt Kästner, dass seit zehn Uhr morgens Flugzeuge unterwegs seien, und Jagdgeschwader rasten im Tiefflug über Berlin und griffen Eisenbahnziele an. Die Abschlachtung eines wehrlosen Gegners, der sich nicht ergeben will, sei kein schöner Anblick, schreibt er. Und Goebbels habe sich inzwischen Gedanken über die geschichtliche Lage gemacht. Noch dazu im Rundfunk vor aller Welt: *Wenn wir den Krieg verlören, sei die Göttin der Geschichte eine Hure.*

Berlin, 7. März 45. Heinz Guderian, Generaloberst, Kommandeur der Panzerverbände, und nun, am Ende des Dritten Reichs, auch noch Chef des Generalstabs, habe sich vor Journalisten an die Weltöffentlichkeit gewandt. Das Verhalten der russischen Truppen sei maßlos und gehe auf höchste Befehle zurück. Und dann erklärte er: *Von Teufelsöfen, Gaskammern und ähnlichen Erzeugnissen einer kranken Phantasie* habe er während des deutschen Vormarsches in Russland nichts bemerkt. Und dann meinte er noch, dass er mit Leidenschaft daran arbeite, im Osten von der Verteidigung wieder zum Angriff überzugehen. *Da wird die Weltöffentlichkeit aber staunen! Und zwar darüber*, schreibt Kästner, *was so ein Chef des Stabes über die Zunge bringt, statt sie sich abzubeißen. Eines Tages wird die Geschichte der deutschen Generalität seit 1933 geschrieben werden, und das wird keine schöne Geschichte sein, sondern ein höchst unerbauliches und unpreußisches Buch.* Und in diesem Buch werde man nachlesen können, wie sich die Generäle unterwarfen, um mächtig zu werden. Wie sie sich bald Marschallstäbe, bald Backpfeifen geben ließen und dabei das eine wie das andere Mal strammstanden. *Wie sie nicht unseren, nicht einmal ihren, sondern immer nur »seinen« Krieg führten. Wie sie, bis auf wenige, ihrem Treubruch die Treue hielten, bis übers Grab. Über wessen Grab?*

Berlin, 8. März. Vorhin sei ihm wieder ein Backenzahn aus dem Mund gefallen. Parodontose. Diese *Ausfallerscheinungen* habe auch Friedrich der Große im Siebenjährigen Krieg gehabt. In einem Brief an seine Schwester nannte er sich deshalb einen »alten Esel«. *Man freut sich über die kleinste Ähnlichkeit mit großen Männern*, schreibt Kästner. Am 9. März liest er einen Leitartikel von einem jungen Leutnant, der Karl-Heinz Stockhausen heißt. Es scheint ein *grüner Junge* zu sein. Und der ruft jetzt noch im »Völkischen Beobachter« die Jugend auf durchzuhalten. Kästner zitiert aus dem Text: *Ihr jungen Soldaten, – wisst, dass ihr nichts zu verlieren habt! Oder meint einer, dieses Leben da unter Bombenregen und in panischer Angst vor den Grausamkeiten des Feindes sei lebenswert, um es sich um jeden Preis zu erhalten?* Ja, die Feinde seien grausam, aber abgestumpft, von Jugend auf im Bolschewismus aufgewachsen, wie eine Herde. Sie alle können nicht tapferer sein als ihr, *die in der Hitler-Jugend schneidige Jungen wart!* Kästner ist empört, dass man Halbwüchsige durch einen Halbwüchsigen aufhetzen lässt. Jeder weiß doch längst, dass nichts mehr zu retten ist. Und die Vorgesetzten und Hintermänner dieses vereinnahmten Jugendlichen seien doch selbst längst auf der Flucht oder hätten sich umgebracht. Und *man schweigt über die Division »Hitler-Jugend«, weil sie nicht mehr existiert.*

Die letzte Eintragung aus Berlin: Kästner wird gewarnt. Der Informant wisse aus zuverlässiger Quelle, dass die SS – bevor die Russen nach Berlin einmarschieren – eine blutige Abschiedsfeier inszenieren will. Eine neue »Nacht der langen Messer«. Die erste Messer-Nacht vom 29. Juni 1934 hatte dem SA-Führer Ernst Röhm gegolten, einem Duzfreund Hitlers und Parteigenossen der ersten Stunde. Röhms Sturmabteilung veranstaltete brutalen Terror auf den Straßen und verbreitete Angst und Schrecken mit ihren Knüppeln, die sie gnadenlos vor allem auf Juden niedersausen ließen. Röhm sollte nun in jener Nacht einen Putsch vorbereitet haben. Er lag aber zu dieser Zeit im Bett und schlief. Als er aufwacht, steht Hitler vor ihm und nennt ihn einen feigen Verräter. 200 SA-Kumpane sind in jener Nacht liquidiert worden. Der Grund? Ein Putsch wohl kaum. Und sollte Hitler wirklich nicht gewusst haben, dass Röhm homosexuell war? Es gab da einen Witz: Der Führer war geschockt, als er von Röhms Homosexualität erfuhr. Wie geschockt wird er erst sein, wenn er erfährt, dass Göring fett ist und Goebbels hinkt! Und nun wird Kästner am 9. März 1945 vor einer neuen Mordnacht gewarnt. *Auch mein Name stünde auf der Liste,* schreibt er. *Denn ich kann Berlin nicht verlassen. Ich klebe hier fest wie eine Fliege an der Leimtüte.*

Doch dann kommt so ein wunderbarer Zufall, und Kästner kann am 22. März in Mayrhofen schreiben: *Die Fliege klebt nicht mehr an der Tüte.* Und das kam so: Seine Lotte Enderle hatte auf dem Ufa-Gelände den Filmproduzenten Eberhard Schmidt getroffen. Der fragt entgeistert, warum sie denn noch immer hier sei. Weil Erich nicht aus Berlin rauskäme. Keine Papiere, sagt sie.

Er dürfe Berlin nicht verlassen. Nur, wenn es kriegswichtig sei. Und Schmidt sagt, dass sich das arrangieren ließe. Er führe nämlich in zwei Tagen ins Zillertal, nach Mayrhofen, um einen Film zu drehen. Sie sollten doch beide am Abend zu ihnen kommen. Da könnte man alles besprechen. Und so verabreden sie denn an jenem Abend Folgendes: Kästner ist der Autor des Drehbuchs. Eberhard hat Blanco-Formulare von Staatsrat Hinkel, da würde er alles eingetragen, und Lotte gehöre natürlich auch zum Team.

Aber wie sind sie überhaupt noch an diesen Auftrag gekommen? Wozu braucht Goebbels jetzt noch Filme? Das sei doch reiner Unsinn, findet Kästner. Und da gibt Eberhard Schmidt ihm natürlich Recht. Aber: *Man habe ein paar konsequente Lügner beim Wort genommen*, sagt er, *nichts weiter*. Und erzählt den beiden, wie man sowas macht. Also der Endsieg, habe er den Herrschaften des Propagandaministeriums und der UFA erklärt, stünde ja nun fest. Und da müssten natürlich rechtzeitig gute Filme hergestellt werden. Doch das Risiko, in den Berliner Filmateliers zu drehen, sei im Moment einfach zu groß. Und natürlich sei es auch billiger, Filme in schöner Gegend mit vielen Außenaufnahmen zu drehen. *Was wäre den Mandarinen im Propagandaministerium anderes übriggeblieben, als energisch einzuwilligen?* Und so sei denn die Expedition mit Lastzügen unterwegs, mit Akteuren, Regisseuren, Assistenten, Kameraleuten, Architekten, mit Aufnahmeleitern samt Maskenbildern, Handwerkern, Beleuchtern, Requisiteuren und Friseuren, also insgesamt seien wohl um die hundert Leute auf dem Weg ins Zillertal.

Aber eine Frage interessiert Kästner noch: Wird der Film denn überhaupt gedreht? *»Das ist eine Frage zu viel«, sagte Eberhard.*

Von seinen Freunden, den schlauen Füchsen, werden Kästner nun die Papiere ausgestellt, die bestätigen, dass die Reise nach Mayrhofen kriegswichtig sei. Alles geht in Ordnung. Er hebt sein restliches Geld vom Konto ab, packt und fährt – Lotte mit der Bahn, Kästner mit dem Produzenten Eberhard Schmidt im DKW – nach Süden. Tiefflieger bombardieren die Autobahn, Feldgendarmerie überprüft ihre Papiere, und weiter geht's. In der Dämmerung keucht der kleine Wagen den fränkischen Jura hoch, da riecht es plötzlich nach Gummi, und die Füße werden warm, und Kästner sieht den Feuerschein zuerst, sie springen aus dem Auto. *Unterm Vordersitz züngelten Flammen, Funken sprühten aus dem Auspuff. Das Chassis schmorte.* Benzinkanister raus, Wolldecken her, doch erst mit dem Schnee vom Straßenrand gelingt es den Südlandfahrern, die Flammen zu löschen.

Und der Film? Kästner, der Scheinautor, hat keine Ahnung, was im Drehbuch steht. Er hört den Titel des Films zum ersten Mal im Zillertal: »Das verlorene Gesicht.« Hauptdarsteller sind Hannelore Schroth und Ulrich Haupt. *Ihr Stichwort ist noch nicht gefallen*, schreibt Kästner am 23.3. *Mittags liegen sie auf dem Balkon und nehmen Sonnenbäder. Die Handwerker und Beleuchter spielen Skat.* Alle wissen, dass Kästner nicht zum Team gehört, dass er als »Unterseeboot« aus Berlin mitgekommen ist. *Sie wissen auch, dass ich ihre Achillesverse bin.* Aber niemand lässt es ihn fühlen. Und wie laufen die Dreharbeiten? *Die Filmgruppe*, schreibt Luiselotte Enderle, *baute sich bei sonnigem Wetter irgendwo vorm Ort auf, recht sichtbar für die Einwohner, und mimte »Aufnahme«. In Wirklichkeit ließ man die Kamera leer laufen.* Bloß keinen Zentimeter des kostbaren Materials verschwenden. Das sparte man auf für *»nach dem Krieg«*. Ein Film wurde im Zillertal nicht gedreht. Sie überlebten hier.

8. Mai 1945. Bedingungslose Kapitulation. Der Rundfunk überträgt die Feiern der Sieger. Und sie haben Grund, sich zu rühmen, schreibt Kästner. *Aber sie werfen uns vor, dass es ihrer Anstrengungen bedurfte. Was sie getan hätten, sei unsere Aufgabe gewesen.* Das kränkt den Autor, der jahrelang schikaniert wurde, der Publikationsverbot hatte, von der Gestapo verhört wurde, der für die UFA nur heimlich unter Pseudonym Drehbücher schreiben konnte, auch das für den Film »Münchhausen« mit Hans Albers, und als man Hitler im Hauptquartier einige Szenen des Films vorspielte und der begeistert war und fragte, wer ihn geschrieben

hätte und jemand ausplauderte, dass es Erich Kästner war, und Hitler schäumte und ihn dann restlos verbieten ließ, was hieß, er durfte auch nicht mehr im Ausland publizieren, da findet Kästner den Vorwurf der Sieger sehr zweideutig. Wer habe denn mit Hitler paktiert, als der Henker längst alle Karten offen auf den Tisch gelegt hatte? Wer habe denn Konkordate abgeschlossen? Wer Handelsverträge unterzeichnet? Und wer habe den Verbrechern die Hand geschüttelt statt den Opfern? *Wir nicht, meine Herren Pharisäer*, schreibt Kästner. *Die Sieger, die uns auf die Anklagebank verweisen, müssen sich neben uns setzen. Es ist noch Platz.*

»Hitler kam für die Deutschen immer von weither; erst eine Weile vom Himmel hoch; nachher dann aus den tiefsten Schlünden der Hölle.«

Finis

In den letzten Kriegsmonaten war ein junger Militärhistoriker, Sohn eines polnischen Juden, mit der US-Army ins zerstörte Deutschland gekommen, um durchs Land zu fahren, mit Leuten zu reden und die Geschichte der Invasion zu recherchieren: Melvin J. Lasky. Drei Jahre nach Kriegsende wird er, der manisch Bücher verschlang, in Berlin die Zeitschrift »Der Monat« gründen – prodemokratisch und strikt antikommunistisch. Er wird darin die internationale literarische Welt unter die entwöhnten Deutschen bringen mit Texten von Saul Bellow, Milovan Djilas, T.S. Eliot, Max Frisch, Richard Löwenthal, Ignazio Silone, Thomas Mann, Peter de Mendelssohn, George Orwell, Hans Sahl, Theodor W. Adorno, Hannah Arendt, Hermann Kesten, Heinrich Böll, Arthur Koestler, Hilde Spiel, und, und, und ... Sein Tagebuch, das der damals 25-Jährige 1945 schrieb, wurde erst 2014 – zehn Jahre nach Laskys Tod in Berlin – übersetzt und veröffentlicht.

3. April 1945. Seit ein paar Tagen sei die gesamte Armee jetzt in Deutschland. *Ich las ein wenig über die Anfangszeit des ›Führers‹ und war mutlos.* Lasky kann nicht begreifen, wie diese vulgären Gangster überhaupt erst an die Macht kommen und sich da auch noch halten konnten. Er spricht etwas Deutsch, gebrochen, kann sich verständigen. Am Abend hört er einer Unterhaltung zu: *Das hättest du sehen sollen, ein hübscher Anblick, diese gottverdammten Heinis alle, die Leichen überall verstreut* ... Aber immer noch liefen zu viele von ihnen frei herum. Was für ein furchtbares, wüstes Land dieser Krieg doch hinterlassen habe, schreibt Lasky und meint, dass man T.S. Eliots Verse wörtlich nehmen könne:

Was sind das für Wurzeln, die krallen,
Was für Äste wachsen aus diesem steinernen Schutt?
Menschensohn, du ahnst es nicht und kannst es nicht wissen,
Du siehst doch nur einen Haufen zerbrochener Bilder ...

11. April 45. Lasky ist in Frankfurt angekommen. Die Stadt war schon am 20. März gefallen. Sie fahren im Jeep durch totenstille Straßen. *Wir sahen den verkohlten, geschrumpften Leichnam einer Großstadt.* Sie lesen Parolen, die mit weißer Farbe an Mauern gepinselt sind: »Lieber tot als Sklave!« Auf der gotischen Fassade am Römerberg steht: »Führer befiehl! Wir folgen!« Und: »Der Sieg wird unser sein«. Er fotografiert das alles. Sie suchen vergeblich Goethes Geburtshaus. Lasky hält einen Arzt an – mit rotem Kreuz auf weißer Armbinde – und fragt ihn. Er wird sie hinbringen. Nein, mit dem Jeep kommen sie nicht weiter. Sie müssen klettern. Über Trümmer, Schutt und Stein. Der Arzt zeigt auf einen Pfeiler. Das sei der Hirschgraben 23. Goethes Geburtshaus. *Das Fragment eines Ecksteins war noch da ... Der Rest des historischen Hauses lag in Ruinen vor uns.* Ein Teil der Museumsstücke, sagt der Arzt, seien schon früher ausgelagert worden. Aber die meisten Manuskripte sind verschüttet und zerstört.

13. April 45. Sie sind in Darmstadt. Der letzte Nazi der Stadt, sagt man ihnen, sei am Tag gestorben, als die Stadt fiel. Als die US-Truppen in der Heidelberger Straße ankamen, habe der sich die Pulsadern aufgeschnitten. Und die beiden Darmstädter sagen den beiden aus Amerika, sie sollten bloß nicht das Gerede von den Werwölfen glauben. Alles nur Propaganda, um den Besatzern Angst einzujagen. Goebbels wolle, dass die Frankfurter hinter der Front weiterkämpfen und einen Partisanenkrieg führen. Als ob nicht genug Tote und Ruinen da seien. *Die Nazis hätten gern, dass wir alle tot wären, nur verbrannte Erde. Mit denen ist es aus, und sie möchten alles mit ins Grab zerren!* Lasky glaubt den beiden. *Sie waren einfach Nichtnazis.* Anderen glaubt er nicht. Er sagt ihnen klipp und klar, wie viel Terror, Angst und Panik ihr Militär ver-

Melvin Lasky kam in den letzten Kriegswochen mit der US-Army nach Deutschland. Der Sohn eines polnischen Juden wird Jahre in Berlin bleiben und 1948 für die literaturentwöhnten Deutschen die Kulturzeitschrift »Der Monat« gründen mit Texten internationaler Autoren.

breitet habe. Da protestieren sie. Die Wehrmacht sei in Ordnung gewesen. Die Partei, die Gestapo und die SS, ja, die seien Nazis gewesen. Und sie? Was waren Sie? *Wir haben nicht gewagt, etwas zu sagen, außer »Heil Hitler«.* Sonst wichen sie allen Fragen aus. Aber wie kann es ein neues Deutschland geben, fragt Lasky sich, wenn die Tragödie des alten nicht begriffen wird?

Doch richtigen Ärger hat es in Darmstadt nicht gegeben. *Wir haben nur dafür zu sorgen, dass die Zivilisten nicht der Army auf die Nerven gehen. Um Kriegsverbrecher müssen wir uns nicht kümmern.* Aber überall Chaos, wo man hinkommt. Sie müssen für Ordnung sorgen, Verordnungen an Hauswänden anschlagen, einen Bürgermeister einsetzen und versuchen, Plünderungen zu verhindern. *Ich bin im Jeep Streife gefahren, und wenn Unruhen aufkamen, habe ich sie mit Drohungen und gezogener Pistole zerstreut.* Bei Kleinkram muss er Gericht halten, also Bußgeld eintreiben, wenn jemand nach der Sperrstunde auf der Straße erwischt wurde. Aber sonst? *Ich würde sagen, die Leute sind ganz in Ordnung.* Und trotz aller Verachtung den GI's gegenüber, habe es keine Angriffe von Heckenschützen gegeben. Und am 16. April kommt endlich ein Bücherpaket von Zuhause an: Byron-Briefe, Erzählungen von Henry James, Krimis und Zeitschriften aus der Neuen Welt.

18. April 45. Heidelberg. Der Tank war leer und zwei Reifen waren geplatzt. Sie kommen erst spät abends an. *Die Hügel und Hänge nahmen im Dämmerlicht eine fast unheimliche Schönheit an, so als hätten wir uns plötzlich in der unergründlichen Stimmung eines geisterhaften Gemäldes der Romantik verloren.* Die alten Leute lächeln und geben Auskunft. Die Jungen winken und rufen nach Schokolade. *So schwindet die letzte Würde des Nazifanatismus – die hochgepriesene Loyalität der Hitlerjugend weicht der Gier nach Süßigkeiten.* Aber er fragt sich, was er hier soll. Zum ersten Mal erscheint ihm der Kontinent wie eine Friedensinsel. Heidelberg war unzerstört. *Hier war eine Stadt, die überlebt hatte,* und das war geradezu *verstörend.* Er fühlt sich wie ein Tourist im

Alten Europa – nur einen Panzerschuss vom zerbombten Mannheim entfernt. Aber sie kleben auch hier, wie überall, Verordnungen an Häuserwände und halten sich strikt ans Gebot: *»Keine Fraternisierung« – abweisende Kälte*. Obwohl Heidelberg schon vor fast einem Monat »gefallen« war, hätte der Bürgermeister im Hauptquartier der Army per Telefon noch einmal kapituliert.

20. April 45. Die Stadt war unversehrt, aber sie quoll über von Flüchtlingen. Und es gab noch Straßen, auf denen Hunderte Tote lagen, Soldaten und Zivilisten, die bei den letzten Kämpfen umgekommen waren. Der Bürgermeister, seit 1929 im Amt, war Parteimitglied. Er musste in die NSDAP eintreten, war gezwungen worden. Natürlich. Das sagen sie alle. Doch die Army ließ ihn weitermachen. Er schien in der braunen Hierarchie ein kleines Licht gewesen zu sein, weigert sich aber, die Namen prominenter Nazis preiszugeben. Vorerst sollte er mal für Ordnung und funktionierende Verwaltung sorgen.

22. April. Darmstadt. Franz von Papen, Hitlers Vizekanzler bis 1934 und anschließend in diplomatischen Diensten des Führers, ist ein paar Tage zuvor von US-Soldaten auf der Flucht festgenommen worden. Nürnberg ist gefallen, Leipzig eingenommen, und Goebbels hatte zu Hitlers Geburtstag am 20. April in seiner Ansprache *nichts zu bieten außer vagen Phrasen der Hoffnung auf den Sieg*. Ihn ekle das alles nur noch an, schreibt Lasky, und niemand, *ich muss es so sagen, scheint ... auch nur neugierig auf diese letzten historischen Tage des Hitlerismus zu sein*. Geschichte habe die Zeit aus den Fugen gebracht, doch er hat nicht den Eindruck, dass die Deutschen es auch so sehen. Aber eine herrlich entspannte Begegnung hatte er mit einer Buchhändlerin. Die überreichte ihm am Ende ihres Gesprächs eine Hamlet-Ausgabe in Englisch und Deutsch. Was für ein Geschenk! Er sei am Abend in seinen Schlafsack gestiegen, hätte die Taschenlampe an die Pritsche gelehnt und fing an zu lesen: »Sterben – schlafen – vielleicht auch träumen ...« Jetzt könne er verstehen, warum der Dichter Samuel Taylor Coleridge die Übersetzung von Schlegel so gelobt

habe. Auch, wenn eine Formulierung wie »to die, to sleep« etwas anderes ausdrücke als »Sterben – schlafen«. *Aber was ich las, war herrlich ...*

Es gibt keine Zeitungen, kein Radio, keine Nachrichten. Die ganze Elektrizität ist zusammengebrochen. Zeit für Plünderer. Einige Regionen seien noch *gründlich nazifiziert*, Heckenschützen sind selten, doch *isolierte Banden deutscher Soldaten* trieben sich in Wäldern herum. Schlösser, Keller und Scheunen seien voller Kunstschätze. Auch da sind Plünderungen und Vandalismus an der Tagesordnung. Verschleppte Gemälde aus Heidelberg und Karlsruhe hätte die Army in anderen Städten wiedergefunden und zurückgebracht.

4. Mai 45. Augsburg und München sind gefallen. Die Soldaten packen wieder und schleppen die Kisten zum Abtransport auf Lastwagen. Da *tauchte Jordan auf. Wieder mit einer fabelhaften Beute*. Der war mit dem 15. Regiment in Nürnberg und Augsburg einmarschiert und erzählte von den Gräueln in Dachau. Im Vertrauen sagte er Lasky, dass er volltrunken auf Raubzug gegangen sei. Er habe Fotoapparate aus der Agfa-Fabrik dabei und Sardinenbüchsen für den Colonel, der doch so gerne Sardinen isst, und Fallschirmseide habe er auch noch mitgenommen. Daraus könne man herrliche Schals machen. Dann weiß er partout nicht mehr, ob er mit dem Mädchen geschlafen habe, das bei ihm war, als er in irgendein Haus gegangen sei, um zu schlafen. *Herrgott, jemand hätte mich killen können!* Am Morgen habe er dann einen schrecklichen Kater gehabt. Aber für Lasky hätte er noch einen Stapel Bücher erbeutet.

Sie fahren nach Augsburg. Auf der Straße treffen sie deutsche Mädchen, die grüßen und rauchen. Offenbar amerikanische Zigaretten. *Der Fahrer grinste wissend: Ein Päckchen, eine Nummer ...* Unentwegt fahren Laster mit Kriegsgefangenen an ihnen vorbei. Dann Einfahrt nach Augsburg auf verstopfter Durchgangsstraße. *Die Stadt lag in Trümmern. Wie all die anderen, zu Dutzenden, Hunderten. Mein Gott! Ein ganzer Trümmerkontinent!*

An Mauerresten Nachrichten mit Kreide. Todesanzeigen, Adressen, »Familie Hacker nicht tot. Bergerweg 7.« Und weiter über die Donau, die hier schmal und tiefgrün ist. Weiter nach Neu-Ulm. *In den Gehölzen neben der Autobahn Skelette von Kampfflugzeugen der Luftwaffe; offenbar wurde die Autobahn als Piste benutzt.* In der nächsten Kaserne werden Kisten und Kästen wieder ausgeladen und hochgeschleppt. Am frühen Abend taucht Jordan mit einem Haufen Fischen auf. Woher hat der Fische? Aus der Donau, woher denn sonst. Selbst geangelt? Nein, die seien ihm geschenkt worden. *Eine Bande Russen habe am Ufer gestanden und mit deutschen Handgranaten ganze Fischschwärme zur Strecke gebracht.* Der Koch hat sich gefreut.

Sonntag, 6. Mai. Lasky will nach Dachau. Er will das sehen. Aber zwei Kameraden erzählen, dass niemand mehr hineinkommt. *So viele verwesende Leichen, die verbrannt wurden. Ein Horror!* Aus medizinischen Gründen dürften sie nicht mehr hin. Typhus-Gefahr. An den Eingängen gab es DDT-Zerstäuber. Aber off-limits. Für alle. Am Abend machen sie noch einmal eine kurze Fahrt nach Augsburg. Am Dom steht der Küster und lässt sie rein. Als sie wieder gehen, sehen sie im Garten Bombenschäden und Trümmer. Da sagt der Küster, das seien Grüße aus Amerika. *Ich brauste einen Moment lang auf. Nein, nein, das sind keine Grüße von Amerika und von den Amerikanern, sondern von dem Führer selbst! Dies hier und die zertrümmerten Kirchen in Köln und Frankfurt, Speyer und Aachen und Nürnberg,* all diese Zerstörungen hätten sie Hitler und den Nationalsozialisten zu verdanken. *Der Küster nickte mit einem leisen, halb verlegenen Lächeln, gab sich geschlagen, stimmte mir zu.*

Dienstag, 8. Mai 1945. *Ein warmer, sonniger Tag. Der Krieg ist vorbei.*

Liebte er die Deutschen? Das fragt Sebastian Haffner am Ende seines großen Geschichts-Essays »Anmerkungen zu Hitler«. Seine Antwort: Er habe sich Deutschland ausgesucht, ohne das Land überhaupt zu kennen. Und kennengelernt habe er es auch nie. Es sei sein *eingeborener Machtinstinkt* gewesen, der wie eine Magnetnadel auf die Deutschen als sein erwähltes Volk gezeigt hätte. Sein Ehrgeiz ähnelte zu Beginn dem Ehrgeiz der Deutschen seiner Generation. Aber der Ehrgeiz der damals ratlosen Deutschen war nicht deckungsgleich mit dem, was Hitler mit Deutschland vorhatte. Welcher Deutsche, fragt Haffner, wäre denn auf die Idee gekommen, Russland zu überfallen und zu erobern, um sich dort ansiedeln zu wollen. *Sein Ehrgeiz für Deutschland glich mehr und mehr dem Ehrgeiz eines Züchters und Rennstallbesitzers für seine Pferde. Und zum Schluß handelte Hitler wie ein jähzorniger enttäuschter Rennstallbesitzer, der sein bestes Pferd zu Tode prügeln läßt, weil es nicht imstande gewesen ist, das Derby zu gewinnen.*

Haffner erinnert an das Ende des Ersten und des Zweiten Weltkriegs. Für das Ende des Ersten ist Erich Ludendorff verantwortlich. Als der erkannte, dass es keinen Sieg geben kann, packte er seine Überzeugung am 29. September 1918 in einen kurzen Satz: *Der Krieg war zu beendigen.* Aus diesem Satz spricht für Haffner der Patriot, der retten will, was vielleicht gerade noch zu retten ist. Auf alle Fälle wollte er noch Schlimmeres verhindern. Dann hatte er seine politischen Gegner in die Regierung berufen. Sie sollten einen Waffenstillstand aushandeln. Dass er seinen Konkursverwaltern später die Dolchstoßlegende unterjubelte, weil das Heer ja noch hätte weiterkämpfen können, damit stellt er sich nur selbst in ein übles Licht. Und dass er sich 1920 am Kapp-Putsch und 1923 am Hitler-Putsch beteiligt hatte, spielt für den historischen Augenblick 1918 keine Rolle. Es war richtig, den Krieg zu beenden. Es war auch richtig, die politische Reserve, also seinen politischen Gegner, im Angesicht der nicht zu vermeidenden Niederlage, das Ruder zu übergeben.

Völlig entgegengesetzt, schreibt Haffner, habe sich Hitler verhalten. Am 22. August 1944, lässt er in der »Aktion Gewitter« insgesamt fünftausend Parlamentarier, Bürgermeister, Sozialdemokraten, Funktionäre, Gewerkschafter, Mitglieder des Zentrums und Liberale festnehmen, unter ihnen auch Konrad Adenauer und Kurt Schumacher. Es sind politische Gegner, wie Ludendorff sie eingespannt hatte. Hitler lässt sie einsperren. Und das hatte nichts mit dem kurz zuvor gescheiterten Attentat vom 20. Juli 1944 zu tun. Nein, Hitler ist in der gleichen Situation wie Ludendorff damals, der Krieg gegen Russland ist nicht zu gewinnen. Hitler weiß es. Aber ein Abbruch kommt für ihn nicht in Frage. Er will ihn bis zum schlimmstmöglichen Ende führen. Denn neben dem Krieg laufen ja auch noch die Massenmorde. Für sie, schreibt Haffner, war der Krieg ein Vorwand. Und er zitiert, was Hitler schon in »Mein Kampf« schrieb: *Wenn an der Front die Besten fielen, dann konnte man zu Hause wenigstens das Ungeziefer vertilgen*. Hitler hat nie einen Hehl daraus gemacht, wer das Ungeziefer ist. Das waren für ihn Juden, Zigeuner, Kranke, Homosexuelle. Und der Krieg konnte vom Massenmord, von der fabrikmäßigen Ausrottung, die mit Krieg ja nichts zu tun hatten, ablenken.

In dieser 1944 bereits aussichtslosen Situation lässt Hitler jeden, der auch nur durchblicken lässt, dass der Krieg verloren sei, *gnadenlos aufhängen oder köpfen. Hitler war immer ein großer Hasser gewesen und hatte viel innere Freude am Töten gehabt. Die Hitlersche Haßkraft, der Mordtrieb in Hitler, der sich jahrelang an Juden, Polen und Russen ausgetobt hatte, wendet sich jetzt offen auch gegen Deutsche*. Am Ende gibt es für Hitler nur noch eins, den totalen Ruin Deutschlands. Am 18. und 19. März 1945 wird er zwei Führerbefehle rausgeben, die zum vollständigen Ruin führen sollen. Der erste heißt: Sämtliche Bewohner der Invasionsgebiete im Westen sollen geräumt werden. Einer der anwesenden Generäle, so hatte es Albert Speer – Hitlers Architekt und damaliger Rüstungsminister – berichtet, erklärte Hitler, dass eine Evakuierung völlig illusorisch sei. Es stünden keine Züge mehr zur Verfügung. Eiskalt habe Hitler darauf geantwortet, dann sollten sie zu Fuß marschieren. Wie solle das gehen, fragte jener General. Für einen solchen Menschenstrom müsse man Verpflegung und ordentliches Schuhwerk haben. Hätte man aber nicht. Wäre der

Dass Hitler sich Deutschland ausgesucht hat, sei reiner Machtinstinkt gewesen, schreibt Sebastian Haffner. Schon in »Mein Kampf« stand: »Wenn an der Front die Besten fielen, konnte man zu Hause wenigstens das Ungeziefer beseitigen.« Und das waren für ihn die Juden.

Befehl tatsächlich ausgeführt worden, schreibt Haffner, wäre dieser Marsch ohne Ziel – denn wo hätten die Menschen hingesollt – ein Todesmarsch geworden und damit ein Massenmord.

Der zweite Führerbefehl vom 19. März – da hatten bereits die US-Truppen den Rhein und die Rote Armee die Oder überquert – war der sogenannte »Nerobefehl«, und der hieß so: *Alle militärischen Verkehrs-, Nachrichten-, Industrie- und Versorgungsanlagen sowie Sachwerte innerhalb des Reichsgebiets, die sich der Feind für die Fortsetzung seines Kampfes irgendwie sofort oder in absehbarer Zeit nutzbar machen kann, sind zu zerstören.* Als Speer, so wird er es später erzählen, protestiert habe, hätte Hitler zynisch geantwortet: *Wenn der Krieg verlorengeht, wird auch das Volk verloren sein.* Es habe sich dann eben gegenüber dem stärkeren Ost-Volk als das schwächere erwiesen.

So, schreibt Haffner, habe Hitler schon 1941 gedacht, als er zum ersten Mal ein Scheitern für möglich hielt. Da habe er gesagt: *Ich bin auch hier eiskalt. Wenn das deutsche Volk einmal nicht mehr stark und opferbereit genug ist, sein Blut für seine Existenz einzusetzen, soll es vergehen und von einer anderen, stärkeren Macht vernichtet werden. Ich werde dem deutschen Volk keine Träne nachweinen.* Albert Speer hatte im Nürnberger Kriegsverbrecherprozess ausgesagt, dafür gesorgt zu haben, dass nur wenig vom »Nerobefehl« umgesetzt worden sei. Und er behauptete auch noch, dass er versucht hätte, Hitler im Februar durch ein Gasattentat umzubringen. Diese Aussagen, samt seiner gesitteten Erziehung, haben ihn wohl vor dem Todesurteil durch den Strang bewahrt, für das zunächst der russische und der amerikanische Richter noch gestimmt hatten.

Hitlers Verhältnis zu Deutschland, schreibt Haffner, habe von Anfang an Seltsamkeiten aufgewiesen. Und da räumt er mit der historisch immer wieder propagierten Mär auf, dass Luther, Friedrich der Große und Bismarck in gerader Linie auf Hitler zuliefen. Das hatte schon Hanns Johst in seinem »Ruf des Reiches« bejubelt und noch den deutschesten aller Grübler hinzugepackt: *In den*

Zeitenwenden haben wir Deutschen Namen geboren wie Faust ... Luther ... Bismarck! Und nun ruhe die seelische Heimatlosigkeit in den Händen unseres Führers Adolf Hitler!

Das Gegenteil ist richtig, schreibt Haffner. *Hitler steht in keiner deutschen Tradition, am wenigsten in der protestantisch-preußischen, die, Friedrich und Bismarck nicht ausgenommen, eine Tradition nüchtern-selbstlosen Dienstes am Staatswohl gewesen ist.* Und das stimme nicht einmal für die Vorkriegsjahre. Die deutsche Staatlichkeit habe er von Anfang an der Totalmobilisierung der Volkskräfte und seiner eigenen Unabsetzbarkeit geopfert. *Nüchternheit hatte er planmäßig durch Machtrausch ersetzt; man kann sagen, daß er sechs Jahre sich selbst den Deutschen wie eine Droge verabreicht hatte – die er ihnen dann allerdings im Krieg plötzlich entzog.* Und ein Volksmann, wie Martin Luther einer war, sei Hitler auch nicht gewesen. Mit Luther, schreibt Haffner, habe er nur das eine gemein, das er in der deutschen Geschichte ein Unikum sei. Aber während Luther in vielen Zügen den deutschen Nationalcharakter geradezu personifiziere, passe Hitlers Persönlichkeit ungefähr so, wie seine Parteitagsbauten nach Nürnberg passten – *also wie die Faust aufs Auge.*

Und Haffner ist sicher, dass die Deutschen – selbst in der Zeit der größten Führer-Gläubigkeit und Hysterie – immer auch das Fremdartige in ihm gesehen oder geahnt haben. Er hatte etwas Außerirdisches, war ein »Gottgesandter«, *ein unerklärlich von außen Hereingeschneiter.* Wenn auch nur aus Österreich. *Hitler kam für die Deutschen immer von weither; erst eine Weile vom Himmel hoch; nachher dann, daß Gott erbarm, aus den tiefsten Schlünden der Hölle.*

Aber noch lange nach dem Krieg, der für so viele keine Befreiung war, will niemand etwas von den ungeheuren Verbrechen gewusst haben. Nichts gehört und nichts gesehen. Ahnungslos. Alle. Warum sollten sie auch etwas gewusst haben? Nicht mal die NS-Verbrecher wussten doch etwas. Auch der Antisemit Arthur

Seyß-Inquart, der Hitlers Einverleibung Österreichs vorbereitet hatte und in seines Führers Testament zum Außenminister erkoren wurde, war völlig ahnungslos, *er, dem der SS-Ehrentitel des Obergruppenführers verliehen worden war, hatte nichts gesehen; ihm, Reichsminister ohne Geschäftsbereich in Hitlers Regierung, hatte man nichts gesagt; er, als Stellvertretender Generalgouverneur von Polen in die brutale Niederschlagung des polnischen Widerstands verwickelt, hatte nichts angeordnet; er, der schließlich Reichskommissar für die Niederlande werden sollte und laut Nürnberger Anklage mehr als viertausend Menschen hatte hinrichten lassen ... hatte nichts gewusst*. So beschreibt es der französische Schriftsteller Éric Vuillard 2018 in seiner mit dem Prix Goncourt ausgezeichneten Erzählung »Die Tagesordnung«. Und die hunderttausend niederländischen Juden, die zu Seyß-Inquarts Zeit umgebracht wurden? Auch von denen hat er nichts gewusst. Vor dem Nürnberger Tribunal wird er sagen, dass es den Juden in Auschwitz *verhältnismäßig gut* gegangen sei. Und so wird er denn für all das, was er nicht gewusst hat, zum Tod durch den Strang verurteilt. Wie auch Hans Frank, Wilhelm Frick, Alfred Jodl, Ernst Kaltenbrunner, Wilhelm Keitel, Joachim von Ribbentrop, Alfred Rosenberg, Fritz Sauckel und Julius Streicher. Hitler, Göring, Goebbels und Himmler hatten sich vorher umgebracht.

Als Victor Klemperer – den der Feuersturm in Dresden vor Auschwitz bewahrt hatte – immer wieder von Leuten, die auch nichts gewusst haben, um »Persilscheine« gebeten wird, schreibt er am 18.9.1945 ins Tagebuch: *Widerwärtig dieses Winseln um Zeugnisse. Und irgendwann wird den Juden einmal die Rechnung dafür präsentiert: ich sehe einen neuen Hitlerismus kommen, ich fühle mich durchaus nicht in Sicherheit.*

Bibliographie

Andersch, Alfred: Der Vater eines Mörders, Diogenes Verlag 1980

Benn, Gottfried: Doppelleben, Klett-Cotta Verlag 2011

Benn, Gottfried/Sternheim, Thea: Briefwechsel und Aufzeichnungen, Wallstein Verlag 2004

Bienek, Horst: Erde und Feuer, Carl Hanser Verlag 1982

Böll, Heinrich: Was soll aus dem Jungen bloß werden, dtv 1990

Böll, Heinrich: Man möchte manchmal wimmern wie ein Kind, Die Kriegstagebücher 1943 bis 1945, Kiepenheuer & Witsch 2017

Boschwitz, Ulrich Alexander: Der Reisende, Klett-Cotta Verlag 2018

Brecht, Bertolt: Die Gedichte, Suhrkamp Verlag 1981

Brenner, Wolfgang: Walther Rathenau, Deutscher und Jude, Piper Verlag 2007

Bronnen, Arnolt: Arnolt Bronnen gibt zu Protokoll, Rowohlt Verlag 1954

Bronnen, Arnolt: Tage mit Bertolt Brecht, Sammlung Luchterhand 1990

Corino, Karl Hrsg.: Intellektuelle im Bann des Nationalsozialismus, Hoffmann und Campe Verlag 1980

Decker, Gunnar: Gottfried Benn, Genie und Barbar, Aufbau Verlag 2006

Dinter, Artur: »Die Sünde wider das Blut« Ein Zeitroman, Verlag Matthes & Thost, Leipzig und Hartenstein im Erzgebirge 1920

Ditfurth, Jutta: Der Baron, die Juden und die Nazis, Adeliger Antisemitismus. Hoffmann und Campe Verlag, 2015

Düsterberg, Rolf: Hanns Johst – Der Barde der SS, Schöningh Verlag 2004

Enderle, Liselotte: Erich Kästner, Rowohlt Verlag 1975

Feuchtwanger, Lion: Exil, Fischer Taschenbuch Verlag 1979

Flake, Otto: Es wird Abend, Bericht aus einem langen Leben, Fischer Taschenbuch 1980

Fraigneau, André: Jean Cocteau, Rowohlt Verlag 1961

Goebbels, Joseph: Tagebücher, Piper Verlag 2000

Gründgens, Gustaf: Briefe, Aufsätze, Reden. Hrg. Rolf Badenhausen und Peter Gründgens-Gorski, Hoffmann & Campe Verlag 1967

Haas, Willy: Die literarische Welt, Erinnerungen, List Verlag 1957

Haffner, Sebastian: Geschichte eines Deutschen, Erinnerungen 1914–1933, Deutsche Verlags-Anstalt 2000

Haffner, Sebastian: Anmerkungen zu Hitler, Fischer Taschenbuch 1981

Hasenclever, Walter: Irrtum und Leidenschaft, Erziehung durch Frauen, Ein Bekenntnisroman, Herbig Verlag 1977

Hasenclever, Walter: Gedichte Dramen Prosa, Rowohlt Verlag 1963

Heine, Heinrich: Werke, Insel Verlag 1968

Hoffmann, Gabriele: Heinrich Böll, Lamuv Verlag 1986

Hosfeld, Rolf: Tucholsky, Ein Deutsches Leben, Siedler Verlag 2012

Johst, Hanns: Ruf des Reiches – Echo des Volkes, Eine Ostfahrt, Verlag Franz Eher Nachf. GmbH 1942

Jünger, Ernst: In Stahlgewittern, Klett-Cotta Verlag 1978

Jünger, Ernst: Strahlungen, Im Lesering, Das Bertelsmann Buch 1955

Jünger, Friedrich Georg: Spiegel der Jahre, Hanser Verlag 1958

Jungk, Robert: Trotzdem – Mein Leben für die Zukunft, Hanser Verlag 1993

Karlauf, Thomas: Stefan George, Die Entdeckung des Charisma, Pantheon Verlag 2008

Kästner, Erich: Gesammelte Schriften, Droemer Knaur Verlag 1969

Kästner, Erich: Das Blaue Buch, Geheimes Kriegstagebuch 1941–1945, Atrium Verlag 2018

Kästner, Erich: Notabene 45, Ein Tagebuch, Atrium Verlag 2017

Kerr, Alfred: Die Welt im Drama, Gesammelte Schriften, S. Fischer Verlag 1917

Kerr, Alfred: Die Diktatur des Hausknechts und Melodien, Bibliothek der verbrannten Bücher, Konkret Literatur Verlag 1981

Kessler, Harry Graf: Tagebücher 1918 bis 1937, Insel Taschenbuch 2017

Kiesel, Helmuth: Ernst Jünger, Die Biographie, Pantheon Verlag 2009

Klemperer, Victor: LTI, Notizbuch eines Philologen, Verlag Philipp Reclam jun. Leipzig 1987

Klemperer, Victor: Ich will Zeugnis ablegen bis zum letzten. Tagebücher 1933–1945, Aufbau Verlag 1995

Köhler, Wolfram: Der Chefredakteur – Theodor Wolff, Droste Verlag 1978

Lahann, Birgit: Abitur – Von Duckmäusern und Rebellen, Verlag Gruner + Jahr 1982

Lasky, Melvin: Und alles war still, Deutsches Tagebuch 1945, Rowohlt Berlin Verlag 2014

Lennig, Walter: Benn, Rowohlt Taschenbuchverlag 1962

Leppmann, Wolfgang: Gerhart Hauptmann, Leben, Werk und Zeit, Fischer Taschenbuch Verlag 1989

Mann, Thomas: Deutsche Hörer! Radiosendungen nach Deutschland aus den Jahren 1940–1945, Fischer Taschenbuch 2013

Mann, Thomas: Tagebücher, S. Fischer Verlag 1977–1989

Mann, Thomas: Der Zauberberg, Fischer Bücherei 1967

Mann, Heinrich: Werkauswahl in 10 Bänden, Claassen Verlag 1976

Mann, Heinrich: Ein Zeitalter wird besichtigt, Erinnerungen, Fischer Taschenbuch Verlag 1982

Mann, Klaus: Der Wendepunkt. Ein Lebensbericht, Edition Spangenberg 1976

Mann, Klaus: Briefe und Antworten, Edition Spangenberg 1975

Mann, Klaus: Mephisto, Roman einer Karriere, Nymphenburger Verlagshandlung 1965

Mann, Viktor: Wir waren fünf, Bildnis der Familie Mann, Südverlag Konstanz 1973

Martynkewicz, Wolfgang: Tanz auf dem Pulverfass, Gottfried Benn, die Frauen und die Macht, Aufbau Verlag 2017

Michalzik, Peter: Gustaf Gründgens – Der Schauspieler und die Macht, Quadriga Verlag 1999

Mittenzwei, Werner: Das Leben des Bertolt Brecht, Suhrkamp Verlag 1989

Müller, Christian: Oberst Stauffenberg, Droste Verlag 1971

Neumann, Robert: Ein leichtes Leben, Aufbau-Verlag, Berlin und Weimar 1975

Neumann, Robert: Mit fremden Federn, Engelhorn Verlag 1985

Reich-Ranicki, Marcel: Mein Leben, Deutsche Verlags-Anstalt 2001

Remarque, Erich Maria: Im Westen nichts Neues, Kiepenheuer & Witsch 1984

Riess, Curt: Gustav Gründgens, Eine Biographie, Molden Taschenbuch Verlag 1978

Ringel, Stefan: Heinrich Mann, Ein Leben wird besichtigt, Primus Verlag 2000

Sahl, Hans: Memoiren eines Moralisten – Das Exil im Exil, Luchterhand Verlag 2008

Salomon, Ernst von: Der Fragebogen, Rowohlt Verlag 1980

Schnitzler, Arthur: Professor Bernhardi, Reclam Verlag 2005

Schonauer, Franz: Stefan George, Rowohlt Verlag 1974

Sprengel, Peter: Der Dichter stand auf hoher Küste, Gerhart Hauptmann im Dritten Reich, Propyläen Verlag 2009

Toller, Ernst: Eine Jugend in Deutschland. Rowohlt Taschenbuch 1978

Toller, Ernst: Prosa, Briefe, Dramen, Gedichte, Rowohlt Verlag 1961

Treß, Werner: »Wider den undeutschen Geist«, Bücherverbrennung 1933, Parthas Verlag 2003

Tucholsky, Kurt: Gesammelte Werke, Rowohlt Verlag 1975

Vuillard, Éric: Die Tagesordnung, Matthes & Seitz Verlag 2018

Walberer, Ulrich (Hrsg.): 10. Mai 1933, Bücherverbrennung in Deutschland und die Folgen, Fischer Taschenbuch 1983

Weiss, Peter: Fluchtpunkt, Edition Suhrkamp 1967

Zimmermann, Harro: Friedrich Sieburg – Ästhet und Provokateur, Wallstein Verlag 2015

Zuckmayer, Carl: Geheimreport, Wallstein Verlag 2002

Zweig, Stefan: Die Welt von gestern, Aufbau Verlag 1990

Abbildungsnachweis

dpa: S. 19, 25, 32, 48, 55, 57, 63, 66, 86, 91, 110, 119, 122, 141, 172, 191, 234, 265, 302

Bundesarchiv: S. 79 Bild 183-G0510-0205-010, 83 Bild 183-S45277, 103 Bild 183-K1018-513, 116 Bild 183-R99935, 159 Bild 183-R90710, 196 Bild 183-2007-1010-501, 210 Bild 183-S01144, 253 Bild 183-K0419-0501-002, 257 Bild 183-S90733

Archiv der sozialen Demokratie: S. 15, 70, 93, 130, 146, 275, 283, 295